KB022814

세계철학사 1

世界哲学史 1
SEKAI TETSUGAKUSHI 1: KODAI I CHIE KARA AICHI E

Edited by Kunitake Ito, Shiro Yamauchi, Takahiro Nakajima, Noburu Notomi
Copyright © 2020 Kunitake Ito, Shiro Yamauchi, Takahiro Nakajima, Noburu Notomi
All rights reserved.
Original Japanese edition published by Chikumashobo Ltd., Tokyo.
This Korean edition is published by arrangement with Chikumashobo Ltd., Tokyo
in care of Tuttle–Mori Agency, Inc., Tokyo through Bestun Korea Agency, Seoul.

이 책의 한국어판 저작권은 일본의 터틀-모리 에이전시와 베스툰 코리아 에이전시를 통해
일본 저작권자와 독점 계약한 '도서출판 b'에 있습니다. 저작권법에 의해 한국 내에서 보호를
받는 저작물이므로 무단전재나 복제, 광전자 매체 수록을 금합니다.

세계철학사 1

고대 I
— 지혜에서 앎의 사랑으로

책임편집 이토 구니타케 伊藤邦武
야마우치 시로 山内志朗
나카지마 다카히로 中島隆博
노토미 노부루 納富信留

옮긴이 이신철

도서출판 b

| 차례 |

옮긴이 서문

이 『세계철학사』 시리즈(전 8권+별권)는 이토 구니타케/야마우치 시로/나카지마 다카히로/노토미 노부루가 책임 편집을 맡고, 일본의 철학자 115명이 참여, 저술하여 치쿠마 출판사에서 치쿠마 신서로 출간한(2020년) 것을 옮긴 것이다.

각 권이 모두 10개의 장과 3~5개의 칼럼으로 이루어진 전 8권의 구성은 다음과 같다. 제1권: 고대 I. 지혜에서 앎의 사랑으로, 제2권: 고대 II. 세계철학의 성립과 전개, 제3권: 중세 I. 초월과 보편을 향하여, 제4권: 중세 II. 개인의 각성, 제5권: 중세 III. 바로크의 철학, 제6권: 근대 I. 계몽과 인간 감정론, 제7권: 근대 II. 자유와 역사적 발전, 제8권: 현대. 지구화 시대의 앎. 거기에 추가된, '미래를 열다'라는 부제를 달고 있는 별권은 책임 편집자들의 대담을 포함하여 네 개의 장으로 이루어진 제1부: 세계철학의 과거·현재·미래, 그리고 13개의 장으로 이루어진 제2부: 세계철학사의 더 나아간 논점으로 이루어져 있다.

당장 고대가 두 권, 근대가 두 권, 현대가 한 권인 데 반해, 중세가 세 권을 구성하고 있는 것이 눈에 띄지만, 이러한 시대 구분에 따라 이 『세계철학사』의 제1권: 고대 I은 기원전 8세기~기원전 2세기를, 제2권: 고대 II는 기원전 1세기~기원후 6세기를, 제3권: 중세 I은 7세기~12세기를, 제4권: 중세 II는 13세기를, 제5권: 중세 III은 14세기~17세기를, 제6권: 근대 I은 18세기를, 제7권: 근대 II는 19세기를, 제8권: 현대는 20세기를 다루고 있다. 별권은 이 '세계철학사'의 구상을 실현하는 가운데 보완해야 할 것으로 제기된 논점들을 전개하고 '세계철학'의 미래를 타진하고 있다.

철학이란 무엇인지, 세계란 무엇인지, 세계철학이란 무엇인지, 세계철학사, 즉 세계의 철학사 또는 세계철학의 역사란 무엇인지와 같은 '세계철학'과 '세계철학사'를 둘러싼 다양한 문제의 제기와 그에 대한 해명을 책임 편집자들이 제1권의 서장 '세계철학사를 위하여'와 제8권의 종장 '세계철학사의 전망'을 비롯하여 각 권의 머리말과 후기 그리고 별권의 곳곳에서 다면적으로 시도하고 있는 까닭에 거기에 새삼스럽게 덧붙일 말은 없지만, 옮긴이로서는 그 문제의식과 해명을 간단히 일별함으로써 『세계철학사』를 읽어 나가는 출발점을 마련하고자 한다.

이 『세계철학사』 시리즈의 기획·편집자들에 따르면, '세계철학사'란 종래의 서양을 중심으로 '철학'을 바라보는 견해로부터 '철학사'를 해방하고 '철학'을 새롭고도 폭넓은 '세계'의 시야에서 인류의 지적 영위로서 재구축하는 '세계철학World Philosophy' 기획의 한 부분이다. 이를 위해 이 『세계철학사』는 고대부터 현대까지 세계의 철학들을 조감하고 각각의 시대를 특징짓는 주제로부터 다양한 전통들을 동시대적으로 파악하고자 한다.

그렇다면 왜 '세계철학'인가? 지금까지 '철학'(필로소피아)이란 기본적으로 서양 철학을 가리키는 것으로 이해되어왔다. 하지만 우리가 살아가는 현재의 세계는 서양 문명의 틀을 넘어서서 다양한 가치관과 전통이 교차하는 가운데 서로 다른 것들이 하나를 이루며 복잡한 양상을 드러내는 새로운 시대이다. 나아가 오늘날 기후 위기와 팬데믹, AI를 비롯하여 인간이 부딪친 많은 문제는 지구마저 넘어서고 이전에 알지 못했던 차원의 발상을 요구하고 있으며, 따라서 철학은 새로운 시야에서 새롭게 인류의 역사를 바라볼 필요가 있다.

하지만 이렇게 지구화한 사회에서 살아가는 우리가 철학적 사유의 역사를 돌이켜 배운다는 것은 그리스·로마로부터 현대의 유럽과 북아메리카에 이르는 서양에서의 2,600년 전통만이 아니라 또한 인도와 중국과 이슬람과 같은 유력한 사유 전통들에서 길러져 온 세계에 대한 서로 다른 견해나 사물을 바라보는 사고방식 그리고 삶을 살아가는 방법에 관한 사유를 확인한다는 것을 의미한다. 아니, 거기서 더 나아가 그러한 확인은 말할 것도 없이 종래에는 고려되지 않았던 조선, 일본, 동유럽, 라틴아메리카, 아프리카 그리고 인류학적으로 파악되는 다양한 지역과 같은 이른바 주변 문화도 중요하게 고려해야만 한다. 왜냐하면 그것들은 우리에게 지금까지 우리를 일방적으로 규정해온 서양 철학을 비판적으로 성찰할 수 있는 다른 관점을 제공할 뿐만 아니라 이미 역사에서 서로 영향을 주고받으면서 서로 다른 사유를 형성해온 세계철학의 중요한 기축을 이루어왔기 때문이다.

그래서 이 『세계철학사』는 다양한 철학적 사유 전통을 폭넓게 담아내고 있다. 물론 여전히 서양 철학이 절반 이상을 차지하고 있지만, 거기서도 정교 전통의 중동부 유럽과 러시아가 시대마다 다루어지면서 서유럽과의 다름과 상호 관계가 모색되고 있다. 중국의 사유는 제1권 제4장 '중국의 제자백가에서의 세계와 혼', 제2권 제5장 '고전 중국의 성립', 제2권 제6장 '불교와 유교의 논쟁', 제3권 제8장 '불교·도교·유교', 제4권 제8장 '주자학', 제5권 제9장 '명 시대의 중국 철학', 제6권 제9장 '중국에서의 감정의 철학', 제8권 제7장 '중국의 현대 철학'의 여덟 장에서 논의되고 있다. 인도를 주제로 하여 다루고 있는 것은 제1권 제5장 '고대 인도에서의 세계와 혼', 제2권 제4장 '대승 불교의 성립', 제3권 제9장 '인도의 형이상학', 제7권 제9장 '근대 인도의 보편 사상'의 네 장이고, 이슬람을 다루고 있는 것도 마찬가지로 제3권 제6장 '이슬람에서의 정통과 이단', 제4권 제4장 '아라비아 철학과 이슬람', 제6권 제8장 '이슬람의 계몽사상', 제8권 제6장 '현대 이슬람 철학'의 네 장이다. 일본 연구자들의 『세계철학사』인 까닭에 당연히 일본의 철학도 제3권 제10장 '일본 밀교의 세계관', 제4권 제9장 '가마쿠라 시대의 불교', 제6권 제10장 '에도 시대의 "장"의 사상', 제7권 제10장 '"문명"과 근대 일본', 제8권 제8장 '일본 철학의 연속성'의 다섯 장에서 논의되고 있다. 제8권 제9장 '아시아 속의 일본'과 제5권 제8장 '근대 조선 사상과 일본' 및 제5권 제10장 '주자학과 반주자학'에서는 일본 철학과의 관련 및 서로 다른 맥락에서 조선 사상과 동아시아 사상을 살펴보고 있다. 서양 철학 계통으로부터도 그리고 위 네 개 전통의 철학으로부터도 벗어난 장으로서는 제1권 제2장 '고대 아시아에서의 세계와 혼', 제1권 제10장 '그리스와 인도의 만남과 교류', 제2권 제7장 '조로아스터교와 마니교', 제4권 제10장 '중세 유대 철학', 제5권 제5장 '예수회와 키리시탄', 제8권 제4장 '페미니즘의 사상과 "여성"을 둘러싼 정치', 제8권 제5장 '철학과 비평', 제8권 제10장 '현대의 아프리카 철학'을 들 수 있지만, 별권의 제10장 '나치스의 농업 사상'과 제12장 '몽골의 불교와 샤머니즘'도 눈에 띈다.

요컨대 우리는 이렇게 세계의 관점에서 다양한 문화에서 형성되어 온 철학적 사유의 흐름을 전체로서 검토함으로써 그 사유들 사이에서의 상호 영향과 지금까지 포착되지 못한 중간 지대 그리고 과학과 종교와 경제와의 연관에서 이루어지는 앎과 사유의 역동성을 포착할 수 있으며, 나아가 현재 우리가 어디에 서 있는지, 우리는 어디로 가고 있는지에 대해서도 어떤 통찰의 실마리를 얻을 수 있을 것이고, 만약 우리가 특정한 사유 방식들에 규정되어 모종의 비뚤어짐과 부정적인 유산을 가진다면, 그것을 반성적으로 극복할 가능성도 모색할 수 있을 것이다.

물론 이 『세계철학사』가 제기하는 '세계철학'의 기획이 단지 이런저런 지역들의 철학적 영위를 그러모으는 데 그치는 것은 아니다. 그것은 세계라는 시야에서 철학 그 자체를 다시 묻고 철학이라는 장에서 '세계'를 묻고자 하는 시도이다. 왜냐하면 우리는 철학이란 세계 속에서 살아가는 인간의 사유를 통한 자기표현과 자기실현으로 파악할 수 있기 때문이다. 이러한 파악에 기초할 때 우리는 고대 문명에서 철학들의 탄생, 세계 제국의 발전과 전통들의 형성, 각 전통 내부에서 중세로부터 근세로의 숙성, 근대 사회와 근대 과학의 성립 및 지구화 과정을 통한 세계의 일체화와 분쟁을 거쳐 우리가 현재 부딪혀 있는 다양한 문제들에 철학적 사유를 가지고서 대결할 수 있을 것이다.

그런 까닭에 또한 이러한 『세계철학사』의 '세계철학'의 시도에서는 철학이란 세계와 인간 그리고 세계 속 인간의 삶이 지닌 다면적인 측면을 홑눈이 아니라 겹눈으로 묻고 대답하는 영위라는 것이 드러난다. 따라서 '세계철학사'란 본래 단선적인 발전사로 해소될 수 있는 것이 아니라 복수의 물음과 대답이 상호 연쇄하면서 다원적인 탐구를 밀고 나가는 복선적인 과정이라는 점도 밝혀질 수 있을 것이다.

이제 우리는 이러한 세계철학을 살펴보는 도정의 출발점에 서 있다. 물론 그 길은 우리가 도달해야 할 무언가의 목적을 예상하는 그런 종류의 것이 아니다. 그렇다면 우리에게는 철학적 사유가 전개하는 개념의 여정에 몸을 맡기고 세계철학이라는 지평을 향해 끊임없이 발걸음을 계속하는 길밖에 남아 있지 않다. 그러나 이 『세계철학사』의 한 편자가 '세계철학사'에서 개념들이 출현하는 사태를 '꽃핀다'라는 말로 묘사하고 있듯이, 이 '세계철학사'의 여정은 다양한 색깔과 현란한 모양의 다채로운 꽃들이 피어 있는 정원을 둘러보는 산책일 수 있을 것이다. 옮긴이로서는 여러분의 이 산책이 이런저런 사람과 함께 날마다 거듭되고 날마다 달라지는 가슴 설레고 즐거운 과정이 되기를 기대할 뿐이다.

봄꽃들이 화려하면서도 쑥스럽게 피어나는 계절에
가톨릭관동대학교 연구실에서
이신철

서장

세계철학사를 위하여

노토미 노부루納富信留

'세계철학'과 '세계철학사'

지금 '세계철학'이 하나의 커다란 물결을 이루고 있다. 지금까지 서양, 요컨대 유럽과 북아메리카 중심으로 전개된 '철학'이라는 영위營爲를 근본적으로 재편성하고, 좀 더 보편적이고 다원적인 철학의 영위를 창출하는 운동, 그것이 '세계철학'이라고 불린다. 우리가 활동하는 생활 세계를 대상으로 하는 철학, 다양한 문화와 전통과 언어를 기반으로 하는 철학, 그리고 자연환경과 생명과 우주로부터 인류의 존재 방식을 반성하는 철학이 '세계철학'이라는 이름 아래 수행되려고 하고 있다. 그것은 '세계'라는 이름을 덧붙임으로써 세계에서 살아가는 우리 모두에게 공유되어야 할 본래의 '철학'을 되살리고자 하는 시도이다.

세계철학은 우선은 지구상의 모든 지역의 철학 영위에 주목한다. 유럽과 북아메리카만이 아니라 중근동, 러시아, 인도, 중국, 한국, 일본, 나아가 동남아시아와 아프리카와 오세아니아와 라틴아메리카와 원주민 아메리카 등에 두루 눈을 돌림으로써 참으로 세계라고 부를 수 있는 시야를 지향한다. 하지만 세계란 지리적 영역의 확대에 머물지 않는다. 철학은 우리가 살아가는 장을 '세계'라고 부르며, 지구로부터 우주라는 만물로, 현재로부터 미래로라는 대상의 넓이를 손에 넣는다. 따라서 세계철학이란 철학에서 세계를 묻고, 세계라는 시야로부터 철학 그 자체를 다시 묻는 시도이다. 거기서는 인류와 지구와 같은 커다란 시야와 시간의 흐름으로부터 우리의 전통과 앎의 가능성을 살펴나가게 된다.

일본의 학계에 대해서도 세계철학은 커다란 의미를 지닌다. 메이지 이후 대학에서 정비된 철학이라는 학문은 전문 분야로 나뉘어 개별적으로 따로따로 발전해왔다. 각각이 전문 학회를 가지면서도 상호 간의 교류나 공동 연구를 진행하는 상황은 이루어지지 못했다. 하지만 그러한 분야들이 세계철학이라는 시도로 결집하여 현대에서의 철학의 가능성을 논의함으로써 일본의 학문이 크게 변화될 수 있지 않을까 기대된다.

하지만 새로운 철학은 아무것도 없는 황무지로부터 갑자기 생겨나는 것이 아니다. 우리에게는 오랜 역사를 통해 가꾸어져 온 다양한 철학의 전통, 그 풍부한 유산이 있다. 그것들을 망라하여 새로운 앎의 원천으로 삼고자 노력함으로써 인류의 예지를 결집할 수 있을 것이다. 그것이 세계철학사의 가능성이며, 그것이 열어젖히는 미래 철학의 가능성이다.

그런 까닭에 '세계철학사A History of World Philosophy'라는 아직 듣기에 익숙하지 않은 호칭은 철학사를 개별 지역과 시대와 전통으로부터 해방하여 '세계화'하는 시도임과 동시에, 아니, 거기서 더 나아가 세계철학을 '역사화'함으로써 구체적으로 전개하는 우리 자신의 시도이다. 이 책으로부터 시작되는 치쿠마신서 '세계철학사' 시리즈는 이와 같은 문제의식 아래 기획되었다.

'철학사'에 대한 반성

지금까지 '철학사'는 서양에서 전개된 이런저런 사상과 사상가들을 다루는 것이 통례였다. 요컨대 고대 그리스·로마에서 시작하여 그리스도교 중세와 르네상스를 거쳐 근대로부터 현대까지의 2,600년간에 걸친 서유럽과 북아메리카를 범위로 하는 철학이 그것이다. 거기서 벗어난 사상 전통은 중국 사상사나 인도 사상사 또는 이슬람 사상사와 같은 형태로 독립적으로 다루어지고, 서양 철학사와 같은 것으로 여겨지는 '철학사'로부터 구별되어왔다.

헤겔은 『철학사 강의』에서 서론 마지막에 '동양 철학'이라는 부분을 붙였다. 거기서 중국 철학과 인도 철학을 아주 짧게라도 소개한 것은 그나마 서양 이외의 전통을 고려하는 태도였다. 하지만 그것도 본론인 그리스 철학에 대한 서론에 지나지 않으며,

동양에 대한 언급도 기본적으로는 원시적 사유 형태라는 편견에서 벗어나지 못했다. 헤겔이 수립한 철학사는 '서양 철학사'로서 이해되고 있었다.

그러면 서양 철학에서 벗어난 지역과 전통은 서양 철학과의 관계에서 어떻게 보여왔던 것일까?

그리스도교에 선행하는 유대교와 무함마드(마호메트)가 7세기에 시작한 이슬람은 일신교라는 그리스도교와의 공통 전통에서 서양 철학과 일정한 관계를 지녀왔다. 두 종교가 서양 철학에 언제나 관용적이었던 것은 아니라 할지라도 지적 교류의 역사는 길다. 유대교 철학과 서양 철학의 교류에서는 마이모니데스(스페인, 1135~1204), 스피노자(네덜란드, 1632~1677), 레비나스(리투아니아, 프랑스, 1906~1995)를 대표로 들 수 있다.

또한 아랍·이슬람 세계에서는 그리스 철학이 번역되고 그것을 기반으로 한 독자적인 철학이 발전했다. 특히 아리스토텔레스 철학을 철저히 소화하여 전개한 아비센나(이븐 시나, 페르시아, 980~1037)와 아베로에스(이븐 루시드, 스페인, 1126~1198)는 서유럽 라틴 세계에 도입됨으로써 13세기부터 서양 철학을 밀고 나가는 커다란 힘이 되었다. 물론 이러한 이슬람 철학자들이 서양 철학과의 관계에서 언급되는 예는 있어도 철학사 속에서 본격적으로 고찰되는 일은 많지 않았다.

또한 같은 그리스도교 권역 내에서도 로마 제국의 분열로 라틴어 권역으로부터 나누어진 그리스어 권역에서는 비잔티움 제국으로부터 동유럽과 러시아에 정교가 전파되고 신플라톤주의의 영향이 강한 동방 신학이 형성되었다. 정교 전통은 가톨릭과 프로테스탄트가 전개한 서유럽 철학과는 다른 요소를 많이 지니기 때문에 서양 철학에서 배제되는 경향이 있다. 러시아의 블라디미르 솔로비요프(1853~1900)를 대표로 하는 독자적인 사상 전통은 '동양적, 오리엔탈'이라고 형용하는 경우가 많다.

신대륙이 발견된 이래로 스페인과 포르투갈의 식민지가 된 라틴아메리카에서는 가톨릭과 서양 철학을 가르쳐 왔지만, 라틴아메리카가 서양 철학사의 틀 내에서 다루어지는 일은 없다. 북아메리카 영어권이 서양 철학의 한 부분이 되고 독자적인 철학으로 커다란 역할을 짊어진 것과는 대조적이다. 하지만 라틴아메리카 나라들은 프랑스와 독일의 대륙 철학 영향을 받으면서 각자의 철학을 영위해왔다. 특히 20세기 전반에 아르헨티나를 방문한 스페인 철학자 오르테가 이 가세트(1883~1955)의 영향은 크다. 그 후 영미 분석 철학이 도입되고 독자적인 라틴아메리카 철학이 모색되고 있다.

철학과는 인연이 먼 것처럼 보여온 아프리카에 대해서도 고대 이래의 전통 재발견과 현대 아프리카 철학이 활발히 논의되고 있다. 프란츠 파농(1925~1961)을 대표로 하는 반식민지주의와 반-아파르트헤이트 사상 등 다양한 가능성이 주목받고 있다.

아시아로 눈을 돌리더라도 중국과 인도를 제외하면 한국과 일본에 대한 주목은 아직 크다고는 할 수 없으며, 그 이외의 지역,

예를 들어 동남아시아와 몽골과 중앙아시아가 고려되는 경우는 거의 없었다. 그러나 한자를 공유하는 문화와 또한 불교, 유교, 도교 등을 기반으로 하는 동아시아 철학이 하나로서 다루어지는 의의는 클 것이다.

현재 우리가 살아가는 세계는 서양 문명의 틀을 넘어서서 다양한 가치관과 전통이 교차하는 가운데 하나를 이루는 새로운 단계를 맞이하고 있다. 철학을 세계화하여 다원적 사유의 가능성을 찾기 위해서는 이러한 많은 서양 이외의 철학들이 중요한 시사점을 던져 줄 것이다.

철학의 다양성이 인식되는 한편, 세계화라는 이름 아래 획일적인 규준과 가치관에 의해 다양성과 독자성이 상실되고 있는 상황도 의식되어야만 한다. 경제와 정치의 국제화뿐만 아니라 영어에 의한 의사소통과 정보 관리, 상업 자본에 의해 추동되는 소비문화가 세계를 석권하고 있다. 철학의 세계에서도 세계 속의 대학과 교육·연구 기관에서 '철학'을 공통의 기본 과목으로 가르치고 있지만, 그 '철학'이란 기본적으로 서양 철학을 가리키며, 특히 현대 영미 분석 철학이 핵심을 차지한다. 그것이 과연 유일하거나 정통한 철학인지 세계철학이라는 시야에서 반성이 이루어져야 한다.

이와 같은 철학사에 대한 반성에서 우리가 서 있는 일본이라는 위치가 중요하다. 서양 철학을 주로 19세기 중반부터 도입한 일본은 동아시아에서는 일찍부터 서양 철학을 수용하고, 니시다 기타로西田幾多郎(1870~1945) 등이 선도하여 독자적인 일본 철학을 만들어냈다. 다른 한편 고대로부터 유교, 도교, 불교, 신도神道와 같은 동아시아 전통을 길러온 배경이 있으며, 그 다면성은 '세계철학사'를 생각하고 발언하는 입지로서 절대적인 의의를 지닌다. 세계철학사의 구축에서 일본의 시야를 살려내야 한다.

세계철학사의 방법

그러면 세계철학사는 어떤 방법으로 수행되는가? 그저 다양한 지역과 시대와 전통마다 각각의 사유를 늘어놓더라도 그것은 '바보들의 회랑'(헤겔)의 나열 전시에 지나지 않는다. 철학사라고 불리는 한에서 무언가의 방식으로 하나의 흐름이나 통일로서 다루어지고 철학적 의의를 지녀야만 한다.

그 경우에도 서양 철학이라는 역사에 한정하면, 고대로부터 중세, 근대, 현대로 하나의 커다란 흐름을 그릴 수 있다. 하지만 그 한정을 넘어설 때 철학사는 언뜻 보기에 뿔뿔이 흩어진 이미지로 되어버리는 것이 아닐까? 많은 지역과 전통에 눈을 돌린다고 하더라도 그것들을 나열하는 것만으로는 세계철학사가 되지 못한다. 인류의 철학적 영위를 전체로서 파악하고자 하는 세계철학사는 어떤 방법을 취해야 할 것인가 하는 물음이야말로 그 자체가 대단히 도전적인 철학적 과제이다.

여기서는 우선 서로 다른 전통과 사상을 하나하나 주의 깊고

신중하게 살펴나가는 것이 기본이다. 그리고 더 나아가 그것들에 공통된 문제의식과 사유의 틀, 대답의 제안 등을 추출하여 비교하는 가운데 역사의 맥락에서 검토해야 한다. 종래의 비교 사상과 조금 다른 점이 있다면, 둘이나 셋 사이에서 행해지는 비교 검토가 아니라 최종적으로는 세계라는 전체 맥락에서 비교하고 공통성과 독자성을 확인해 가는 방식일 것이다. 또한 역사라는 시간적 계열에 사로잡히지 않으면, 사유 구조를 같은 마당에서 공시적으로 비교하는 것이 가능할지도 모른다. 이즈쓰 도시히코井筒俊彦는『의식과 본질意識と本質』(1983년)에서 새로운 '동양'이라는 철학 개념 아래 '공시적 구조화'라는 방법을 실천함으로써 영감을 주는 고찰을 수행한 바 있다.

더 나아가 그러한 다양한 철학들이 '세계철학'이라는 시야 아래 어떠한 의미를 짊어지고 있는지 고찰해야 한다. 예를 들어 고대 그리스 철학은 서양 철학의 기원으로서뿐만 아니라 그것을 넘어선 다양성과 가능성을 지니며, 이슬람이나 근대 일본과 같은 철학들에 대해서도 중요한 의미를 짊어지고 있었다. 또한 세계철학으로서의 일본 철학이라는 과제에서도 일본에서 전개된 사상이 그저 번역 불가능한 기이함에서가 아니라 독자적인 까닭에 세계에서 평가받는 철학으로서 재발견될 수 있을 것이다. '와비ゎび, 사비さび, 모노노 아와레もののあはれ, 이키いき'와 같은 말은 세계철학의 맥락에서 비로소 참으로 철학적인 개념으로 다듬어질 수 있다.

어느 사상이든 세계의 사람들 사이에서 철학으로서 논의되기 위해서는 보편성과 합리성이 필요하다. 다른 한편 '보편universal'과 '합리rational'라는 개념이야말로 그리스 철학이 산출한 유산이라는 인식도 필요하다. 세계철학에 대한 도전은 우리를 새롭게 '철학이란 무엇인가'라는 물음 앞에 세워 놓는다.

이 시리즈의 의도와 구성

이 '세계철학사' 시리즈는 고대에서 현대까지의 세계철학을 모두 여덟 권으로 조감하고, 시대를 특징짓는 주제로부터 이런저런 전통을 시대마다 살펴나간다. 그것들 사이에는 중간 지대와 상호 영향, 수용과 전통의 형성이 있으며, 경제와 과학과 종교와의 제휴가 있다. 그러한 관점을 덧붙임으로써 지금까지 돌아보지 못한 앎의 역동적인 움직임이 재현된다. 세계에서 전개된 철학의 전통과 활동을 통시적으로 바라볼 때, 현재 우리가 어디에 서 있는지, 앞으로는 어떻게 있어야 하는지에 대한 중요한 시사점이 얻어질 것이다. 인류의 앎의 영위를 새로운 시야로부터 재구축하기, 그것이 '세계철학사'의 시도이다.

'세계철학사' 시리즈의 의도를 여덟 권 전체의 구성에서 제시해 두고자 한다.

지금 이 제1권은 철학이 성립한 고대의 최초 시기를 다룬다. '지혜에서 앎의 사랑으로'라는 부제 아래 인류가 문명의 시원에서 세계와 혼을 어떻게 생각했는지를 기원전 2세기까지 몇 개의 지역으로부터 살펴나간다. 먼저 문명이 발생한 고대 오리엔트, 구체적으로는 이집트와 메소포타미아를 살펴본 다음, 구약성서와 유대교에 주목한다. 그러고 나서 야스퍼스가 '축의 시대'라고 부른 고대 중국과 인도와 그리스라는 3자를 각각 검토한다. 특히 서양 철학의 발상지라고 생각되는 고대 그리스는 시대별로 네 장으로 나누어 검토한다. 마지막으로 알렉산드로스 대왕의 원정으로 직접적인 문화 교류가 생겨난 그리스와 인도의 접점을 『밀린다왕의 물음』 등으로부터 살펴나간다.

제2권에서는 그에 이어지는 기원전 1세기부터 기원후 6세기경을 시대 범위로 하여 고대 후기에 철학이 세계화해 가는 모습을 다각적으로 검토한다. 고대 그리스에서 성립한 철학은 로마 세계로 들어가며, 얼마 되지 않아 그리스도교의 보급과 교차하는 가운데 유럽 세계의 기초를 형성한다. 같은 시기에 인도에서는 대승 불교가 성립하고, 중국에서는 유교 전통이 확립되었다. 인도에서 전래한 불교는 중국에서 유교와의 논쟁을 전개하고, 고대 문명의 땅 페르시아에서는 조로아스터교가 확립된다. 그리스도교의 경우에는 그리스어 세계의 전통이 비잔티움을 거쳐 동방으로 확대되고, 서방 라틴어 세계에서는 가톨릭의 중세 철학이 성립했다.

제3권부터 중세에 들어서며, 9세기부터 12세기를 중심으로 한 세계를 다룬다. 고대 그리스 문명과 그리스도교의 확대를 이어받아 한편으로는 비잔티움에서의 동방 신학의 성립을, 다른 한편으로는 서방 그리스도교 세계에서의 교부 신학과 수도원의 발전을 검토한다. 서유럽 세계는 이리하여 12세기에 문화적 융성을 맞이하게 된다. 7세기에 무함마드가 열어젖힌 이슬람에서는 정통과 이단이 나누어져 독자적인 이슬람 철학이 시작된다. 나아가 중국에서는 불교와 도교와 유교가 교차하는 상황이 생겨나고, 인도에서 전개된 형이상학이 동아시아에서 논의된다.

제4권은 중세 말기에 해당하는 13세기부터 14세기를 다룬다. 스콜라 철학에서는 토마스 아퀴나스와 둔스 스코투스 등이 나와 전성기를 맞이하며, 이슬람에서도 아비센나와 가잘리 등의 철학자가 활약한다. 중세 유대 사상도 중요한 역할을 완수한다. 서유럽 중세 철학은 유명론의 등장을 맞이하며, 중국에서는 주자학이, 일본에서는 가마쿠라 불교의 여러 학파가 성립한다.

제5권은 중세로부터 근세로 이행하는 15세기부터 17세기, 바로크 시대를 다룬다. 스페인에서는 그리스도교 신비주의가 융성하고, 시민 사회의 경제 윤리가 중요한 요소가 된다. 르네상스는 전면적인 쇄신이 아니라 스콜라 철학의 근세적인 발전을 포함하고 있었다. 예수회는 중국과 일본에 진출하여 철학 교류를 낳으며, 마침내 데카르트와 홉스 등의 서양 근대 철학을 맞이한다. 조선 사상과 일본, 명에서 전개된 새로운 철학, 구체적으로는 주자학과 반주자학 등의 동아시아 철학의 여러 모습이 그려진다.

제6권은 근대의 철학을 각 방면에서 논의한다. 영국, 스코틀랜드, 프랑스의 계몽사상, 미국에서의 식민지 독립사상이 논의된다. 그리고 18세기 말에 칸트에 의한 비판 철학이 태어난다. 같은 시대에 이슬람에서는 계몽사상이 펼쳐지고, 중국에서는 청나라 시기의 철학이, 일본에서는 에도 시기의 철학이 전개된다.

제7권에서는 자유와 역사가 주제가 되며, 국가 의식이 싹터 서양 근대 비판이 시작된 독일, 진화론과 공리주의가 태어난 영국 등이 논의된다. 미국에서도 신세계라는 의식 아래 프래그머티즘이 탄생한다. 프랑스의 정신주의, 인도의 근대 철학, 그리고 나라의 문을 연 일본의 근대 철학이 다루어진다.

마지막으로 제8권에서는 세계화라고 불리는 현대의 앎의 존재 방식이 다각적으로 검토된다. 분석 철학, 대륙 철학이라는 주류를 살펴본 후, 포스트모던, 젠더, 비평과 같은 현대 사상이 논의되며, 이슬람, 중국, 일본 등 동아시아의 현대가 검토된다. 마지막으로 아프리카 철학의 가능성이 소개된다.

이리하여 모두 여덟 권의 구성으로 세계철학사를 두루 살펴보는 이 시리즈는 일본 최초의 본격적인 시도로서 이후 철학의 가능성을 제시할 것이 기대된다. 세계로 눈을 돌리긴 했지만 아직 서양 철학이 큰 비중을 차지하고 있다는 점은 부인할 수 없다. 하지만 우리에게 공통의 기반이 되어 있는 서양 철학을 매개로 하여 그것에 대항하고 다른 가능성을 여는 이런저런 철학을 시야에 모아들임으로써 비로소 세계철학에의 가능성이 열린다고 생각한다. 세계철학과 세계철학사의 시도가 이후에 어떠한 역할을 짊어지게 될까? 이 '세계철학사' 시리즈는 그 출발점이 될 것이다.

제1장

철학의 탄생을 둘러싸고

노토미 노부루 納富信留

1. 축의 시대

인류의 영위로서의 철학

인류가 언어를 말하고 사유하게 된 이래로 무언가 철학의 영위가 시작되었을 것이다. 산다는 것은, 죽는다는 것은 어떠한 것인가? 인생의 의미는 어디에 있는가? 나 자신이란, 세계란, 사랑이란 무엇인가? 살아가는 데서 마주 대하는 물음과 그에 대답하고자 하는 사유와 논의는 인간이 인간인 한에서 틀림없이 어느 시대에나 공통으로 행해졌을 것이다.

하지만 현재 그것은 체계화되어 '철학'이라고 불리는 영위, 나아가서는 대학과 연구 기관에서 연구되고 가르쳐지는 학문의

한 분야가 되었다. 철학이라는 학과는 실제로는 그 대부분이 서양 철학과 그 발전 형태인 현대 철학을 다룬다. 그리고 학문으로서의 철학은 현재 대부분 사람이 다가서지 못할 정도로 특수하고 난해한 전문 용어를 구사하는 학문으로 여겨지고 있다. 하지만 그것이 본래의 철학일까? 새롭게 근원으로 돌아가 생각해야 할 때가 아닐까?

두 가지 문제가 제기된다. 첫째, '철학'이 왜 서양 중심으로 된 것일까? 서양 아닌 곳에 철학은 존재하지 않았던 것일까? 둘째, '철학'은 왜 인생과 생활을 떠나 고상한 학문이 된 것일까? 이 두 가지 물음에 대답하기 위해 우리가 잊고 있던 하나의 가능성을 다시 검토하고 추구할 필요가 있다. 그것은 바로 '세계철학'의 시도이다. 철학이 인류에게 공통된 영위가 되기 위해서는 서양의 전통을 넘어선 참으로 다원적이고 보편적인 시야가 필요하다. 또한 좁은 학문 영역에 머무르지 않고 우리가 살아가는 현장을 응시하는 사유가 필요해진다. 그것을 실현하는 하나의 장이 바로 이 세계철학이라는 시도일 것이다.

이 두 가지 문제에 대답하기 위해 고찰해야 할 주제가 있다. 그것은 세계철학사의 **시원**이 어떠했는가 하는 고대 철학의 성립에 대한 물음이다. 철학은 어떻게 탄생했던가? 철학의 영위는 처음부터 서양, 요컨대 유럽에만 있었던 것일까? 그렇지 않으면 다른 문명에서도 마찬가지의 철학적 영위가 시작되었던 것일까? 만약 그렇다고 한다면, 그것들은 어떻게 해서, 어떤 이유에서 그 이후 서양 철학과 같은 비약적인 발전과 세계화를 이루지 못했던 것일까? 이 문제를 푸는 열쇠는 우선은 고대 문명에 있다고 예상된다.

인류의 기원이 아프리카에 있다든지 농경이 서아시아 등 유라시아 대륙 각지에서 시작되었다고 말해지듯이, '철학'이라고 불리는 영위도 특정한 시대에 특정한 지역에서 시작되었다고 생각된다. 적어도 우리 인간이 날마다 막연하게 지니는 의문과 사념, 그것을 사회적으로 공유하는 신화와 종교 의례와 같은 것을 넘어서서 우주를 포함하는 세계 전체와 우리 자신의 존재 방식에 대해 잘 생각해보는 것이 '철학'이라는 형태로 성립했다면, 그것은 몇 개의 지역에서 비교적 짧은 기간에 집중적으로 시작되었다고 생각된다. 중국 황하 유역에서 활약한 제자백가, 갠지스강과 인더스강 유역에서 일어난 고대 인도의 철학, 그리고 나일강과 티그리스·유프라테스강 유역의 오리엔트 문명을 받아들이면서 그리스 지역에서 발생한 그리스 철학이 그것들이다. 그러한 세 개의 주요한 기원은 각각 아시아와 유럽에서 계승되어 전개되는 철학의 기점을 이루며, 인류의 철학으로서 공통의 모습을 보여준다. 이제1권이 '철학의 탄생'을 묻는 것은 그와 같은 문제의식에서다.

야스퍼스의 '세계철학' 구상

현재 우리가 배우는 '철학'이 기본적으로 '서양 철학'을 가리키

는 것에 대해 자주 문제점이 지적되고 위화감이 표명되어왔다. 유럽에서 '세계철학'의 이념을 내세운 철학자로는 칼 야스퍼스 (1883~1969)가 있다. 독일의 정신과 의사이기도 했던 야스퍼스는 하이델베르크대학에서 철학을 가르치고 있던 1930년대에 '세계철 학Weltphilosophie'을 구상하고 있었다(한스 자너Hans Saner, 『고독과 소통— 야스퍼스와 하이데거孤獨と交わり—ヤスパースとハイデッガー[Ein-samkeit und Kommunikation]』, 모리나가 신이치로盛永審一郎 · 사카모토 교코 阪本恭子 옮김, 晃洋書房, 27~55쪽 참조).

이 시대의 독일에서는 나치가 대두하고 독일 민족의 문화, 아리 아인 지상주의가 선전되고 있었다. 세계가 분단되고 민족과 문화의 우열이 소리 높여 외쳐지는 시대에 감연히 '세계철학'을 구상한 야스퍼스는 나치에 반대하여 1937년에 대학에서 쫓겨난다.

그 시기의 구상에 대해 야스퍼스는 1951년에 쓴 논문 「나의 철학에로의 길」에서 다음과 같이 회고한다. '우리는 유럽 철학의 황혼으로부터 현대의 새벽빛을 통해 세계철학의 서광으로 통하는 길 위에 있다.'(『철학에로의 길哲学への道』, 구사나기 마사오草薙正夫 · 하야시다 신지林田新二 외 옮김, 以文社, 20쪽) 1957년의 『철학적 자서전哲学的自伝』에서도 마찬가지로 '우리는 유럽 철학의 황혼으로 부터 세계철학의 여명에 이르는 길 위에 있다'(시게타 에이세이重田英世 옮김, 理想社, 159쪽)라고 말하고 있다.

근대 과학과 철학이 돌진한 끝에서 서양 문명의 막다른 골목과 종언을 보는 견해는 19세기 후반부터 20세기에 걸쳐 활발해지며,

독일의 역사 철학자 슈펭글러가 제1차 세계대전 중에 집필한 『서양의 몰락』(1918, 1922년)은 커다란 반향을 불러일으켰다. 야스퍼스는 '황혼'이라고 부르는 그 사태를 비관주의적으로 보는 것이 아니라 오히려 새로운 세계철학의 새벽으로 향하는 길로서 적극적으로 파악하고자 했다. 야스퍼스는 세계철학을 '공통의 공간'으로 간주했지만, 그것은 철학을 수행하는 장이 서양뿐만 아니라 그 바깥에 있는 여러 철학에 대해서도 열리고 현대뿐만 아니라 고대까지도 시야에 넣는다는 것을 의미했다.

'축의 시대'라는 제언

바로 그 야스퍼스가 1949년에 간행한 저서 『역사의 기원과 목표歷史の起源と目標』(시게타 에이세이重田英世 옮김, 理想社)에서 제언한 것이 유명한 '축의 시대'라는 이념이다. 기원전 500년을 중심으로 하는 시대에 인도에서는 우파니샤드 철학이 발생하고 자이나교와 불교가 태어나 다양한 철학파가 성립했다. 중국에서는 공자와 노자를 비롯한 제자백가의 시대를 맞이했다. 페르시아에서는 조로아스터교가, 팔레스티나에서는 유대교의 예언자들이, 그리스에서는 호메로스로부터 철학자와 과학자들까지 활약했다. 대체로 기원전 800년경부터 기원전 200년경까지 일어난 세 지역에서의 지적 변동은 단지 우연한 병행 현상으로 치부될 수 있는 것이 아니다. 인간 존재가 언제나 거기로 돌아가야 할 근원으로서 이를테면 세계사의 '축'을 이루는 것이다.

축의 시대는 인류 문명의 시원이 아니다. 그 이전에 수천 년에 걸쳐 펼쳐진 고도의 고대 문명이 이 시대에 새로운 정신에 의해 종언하고 극복되었다. 이러한 커다란 변화야말로 철학의 탄생이라는 수수께끼를 생각하는 장면이 된다.

야스퍼스는 말한다. '이 세 개의 세계가 서로 만나면 곧바로 3자 사이에서는 깊은 곳에 이르기까지 상호 간에 서로 이해하는 것이 가능하다.'(32쪽) 인류의 상호 이해와 통일을 위해 보편사로서의 세계철학사가 추구되어야 할 것이다.

야스퍼스의 한계를 넘어서

축의 시대를 제창하는 야스퍼스에 대해 그리스도교와 서양 문명을 '역사'로 간주하는 측으로부터 커다란 반발이 있기도 했다. 인류의 역사가 아담의 탄생으로부터 최후의 심판에 이르는 역사라거나 이성의 자기 전개의 역사라고 한다면, 비-서양은 그로부터 배제되는 불충분하고 열등한 사상에 지나지 않을 것이기 때문이다.

야스퍼스에 대해서는 또한 축의 시대의 강조에도 불구하고 그 근저에 유럽 중심주의가 뿌리 깊게 남아 있다고 하는 비판도 있다. 실제로 그가 논의하는 세계사가 중국과 인도, 나아가서는 일본 등을 정당하게 고려하고 정확히 이해했다고는 말할 수 없다. 야스퍼스 역시 고대 그리스 철학을 높이 받들어 숭배하는 한 사람의 서양 철학자이자 그 한계를 충분히 벗어나지 못했을지도 모른다.

특히 축으로서 다루어진 중국과 인도의 전통을 잇는 일본에 있는 우리는 야스퍼스가 지향하면서도 실현할 수 없었던 '세계철학'의 실천과 관련하여 유럽 내부에서의 한계에 대해서도 민감하다. 서양 철학자들이 정말로 다른 문화를 이해하고 평가할 수 있었는지는 20세기의 문화 인류학과 포스트모던이 새삼스럽게 물은 문제이지만, 그들의 한계는 이념상의 것일 뿐만 아니라 실제의 경험과 식견의 한계이기도 했다.

하지만 이러한 비판들에도 불구하고 야스퍼스가 인류에게 공통된 어떤 사건에 주목하고 거기서 철학의 본원을 파악한 의미는 크다.

> 축의 시대와 관련하여 문제가 되는 것은 바로 하나의 역사적 사실로서 나타난 공통된 사건, 즉 오늘날에 이르기까지 타당한, 한계상황에서의 인간 존재의 원칙이 갑자기 출현한 사실(꿰뚫고 솟아남Durchbruch)이다. (『역사의 기원과 목표』, 35쪽)

우리 자신이 이러한 역사적 사실을 이해하고 평가하는 가운데 '거기에는 영혼의 감동이 있다'(36쪽)라고 하는 사태를 공유할 것이다. 축의 시대를 생각하는 것은 단지 역사적 사실을 분석하는 것이 아니라 '철학이란 무엇인가'와 그 탄생에서 만나는 것이며,

그리하여 '인간이란 무엇인가'에 놀라는 것이다.

2. 시원에 대한 물음

그리스라는 시원

야스퍼스가 '꿰뚫고 솟아남'이라는 말로 부른 역사에서의 비약
은 각 문명의 신화시대를 종언시킨 인류의 경험을 가리킨다. 그것
은 '정신화'라고도 불리는 인간 존재의 전적인 변혁이며, 거기서
'철학자'가 출현했다. 그 과정은 결코 단선적으로 상승하는 발전이
아니라 '파괴와 새로운 탄생이 동시에 진행된' 시대로 생각된다
(『역사의 기원과 목표』, 28쪽). 그로부터 오늘날에 이르는 철학의
역사가 시작되었다. 우리는 그 전환, 비약을 보아야만 한다.

이 전환에 대해서는 현재도 '철학의 시원은 무엇인가'라는 물음
으로 묻고 있다. 특히 '철학이 시작되었다'라고 말해지는 그리스
철학의 연구에서 이 물음은 피할 수 없다. 철학이 시원을 지닌다는
것 자체가 무언가 기묘하고 도착적인 물음인 것처럼 보이며, 사실
'철학이란 무엇인가'에 대한 가장 솔직한 질문을 이룬다.

서양 철학을 정의하는 경우 적어도 하나의 유력한 후보로서
'고대 그리스에서 시작되어 계승되어온 철학'이라는 대답이 주어
진다. 알프레드 노스 화이트헤드(1861~1947)의 유명한 말, 즉 '유럽

의 철학 전통에 대한 가장 안전한 일반적 성격 부여는 그것이 플라톤에 대한 일련의 각주로 이루어져 있다는 것이다'(『과정과 실재過程と實在, 上』, 야마모토 세이사쿠山本誠作 옮김, 松籟社, 66쪽)가 표현하고 있듯이 그 후의 서양 철학은 그리스 기원이라는 틀 내에서 전개되었다.

　물론 후세에 유럽에서 태어난 사상의 모든 것이 그리스 철학에 내포되어 있었다고 하는 것은 있을 수 없는 일이며, 다양한 요소가 뒤섞이면서 새로운 사유가 산출되었던 것도 틀림없다. 하지만 서양 철학이 언제나 그리스를 어버이나 모델로 하거나 아니면 반면교사로 하여 그것을 모방하거나 그에 반발하며 재현해온 역사라는 것은 확실하다.

　서양 철학의 시원으로서의 고대 그리스, 그 그리스 철학의 시원이란 무엇인가를 묻게 된다.

　고대의 철학 기원 논쟁

　고대 그리스에서 '철학의 시원'은 제6장에서 본격적으로 검토되지만, 이 물음은 고대에 이미 커다란 논쟁의 대상이었다. 기원후 3세기 전반의 철학사가 디오게네스 라에르티오스가 저술한 『유명한 철학자들의 생애와 사상』은 서장에서 철학의 시원을 검토함으로써 철학자들의 계보에 큰 틀을 제공한다.

　디오게네스는 첫 부분에서 어떤 사람들이 말하고 있는 '철학은 다른 나라 사람들(바르바로이)에게서 시작되었다'라는 설을 다룬다. 페르시아인 사이에서는 마고스(승려)가, 바빌로니아인과 앗쉬리아인 사이에서는 점성술사인 칼다이오스가, 인도인 사이에서는 나체의 행자인 귐노소피스테스가, 켈트인과 고트인 사이에서는 두뤼이데스와 셈노테오스라고 불리는 사제가 후보가 되었다. 그 문헌상의 근거로서 아리스토텔레스가 저술한 『마기코스』(상세한 것은 알려지지 않았다)와 소티온의 『철학자들의 계보』가 제시된다. 또한 이집트인 사이에서는 신관과 예언자가 철학을 지도했다는 주장도 있다고 보고된다.

그러나 이와 같은 철학의 다른 나라 기원설에 대해 디오게네스는 명확히 그리스인이 기원이라고 논의한다.

> 하지만 그들은 철학만이 아니라 인간의 종족이 시작된 것도 그리스인이라는 것을 깨닫지 못하고 그리스인의 성과를 다른 민족에게 돌리고 있다. (『유명한 철학자들의 생애와 사상』, 제1권 제3절)

흥미롭게도 디오게네스가 언급하는 설들은 그리스 문명 이전이나 그 밖에서 기원을 찾고 있으며, 아테나이 사람인 무사이오스나 리노스와 같은 신화시대의 사람들도 철학의 기원으로 헤아려지고 있었다. 하지만 로마 시대에 살았던 디오게네스에게서는 이미 그리스인 중심의 세계관이 강력해져 있었다. 그는 그리스를 기원으로 간주하는 논거를 '철학'(필로소피아)이라는 명칭의 독자성에서

찾고 있다.

> 철학은 그리스인에게서 시작되었으며, 그 이름 자체도 다른
> 나라 말에서의 호칭이 아니다. (같은 책, 제1권 제4절)

'필로소피아'라는 이름이 그리스어의 합성어이고, 그리스에서
탄생한 이후 라틴어를 비롯한 이런저런 언어에서 차용되어 현대까
지 계승되어온 것은 잘 알려진 역사적 사실이다. 디오게네스는
이집트인이나 마고스 등의 철학을 개관한 후에, 퓌타고라스가
자기를 처음으로 '철학자'(필로소포스)라고 부른 일화를 도입하여
(제1권 제12절) 철학이 그리스에서 시작되었다고 결론짓는다.

이리하여 디오게네스는 철학의 계보를 그리스인에게서 시작한
다. 그 시작점은 탈레스의 제자 아낙시만드로스와 페레퀴데스의
제자 퓌타고라스 두 사람에게 놓이며, 전자로부터 이오니아학파
가, 후자로부터 이탈리아학파의 철학이 더듬어진다.

하지만 현재까지의 그리스 철학사에서 '철학의 시원'은 대표적
인 탈레스뿐만 아니라 그의 동아리인 아낙시만드로스, 퓌타고라
스, 파르메니데스, 소크라테스 등, 다양한 철학자에게 돌려지고
있으며, 나아가 탈레스 이전의 시인들, 호메로스나 헤시오도스에
게로 거슬러 올라가는 견해도 있다. 그 후의 철학사에서는 그리스
철학 내부에서 '누가 최초의 철학자인가'를 둘러싸고서 다툼이
벌어지게 되었다.

'시원'을 묻는 철학

그러면 고대 그리스에서 철학이 시작되었다고 하는 것은 어떠한 의미인가?

'시원'은 우선은 시간적인 과거에 놓여 있다. 시원은 무언가의 사물이 있다거나 있었다고 하는 것에 대해 그 성립을 시간상으로 거슬러 올라가 설명하는 경우 거기로 돌아가야 할 지점이다. 시원이 있고 그로부터 무언가의 움직임이 일어난 까닭에 그 후의 전개로부터 현재까지의 존재 방식이 만들어졌다. 시원이란 그와 같은 현재로부터 거슬러 올라가는 종점, 실제로 있는 존재 방식을 규정하는 시작점 그리고 그 기반이다.

그리스어에서 '시원'에 해당하는 '아르케arche'라는 말은 시간에서의 시작점이라는 의미에 더하여 현재 어떻게 있는지의 '원리'라는 의미를 지닌다. '아르케'의 두 가지 뜻에는 과거에 있었던 원인이 현재 존재 방식의 근저에 남아 있다는 견해가 반영되어 있다. 선조의 피가 지금도 나에게 흐르고 있다고 하는 것과 같은 감각이다.

그리스 철학은 그 자체가 서양 철학의 시원이라고 말해질 뿐만 아니라 '시작·원리'를 추구하고 그것에 계속해서 집착한 특이한 사유 방법의 시원이기도 하다. 호메로스나 헤시오도스 등 철학 이전의 시인들도 세계의 시원을 문제 삼았다. 그러나 그 신화

형식을 벗어나 로고스에서 시원을 묻고자 한 것이 그리스 철학자들이었다. 시원을 묻고 시원으로 거슬러 올라가는 것이 무엇보다도 중요하다고 생각하는 사유와 태도는 특히 서양의 학문에서 두드러진다. 그것은 '독창성originality'이나 '원저자author'를 중시하는 문화로서 오늘날로 이어지고 있다.

시원을 묻는 사유 방법은 현재 있는 존재 방식에 대해서 특정한, 통상적으로는 하나 내지는 몇 안 되는 원천을 가정하고, 그로부터 하나의 계보나 발전으로 사건 전체를 파악하고자 한다. '철학'이라고 불리는 인류의 영위는 그리하여 고대 그리스 철학에서 시작되는 단선적인 발전으로서, 나아가서는 그리스도교라는 또 하나의 흐름과의 교류 속에서 형성된 것으로서 여겨져 왔다. 이리하여 '시원'에 대한 특수한 물음의 방식이 철학에서 '비–서양'이 배제되는 구도를 만들어간다.

그러면 우리는 '시원'에 대한 물음을 포기해야 할까? 요컨대 그리스적인 철학관을 특수하고 왜곡된 것으로 기각할 필요가 있고, 그것이 바로 철학을 세계에 대해 개방하는 것으로 이어지는 것일까? 그렇지 않을 것이다. 인간이 철학에 종사하는 이상, 실제로 있는 존재 방식에서 근원으로 되돌아가는 '시원'에 대한 물음은 여전히 결정적으로 중요할 것으로 보인다. 이 경우 편협한 철학관에 빠지지 않는 다원적이고 보편적인 '세계철학'의 기원론, 요컨대 참으로 철학적인 '시원에 대한 물음'이 모색된다. 이 점에서는 고대의 중국이나 인도 등에서 어떠한 철학이 전개되었는지 살펴보는 것이 무엇보다도 참고가 되어야 할 것이다.

3. 철학에 대한 물음

근대 일본과 '철학'

서양 문명에서는 '철학'(필로소피아)이 고대 그리스에서 태어났다고 생각하고, 서양 철학은 언제나 그 기원으로 되돌아감으로써 정체성을 확보하려고 해왔다. 로마 이래로 르네상스에서나 고전주의에서도 그리고 현대에서도 고대 그리스로 돌아가는 것은 가장 근본적이고도 정통한 철학의 수행을 의미해왔다. 또한 2,600년에 걸쳐 전개된 서양 철학은 철학의 다양한 개념, 논리와 사물에 대한 사고방식, 나아가 논의되어야 할 문제의 틀을 설정함으로써 '철학'이란 어떠한 영위인지를 규정하고, 오늘날에도 그에 근거한 철학이 대학이나 교육·연구 기관에서 수행되고 있다.

그러나 서양 철학과 동일시되는 '철학'이라는 이념은 그 전통에서 벗어난 타자에게 지나치게 무거운 부담을 강요해왔다. 그때까지 기본적으로 불교나 유교와 같은 중국이나 인도의 동아시아 문명권에 계속해서 존재해왔던 일본은 19세기 중반에 갑자기 나라의 문을 열고 서양 문명과 마주하게 됨으로써 두 문명의 차이를 충격으로 받아들이지 않을 수 없었다.

에도 막부 말기와 메이지의 계몽사상가인 니시 아마네^{西周}(1829~1897)가 '필로소피'라는 이름의 학문을 만났을 때, '이학^{理学}' 등의 유학 계열의 어휘를 피하여 '(희)철학^{希哲学}'이라는 새로운 개념으로 그것을 도입한 경위는 유명하다. 그것은 동양의 기성 학문이나 종교와는 전혀 다른 사유 전통을 거기서 본 니시의 탁견과 새로운 말을 만들지 않을 수 없었던 갈등의 반영이다. 그 후 이 특수한 번역어가 중국과 한국 등의 동아시아 한자 문화권에서도 통용되게 되지만, 이 점이야말로 세계철학을 깊이 탐구하는 열쇠가 된다.

메이지 시기부터 서양 철학을 적극적으로 도입하여 그것을 소화해온 근대 일본에서는 나카에 초민^{中江兆民}(1847~1901)이 만년에 '우리 일본에는 예부터 지금에 이르기까지 철학이 없다'(『일년유반^{一年有半}』, 1901년)라고 술회했듯이 서양에서 발전한 철학이 자기 안의 전통에는 없다는 열등감에 시달렸다. 그런 까닭에 서양 철학을 수용한 기반 위에 서서 일본의 독자적인 전통을 사유에 받아들인 니시다 기타로^{西田幾多郎} 등의 교토학파에 이르러서야 비로소 '철학'이라는 이름에 값하는 사상이 태어났다는 견해가 생겨났고, 현재도 그렇게 여기고 있는 것이 보통이다.

메이지 이후의 경험으로 인해 일본에서는 지금도 '철학'이란 서양 철학을 가리킨다는 견해가 뿌리 깊다. 그런 까닭에 유교와 불교가 전래한 이후의 일본의 다양한 종교 사상, 나아가 와카론이나 능악서^{能楽書}나 문학론 등, 에도 시기에 이르는 일본의 전통은

'사상'이라는 말로는 부를 수 있어도 '철학'이라고는 부르지 말아야 한다는 태도가 확산했다. 서양 철학의 영향을 받는 근대 그 이전의 영위는 현재도 통상적으로는 '일본 사상'이라고 불리며, '일본 철학'이라는 호칭을 사용하는 것에 대한 망설임은 여전히 크다.

다른 한편 최근 몇 년 사이에 '일본 철학Japanese Philosophy'이 해외에서, 특히 유럽과 미국에서 활발하게 논의되고, 구라카이空海와 도겐道元 등의 근대 이전 철학자들이 적극적으로 평가됨에 따라 '일본 철학'이라는 명칭이 정착하여 일본 사상사 전체에 적용되게 되었다. 일본 철학과 사상을 둘러싼 이러한 상반된 감정의 양립 상황은 '철학이란 무엇인가'를 둘러싼 서양과의 대결의 산물이다.

근대 중국과 '철학'

언제나 '필로소피아'라는 원래의 뜻으로 되돌아가 '철학'을 이해하는 근대 일본과는 달리 중국에서는 16세기 이래로 마테오 리치利瑪竇(1552~1610) 등의 예수회 신부들에 의한 서양 철학의 도입, 역으로 유럽에서의 중국 철학의 소개라는 오랜 기간에 걸친 교류의 경험이 이루어져 왔다. 실제로 유럽에서는 라이프니츠 (1646~1716) 등이 중국 철학에 관심을 지녔고, 그 중요성이 일찍부터 인식되었다.

하지만 그러한 중국에서도 서양 철학과 동일시되는 '철학'이

과연 자기 나라의 전통에 존재했는지를 둘러싸고서 논의가 이루어
졌다. 그때까지는 '비록소비아斐錄所費亞', '지학智學' 등의 말이 할당
되고 있던 중국에서 청나라 말기에 일본으로부터 '철학'이라는
개념이 도입되자 전통 사상과의 관계가 새롭게 문제가 되었다.
서양에서 유래한 '철학'에 대해서는 빈말이고 비실용적이며, '민
권, 자유, 평등' 등의 해로운 사상을 포함하고, 중국의 전통 학문과
양립할 수 없다고 하는 세 가지 비판이 가해졌다. 특히 교육 제도
속에서는 중국의 전통 사상이 서양 철학의 틀로 흡수되는 것에
대한 두려움이 강했다.

일본에서 서양 철학을 배운 량치차오梁啓超(1873~1929)는 1927년
에 간행된 『유가 철학儒家哲學』에서 중국에는 철학이 존재하지 않으
며, 전통 사상은 철학으로는 개괄될 수 없다고 하여 독립의 길을
권고했다. 또한 1934년에 펑유란馮友蘭(1895~1990)이 『중국 철학사
中國哲學史』를 출간했을 때 진웨린金岳霖(1895~1984)도 '중국 철학'과
'중국에서의 철학'을 구별한 데 기초하여 문제를 제기했다. 서양
철학을 기준으로 중국의 전통 사상을 다루는 것의 옳고 그름을
둘러싼 갈등은 일본과 유사한 문제를 내포하고 있었다. 당시의
중국 지식인에게는 철학은 예로부터 중국에 존재했지만 자각되지
못했다는 견해와 외래의 학문인 철학을 자기의 문제로 받아들여
'중국 철학'을 수립해야 한다는 견해가 있었다(진케이도陳繼東,
「청말의 '철학' 수용淸末における'哲学'の受容」, 『중국. 사회와 문화中國.
社會と文化』 제19호, 2004년 참조).

나아가 2001년 9월에 상하이를 방문한 자크 데리다Jacques Derrida (1930~2004)가 '중국에는 철학이 없다, 있는 것은 사상뿐이다'라고 말한 것에서 이 문제가 다시 불붙게 되고, '중국 철학의 합법성'이라고 불리는 논쟁이 2004년 봄 무렵까지 이어졌다. 이것은 한편으로는 '중국 철학'이라는 이념이 가능하냐는 문제를 제기하는 것이기 때문에 그 이름으로 불리는 학문과 학과의 기반을 뒤흔들 수도 있는 심각한 문제로서 받아들여졌지만, 다른 한편으로는 그것이 사이비 문제에 지나지 않는다고 생각하는 논자도 있었다. 하지만 최종적으로는 서양 철학과 같은 의미인 좁은 의미에서의 '철학'은 중국에 없지만, 좀 더 넓은 의미에서 이해하는 한에서 서양이나 인도와 마찬가지의 철학이 있었다고 하는 방향으로 논의가 귀착되었다.

중국과 한국에서는 일반적으로 일본만큼 구애받지 않고 '중국 철학, 한국 철학'이라는 명칭을 예로부터의 전통에 대해 사용하고 있지만, 근본에 가로놓여 있는 문제는 동아시아의 철학 전통에 공통적이다.

철학의 보편성

일본이나 중국이 '철학'에 대해 지니는 위화감을 살펴보았지만, '세계철학'으로서 전개되어야 할 철학은 본래 특정한 인종이나 민족이나 문화만이 참여하고 다른 사람들이 배제되어야 하는 것이 아니다. 고대 그리스에서 철학(필로소피아)은 '지혜(소피아 sophia)를 사랑하고 구하는(필레오phileo)' 삶의 방식으로서 정의되었다. 그것은 진리를 지향하고 앎을 추구하면서 살아가는 인간 본연의 자세를 가리키는 한에서 거기서는 반드시 보편성이 파악될 것이다. '보편성'이란 모든 것에 걸쳐 그것 자체로서 성립한다는 의미를 지니는 아리스토텔레스 철학의 개념이다. 철학은 두 종류의 보편성에 관계한다. 첫째, 철학은 시대나 문화나 언어를 막론하고 인간이 사유하고 살아가는 한에서 **보편적으로** 영위된다. 둘째, 철학은 **보편성**을 대상이나 목표로서 지닌다. 요컨대 철학이란 보편성에 관계하는 지적 영위이다. 첫 번째 의미에서는 인류에게 보편적인 한에서 철학을 지니지 않는 시대나 문화는 존재하지 않는다는 견해가 성립한다. 두 번째 의미에서는 보편성을 주제로 하지 않는 철학은 존재하지 않거나 그러한 것이 있다면 그것은 철학이 아니게 된다.

하지만 이러한 조건들이 빠져 있는 경우에는 심각한 이론적 어려움이 생겨난다. 첫 번째 점과 관련해서는 만약 철학에 관여하지 않는 시대나 문화나 민족이 있었다면, 또는 관여하는 정도에 많고 적음이 있다면, 철학은 인류에게 보편적이지 않게 된다.

또한 두 번째 점과 관련해서는 역사에서 전개되어온 철학적 영위의 다양성을 생각하면, 그것들이 같은 보편성을 목표로 삼아왔다는 것에 중대한 의문이 제기된다. 실제로 절대적인 진리가 존재한다는 것과 보편을 추구한다는 것에 대한 의심과 비판이 현대 사회에 침투하고 있다. 하지만 보편성을 의식하지 않는 사유 방법이 있다면, 그것은 '철학'이라고 불리는 것이 아니며, 철학이 인류에게 보편적인 영위라고 하는 것은 무너진다. 두 가지 의미가 겹쳐져 '철학의 보편성'이 성립하거나 아니면 두 가지 뜻 가운데 어느 것도 채워지지 않은 채 성립하지 않게 되거나, 이론적으로는 그 둘 가운데 한쪽이다.

실제로 포스트모던과 상대주의를 특징으로 하는 현대는 진리나 절대성이나 보편성을 향해 비판의 화살을 돌리는 경향이 있으며, 그것들을 적극적으로 내세우는 태도는 수구파로 여겨지고, 공통성의 이름 아래 개별성을 배제하거나 지워 없애는 것이 아닌가 하고 문제로 여긴다. 여기서 새롭게 '철학'의 의미와 존립이 물음의 대상이 된다.

다른 한편으로 세계화한 현대에는 경제력·정치력·기술력·정보력을 배경으로 한 일원적인 가치관이 세계를 뒤덮고 있다. 철학과 관련해서도 원래는 다원적으로 전개되었던 서로 다른 문화의 철학들이 쇠퇴하고, 영어에 의한 분석 철학이 주류가 되어 단순한 과학주의와 자연주의가 확산하고 있으며, 그에 맞추는 형태로 일원화와 공통화가 진행되고 있는 것으로도 보인다. 철학의 보편성이 두 가지 의미에서 성립하는 것으로 보이는 현 상황은 오히려 나쁜 공통화나 획일화에 대한 압력이나 그것에로의 회수일지도 모른다.

딜레마를 넘어서는 세계철학

보편성을 둘러싼 어려움을 '서양 철학'을 초점으로 하여 재구성하면 '철학의 딜레마'라고도 불러야 할 문제가 성립한다. 그것은 '보편성'이라는 철학의 정의적 내용과 서양 기원이라는 역사성 사이에서 생겨나는 모순이다. 그리스 철학에서 시작되는 서양 철학과 일본이나 중국 등의 비–서양과의 관계가 다음과 같이 문제화된다.

딜레마의 한쪽 뿔은 근대 이전의 일본이 그렇게 다루어지듯이 비–서양적이고 비–그리스적인 사유가 '철학' 영역에서 배제된다면 철학 그 자체가 보편적으로 성립하지 않는다는 것이다. 요컨대 결국 그리스 전통과 그 후계자인 유럽, 서양 철학만이 '철학'으로 여겨지고, 보편성은 철학의 특징이 아니게 된다.

또 한쪽의 뿔은 '보편성'을 철학의 본질로 간주하는 점이야말로 지극히 서양적인, 요컨대 그리스적인 견해에 지나지 않는다는 태도이다. 다른 문화나 시대의 사유가 그리스적인 '보편성'을 공유하지 않는다면, 그것이 아니라는 이유에서 비–서양적 사유를 배제하는 것은 서양 기원의 철학으로서는 당연한 결과이다. 하지만 그와 같은 특수성이야말로 바로 '보편성'을 결여한 사유라고 하는 결론이 된다.

이러한 철학의 딜레마는 조금 전에 언급한 '보편성'의 두 가지 의미의 어려움에 대응하는데, 구체적으로는 일본을 비–서양으로 고려함으로써 서양 철학이라는 이념 그 자체가 붕괴하는 방향을 시사한다. 딜레마의 어느 쪽 뿔에서도 '보편성'을 내거는 그리스 기원의 서양 철학은 그 이외의 사유 방법을 '철학'으로서 받아들일 이유를 지닐 수 없게 된다. 그에 따라 서양 철학 그 자체가 '철학'의 정의에 적합하지 않다는 결론에 다다른다. 철학의 보편성에 기초하는 '세계철학'을 지향하기 위해 우리는 이 딜레마에서 벗어나야만 한다.

하지만 일본이 근대에 직면한 서양 철학으로서의 '철학'이라는 문제의식은 근거가 없는 것이 아니다. '철학'이라는 이름 아래 수행되어온 서양에서의 지적 영위가 고대 그리스 이래의 사유 방법과 그로부터 역사적으로 배양된 틀에 강력하게 제약되고 있다는 것은 확실하며, 현재도 그것만을 '철학'으로 보는 견해가 유럽과 미국 중심에 강고하게 남아 있기 때문이다. 그로 인해 비-서양적인 사고방식에 '비논리적, 비철학적'이라는 평가가 내려지거나 역으로 과도한 기대가 쏟아지기도 한다. 이는 '오리엔탈리즘'이라는 이름으로 불리는 문제이다(에드워드 사이드). 그런 까닭에 일본에 있었던 것은 '철학'이 아니라 '사상, 종교'에 지나지 않는다고도 말해왔다. 서양의 '필로소피아'가 기준이 되고 그것에서 벗어난 사유를 배제하는 경향은 일본의 철학에서 지금도 뿌리 깊게 남아 있다.

우리가 '철학의 탄생'을 검토하는 하나의 목적은 한편으로는 그러한 그리스 기원을 상대화하면서 다른 한편으로는 인도나 중국과 같은 병행하는 철학 전통들을 같은 운동장에서 평가하는 기반을 확보하는 데 있다. 그것이 바로 '세계철학사'의 의의이며, 우리 자신의 철학의 가능성이다.

묻게 되는 것은 인류가 자연스럽게 행해온 사유나 삶의 방식을 넘어서서 '철학'이라고 부를 수 있는 새로운 지적 영위가 언제 어떻게 성립했는가 하는 것이다. 그것이 배타적이고 일원적인 역사가 아니라 다원적으로 열린 보편성에서 확보될 수 있는가 하는 문제, 바로 이것이야말로 세계철학을 수행하는 우리의 과제이다.

☞ 좀 더 자세히 알기 위한 참고 문헌

— 나카야마 쓰요시中山剛史, 『야스퍼스, 암묵의 윤리학 — '실존 윤리'로부터 '이성 윤리'로ヤスパース 暗默の倫理学 —'實存倫理'から'理性倫理'へ』, 晃洋書房, 2019년. '세계철학'의 이념을 논의한 야스퍼스 철학에 관한 본격적인 연구서.

— 한스–게오르크 가다머Hans–Georg Gadamer, 『철학의 시원 — 초기 그리스 철학 강의哲学の始まり — 初期ギリシャ哲学講義』, 미노우라 에료箕浦惠了·구니시마 기미코國嶋貴美子 옮김, 法政大学出版局, 2007년. 초기 그리스에서의 철학의 시원을 묻는, 독일을 대표하는 해석학자의 논고.

— G. E. R. 로이드Geoffrey Ernest Richard Lloyd, 『고대의 세계, 현대의 성찰 — 그리스 및 중국의 과학·문화에 대한 철학적 관점古代の世界, 現代の省察 — ギリシアおよび中国の科学·文化への哲学的視座』, 가와다 시게루川田殖·가나야마 야스히라金山弥平·가나야마 마리코金山万里子·이즈미 치에和泉ちえ 옮김, 岩波書店, 2009년. 고대 그리스 철학과 과학사를 전공하고 고대 중국과의 비교 연구를 진행해온 케임브리지대학 석학의 논고.

— 니시 아마네西周, 『니시 아마네. 현대어 역 선집西周 現代語譯セレクション』, 이시이 마사미石井雅巳 기획·구성, 스가와라 히카루菅原光·아이하라 고사쿠相原耕作·시마다 히데아키島田英明 옮김, 慶應義塾大学出版会, 2019년. 에도 막부 말기·메이지 시기에 쓰인 근대 일본 철학의 원점에 해당하는 논문들이 읽기 쉬운 현대어 역으로 새롭게 검토에 부쳐진다.

제2장

고대 서아시아에서 세계와 혼

시바타 다이스케柴田大輔

서아시아는 유대교·그리스도교·이슬람교의 고향으로 알려져 있지만, 그러한 '책의 종교'들이 성립하기 훨씬 이전의 기원전 시대, 이 지역에서 인류의 가장 오래된 문명이 탄생했다. 처음 아프리카 동부에서 태어난 인류는 네안데르탈인 등의 구인舊人과 현생 인류新人 모두 서아시아를 거쳐 지구상으로 퍼져나갔으며, 그들의 삶과 사회의 형태는 이 서아시아에서 커다란 혁신을 이루었다. 그리고 오랜 선사시대 이후, 이 땅에서 인류는 가장 오랜 문명을 구축했다. 고대 메소포타미아와 고대 이집트 등에서 일어난 문명, 그것이다— 정확히 말하면 이집트는 동북 아프리카이지만, 관례에 따라 편의적으로 서아시아에 포함한다—. 이 장에서는 특히 고대 메소포타미아에 초점을 맞추어 이 고대 서아시아 문명 세계에서 전개된 '세계와 혼魂'을 둘러싼 사상을 소개하고자 한다.

1. 고대 메소포타미아 문명

메소포타미아의 환경

메소포타미아는 그리스어로 '(두) 강 사이'를 의미하며, 유프라테스강과 티그리스강 유역을 가리킨다. 두 강 모두 현재의 터키에서 수원을 얻은 후, 시리아와 이라크를 거쳐 페르시아만으로 흘러들어간다.

자연환경에 주목하면, 북동쪽에 타우루스와 자그로스의 험준한 산맥이 자리하고 남서쪽에는 황량한 시리아 사막이 펼쳐진, 그 사이에 낀 지역이다. 그 안에서 북부에는 자지라의 초원 지대가 펼쳐지지만, 현재의 바그다드 근교 이남은 티그리스강과 유프라테스강이 가져온 토사가 퇴적되어 만들어진 충적 평야이다. 나아가 바로 그 사담 후세인에 의해 불살라질 때까지는 페르시아만으로 이어지는 강어귀 근처에 갈대가 우거진 습지인 늪지대가 펼쳐져 있었다.

북부의 초원 지역을 상-메소포타미아, 남부의 충적 평야를 하-메소포타미아라고 부르는데, 그 두 곳에서의 생활과 사회의 형태는 다르다. 무엇보다도 일정한 강수량이 있는 상-메소포타미아에서는 비에 의지한 천수 농경이 어느 정도 행해졌지만, 하-메

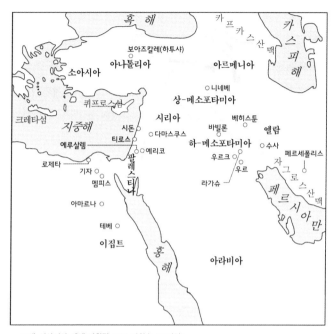

고대 서아시아 세계(기원전 3200~기원후 100년경)

소포타미아는 강수량이 극단적으로 적은 한편으로 충적 평야의 극히 비옥한 토양이라는 축복을 받았기 때문에 오로지 관개 농경만이 행해졌다. 인간이 생활하기 어려운 하–메소포타미아는 다른 서아시아 지역보다 훨씬 늦은 기원전 6500~6000년경에야 점차로 거주가 시작되었지만, 조직화한 공동체가 운영하는 관개 농경의 생산력은 폭발적이었고, 순식간에 서아시아에서도 가장 많은 인구를 거느리게 되었다. 그 후 상–메소포타미아에 미타니(이른바 미탄니)나 앗쉬리아 같은 거대 정권이 성립했을 때도 하-메소포타미아가 계속해서 문화의 중심지였다. 이 장에서 소개하는 사상은 상-메소포타미아에도 수용되었지만, 그 성립과 발전의 중심은 하-메소포타미아였다. 지금부터 살펴보게 되듯이 '세계와 혼'을 둘러싼 사상은 분명히 충적 평야와 늪지대의 풍토를 구체적인 무대로 하고 있다.

설형문자 문화

기원전 4000년대에 이 하-메소포타미아에서 도시의 형성이 급속히 진전되었다. 그중에서도 하-메소포타미아 남부에 우루크라는 거대 도시가 성립하고, 기원전 3200년경에는 설형문자의 원형이 이 도시에서 발명되었다. 이후 설형문자는 다양한 언어를 표기하는 문자 체계로서 발전하며, 기원후 1세기경에 최종적으로 포기되기까지 설형문자는 메소포타미아를 중심으로 하는 고대 서아시아 세계에서 사용되어 당시의 사회와 문화를 구축하는 '기저'가 되었다. 고대 메소포타미아 문명의 시작과 끝을 어디로 정할 것인지는 판단의 갈피를 잡기 어려운 문제이지만, 근간에는 이 설형문자의 발명과 포기를 그 기점과 종점으로 삼는 경우가 많다.

설형문자는 주로 진흙을 판 모양으로 만든 서판인 점토판에 기록되었다. 양피지나 종이와 달리 점토판은 내구성이 강한 매체이다. 특히 불에 강하여 도서관 화재라는 인류의 역사가 종종 경험한 비극이 일어나더라도, 점토판 문서의 경우에는 오히려 '구워져서' 더욱더 단단해졌다. 이 때문에 점토판 문서는 수천 년의 시간을 거쳐서도 부식되지 않은 채 남았고, 유적으로부터 다종다양한 내용의 문서가 대량으로 발견되었다. 이것이 고대 메소포타미아의 역사, 사회, 문화 및 사상을 밝히는 가장 중요한 정보원이 되고 있다.

고대 메소포타미아는 다양한 언어가 사용된 다언어 세계였다. 이 장에서 주목하고자 하는 하-메소포타미아에서는 기원전 3000년대를 통해 수메르어(언어 계통은 명확하지 않다)와 아카드어(셈어의 일종)가 일상의 언어로서 이중 언어로 함께 사용되고 있었다. 그 가운데 수메르어는 일상의 이야기 언어로서는 기원전 2000년경에 이르기까지는 이미 내버려졌지만, 그 후에도 학술과 제의의 문어로서 기원 전후의 시대까지 계승되었고, 수메르어로 지어진 새로운 작품도 저술되었다. 두 언어는 언어 계통에서 전혀 관계가 없지만, 표리일체의 언어 — 당시의 표현으로는 '상대하는 언어' — 로 여겨졌다. 수메르어와 아카드어의 문어 이중 언어 체계가 성립한 것이다.

설형문자로 기록된 수메르어와 아카드어 문서는 일상의 기록으로부터 왕의 비문에 이르기까지 여러 분야에 걸치지만, 그것에는 현대적인 관점에서 보면 종교, 문학, 과학, 주술 등으로 부를 수 있는 내용을 지닌 저작의 점토판 사본이나 부독본도 다수 포함되어 있다. 이 문서들이 고대 메소포타미아 사상사의 주된 정보원이 된다. 저작은 시대와 지역, 언어와 민족적 집단의 벽을 넘어서서 계승되며, 앞에서 언급한 문어 이중 언어 체계를 기둥으로 한 일종의 학지學知 전통이 형성되었다. 이 장에서 소개되는 고대 메소포타미아의 '세계와 혼'은 '수메르인'이나 '바빌로니아인'에게 귀속되는 것이 아니라 이러한 학지 전통에서의 사상이다. 그 사회적 배경으로서 이러한 학지 전통과 그 담지자들에 대해서도 조금 언급하고자 한다.

신들

고대 메소포타미아의 사상은 신을 모시는 종교 전통에서 분리될 수 없다. 세계의 성립이나 인간의 존재 의의는 오로지 이러한 신들과의 관계에서만 이야기되었다. 고대 메소포타미아의 언어에도 '신'이라고 옮길 수 있는 일반명사가 있다. 수메르어로는 딘기르, 아카드어로는 이르 등으로 말하는데, 그 신 관념은 원칙적으로 다신교적이었다.

도시에는 반드시 신전이 있고, 거기에는 엔릴, 마르두크, 이슈타르 등의 고유한 이름을 지닌 신인神人 동형의 신들이 수많이 모셔져 있었다. 일본의 큰 신사나 불당과도 비슷하지만, 신전에는 많은 신들이 모셔졌으며, 그 가운데서도 가장 지위가 높은 신이 해당 신전의 주인, 그 도시의 수호신이 되었다.

다른 한편 신들은 전쟁, 지성, 성애, 농경 등과 같은 사회·문화 영역을 관장하는 자나 천체, 폭풍, 물 등의 우주론적인 자연의 구성 요소를 신격화한 것으로서의 성격도 지니고 있어, 전쟁과 농경의 신이나 폭풍의 신 등과 같은 역할을 부여받았다. 예를 들어 수메르어로 우투^{Utu}, 아카드어로 샤마쉬^{Shamash}(둘 다 '태양을 뜻한다)라는 이름의 신은 그 이름 그대로 태양의 신격화였지만, 동시에 법과 질서 ─ 거기에는 점술도 포함된다 ─ 를 관장하는 신들의 재판관이자 하─메소포타미아의 중요 도시인 라루사와 시파르의 수호신이기도 했다.

2. 세계

세계 창조 신화

학지 전통을 형성한 저작에는 신화적인 내용의 이야기 작품도 포함되며, 그 가운데 여럿은 세계 창조에 관한 서두의 구절로부터 시작된다. 창세에 관한 이야기는 모두 다 원초적인 신들의 탄생에서 시작하며, 다음 세대 신들의 탄생으로 이어지는 신들의 계보를 중심으로 하고 있다. 구체적인 내용은 다양하지만, 근원의 최초의 것이 미분화의 혼돈된 상태로 여겨진 것이나 그 상태를 구성하는 신격의 성적인 교합으로 그에 이어지는 신들이 탄생한 것은 대체로 공통적이다.

주요한 세계 창조 신화를 소개하자면, 우선 기원전 3000년대 중반까지로 거슬러 올라가는 하늘의 아버지 신과 땅의 어머니 신(수메르어로 각각 안An과 키Ki)에 관한 여러 전승이 알려져 있다. 다양한 전승이 알려졌지만, 정리하자면 태초에 하늘과 땅은 분리되어 있지 않았으며, 이 하늘과 땅의 성교로 다음 세대의 신들이 태어났다. 나아가 다음 세대의 신 — 많은 전승에서는 그중에서도 신들의 왕이 되는 엔릴Enlil이라는 신 — 에 의해 하늘과 땅이 위와 아래로 분리되어 세계가 창조된다.

그 밖에 기원전 2000년대 말기 무렵에 성립한 대작 『에누마 엘리쉬』(아래에서 인용한 서두의 '위로는 아직 하늘이 …… 못했을 때'라는 문구에서 취해진 제목)의 서두 부분에서는 하늘과 땅이 아니라 두 종류의 물의 교합으로부터 신들이 태어난다.

위로는 아직 하늘이 이름 지어지지 않고, 아래로는 아직 땅이 이름을 불러 받지 못했을 때, 그들의 아이들을 간직한 최초의 아버지는 압수Apsu(지하수, 민물)이고, 창조자 티아마트(바다, 바닷물)가 그들 모두를 낳은 어머니로, 그들은 그들의 물을 한데 섞었지만, 목초지는 아직 만들어지지 않았고, 갈대 덤불도 찾아지지 않았을 때, 신들은 아직 아무도 나타나지 않았고, 이름도 불리지 않았으며, 운명(시무투)도 정해지지 않았을 때, 그때 신들이 그들 사이에서 만들어졌다. 라흐무와 라하무가 나타나 이름이 불렸다.

그들이 크게 자라기까지 안샤르와 키샤르가 만들어져 그들(라흐무
와 라하무)보다 뛰어났다. (W. G. Lambert, *Babylonian Creation Myths*,
Eisenbrauns, 2013, 50, I pp. 1~12)

여기서는 남성인 민물 압수와 여성인 바닷물 티아마트가 '물을
한데 섞어' 다음 세대 신들이 태어난다. 이러한 물의 교합이라는
발상은 하–메소포타미아 남부에 있는 앞에서 언급한 늪지대 근처
의 강의 상태로 인해 상기된 것으로 생각된다. 티그리스강과
유프라테스강은 바다로 곧바로 흘러 들어가지 않고 이 근처에서
합류하여 다시 바다로 이어지는 늪지대가 되었다. 바로 강의
민물과 바다의 짠물이 여기서 서로 섞이고 있었다. 『에누마 엘리
쉬』 자체는 하–메소포타미아 안에서는 북부에 있는 바빌론에서
편찬되었지만, 하–메소포타미아 남부의 습지야말로 메소포타미
아 문명의 '고향'이었다고 하는 문화적 기억이 계승되고 있었던
듯하다.
　『에누마 엘리쉬』 이야기에서는 그 후 나이 든 신들과 젊은
신들 사이에 전쟁이 일어나 바빌론의 젊은 수호신 마르두크가
태초의 바다 여신 티아마트를 정벌함으로써 신들의 왕으로 즉위한
다. 이 새로운 왕 마르두크는 티아마트를 살해한 뒤 그 시체로부터
세상의 세부적인 것들을 창조한다.

　　[마르두크는 티아마트를] 말린 물고기처럼 둘로 나누어 절반을

놓아 하늘의 덮개로 삼았다. 그는 가죽을 벗기고서 파수꾼을 배치하고, 그녀의 물이 흘러나가지 않도록 그들에게 명령했다. (Lambert, 같은 책, 94, IV pp. 137~140)

티아마트는 태초의 바다 그 자체이다. 이 태초의 바다를 물고기를 가르는 것처럼 둘로 나누고, 그 절반을 사용하여 하늘을 만들었다. 이어서 마르두크는 이 하늘 안에 천체를 만들고, 나아가 천체의 움직임에 의해 명시되는 해와 달을 정했다.

그는 위대한 신들을 위해 거처를 만들었다. 별들에 의한 비슷한 형상인 별자리를 세웠다. 그는 해를 할당하여 경계를 정했다. 12개의 달에는 각각 세 개의 별을 세웠다. (Lambert, 같은 책, 98, V pp. 1~4)

그는 [티아마트의] 배 안에 하늘의 마루를 놓고 거기에 달이 나타나게 하여 밤을 맡겼다. [한 달 사이의] 날을 분명히 나타내기 위해 [달에] '밤의 보석'을 할당했다. 매달 쉬는 일 없이 그는 [달을] 왕관에 의해 찬양했다. '달의 처음, 국토 위에서 빛날 때는 날의 부르는 소리를 분명히 하기 위해 너(달)는 두 개의 뿔처럼 빛난다. 일곱째 날에는 왕관이 절반이 되고, 매달 중반인 15일에는 반대로 서도록.' (Lambert, 같은 책, 98, V pp. 11~18)

이어서 마르두크는 비, 바람, 구름과 같은 날씨를 만들고, 나아가서는 티아마트 시체의 나머지 절반을 사용하여 대지도 창조하여 티그리스·유프라테스강과 먼 곳의 산맥 등을 만들었다. 이 세계는 모두 태초의 여신의 시체로부터 만들어졌다.

덧붙이자면, 인용한 『에누마 엘리쉬』의 서두 부분은 『구약성서』의 「창세기」 1장에 있는 천지 창조에 관한 기술과 대단히 유사하다는 점으로도 알려져 있다. 공통성은 사용된 어휘에까지 이르기 때문에, 양자 사이에 무언가 실체적인 수용 관계가 있었다(이 책 제3장을 참조)는 것은 의심할 수 없다. 예루살렘을 정복한 바빌로니아 왕 네부카드네자르 2세(재위 기원전 604~562)는 유대인들을 바빌로니아에 포로로 잡아두었는데, 최근에 발견된 설형문자 문서로부터 자세히 알 수 있게 되었듯이 유대인들은 바빌로니아에서 통상적인 삶을 보내고 있었다. 『구약성서』의 「다니엘서」 1장 4절에는 유대 왕이 동족의 엘리트를 선정하여 '칼데아인의 문자와 언어를 배우게 했다'라고 하는 일화가 있는데, 이 일화대로 유대인의 지식층은 실제로 그 땅에서 설형문자와 수메르어와 아카드어를 배웠다고 생각할 수 있을 것이다.

『에누마 엘리쉬』는 기원전 1000년대 중반까지의 메소포타미아 신학에서 가장 영향력 있었던 성전이자 광범위하게 유포되어 있었다. 유대인의 지적 엘리트가 『에누마 엘리쉬』를 배울 기회를 얻었을 가능성은 크다. 다만 「창세기」의 천지 창조가 『에누마 엘리쉬』의 단순한 복제가 아니라는 점도 확실하다. 『에누마 엘리쉬』의 텍스트가 소재로 활용되면서도 그와는 근본적으로 다른 혁신적 사상이 그로부터 만들어졌다.

시간과 역사

마르두크가 티아마트의 유해를 이용해 하늘과 땅을 창조했다고 하는 『에누마 엘리쉬』의 한 구절에는 천체의 설치도 포함되어 있다. 그리고 앞에서 인용한 한 문장에 분명히 제시되어 있듯이 이 신화에서 천체는 시간을 새기는 지표로서 만들어졌다. 즉, 마르두크는 세계 창조의 일환으로서 시간도 확정했다.

이 신화 그대로 고대 메소포타미아에서 날과 달과 해는 하늘에서 빛나는 천체의 움직임에 기초하여 헤아려졌다. 나중의 유대·그리스도교 전통과 마찬가지로 해가 질 때가 하루의 시작이 되고, 해가 진 뒤의 밤하늘에서 그믐 뒤의 새로운 달이 출현하는 것으로 달의 시작이 확정되었다. 한 달의 기간은 달의 나이에 의해 정해졌고, 29일 또는 30일이 되었다. 밤하늘을 올려다보면, 빛나는 달의 차고 이지러짐으로써 현재가 한 달 사이의 어느 날인지가 가시화되었다. 이처럼 태양과 달에 의해 시각화되는 날이나 달과는 달리 해는 조금 복잡해진다. 계절의 변화와도 연동된 태양년은 기원전 3000년대 이래로 새벽 이전에 지평선에서 떠오르는 특정한 항성에 의해 확인되며, 춘분(시대와 지역에 따라서는 추분) 무렵에서 한 해의 시작이 구해졌다. 다만 달의 차고 이지러짐을 바탕으로 한 달을 정한다면, 합계 12개월로는 태양년에 모자란다. 이로 인해 대개 정기적으로 윤달을 설치함으로써 달력의 조정이 이루어졌다.

　이처럼 고대 메소포타미아에서는 밤하늘에서 규칙적으로 되풀이되는 천체의 움직임에 의해 시간이 새겨졌지만, 시간은 결코 단순한 순환으로서는 표상되지 않았다. 오히려 시간 — 특히 누적되는 해 — 은 통시적으로 파악되고 있었다. 설형문자 문서로부터 알려지는 각 해의 호칭은 모두 시대와 지역의 왕권에 의해 정해진 것이며, 그 호칭에는 왕의 치세 해 이외에도 전년도의 큰 사건에 기초하여 붙여진 해의 이름, 해마다 교대로 특정한 인물이 취임한 그해의 남자와 같은 지위(아카드어로 리무)가 사용되었다. 어떤 시스템에서든 지나간 해는 통시적인 목록에 기록되고, 각각의 해의 사건이 비망록 형식으로 덧붙여지기도 했다. 그로부터 마침내 연대기적인 역사 서술이 발전했다.

　앞에서 소개한 신화에서의 세계 창조는 이와 같은 시간/역사의 시원으로서 자리매김했다. 다른 한편 이와 같은 시간이 다다르는 끝으로서의 종말에 대해서는 낙관적인 것도 비관적인 것도 상정되지 않았던 듯하다. 앞에서 말했듯이 고대 메소포타미아에서 시간이 통시적으로 파악되었다는 것에는 틀림이 없지만, 이것이 시원으로부터 특정한 방향으로 나아가는 도정으로서는 생각되지 않았던 듯하다. 오히려 수메르어와 아카드어에서 시간에 관한 전형적인 표현은 '뒤로 향함'의 시간/역사관을 나타낸다. 두 언어 모두 과거는 문자 그대로는 '앞(쪽)', '얼굴'이라는 뜻의 어휘로 표현되며, 미래는 '뒤', '뒤쪽'이라는 어휘에 의해 표현되었다.

세계의 질서 — 이름과 운명

앞에서 인용한 『에누마 엘리쉬』의 서두 부분에서 '이름을 부르다'라는 표현이 자주 나온다는 점에 주목해주길 바란다. 제2세대 신들인 라흐무와 라하무의 탄생은 '나타난다', 즉 출현할 뿐만 아니라 '이름이 불린다', 즉 이름이 붙여진다고 표현되고 있다. 나아가 '위로는 아직 하늘이 이름 지어지지 않고, 아래로는 아직 땅이 이름을 불러 받지 못했을 때' 등으로 사물이 아직 창조되어 있지 않고 아무것도 존재하지 않는 상태는 '이름이 불리지 않았다'라고 언명된다. 여기서는 사물이 그 이름을 부여받음으로써 비로소 존재하게 된다는 이해가 분명히 보인다. 이것은 『구약성서』의 세계 창조와도 공통된 사고방식이다. 예를 들어 직역하면 '모든 그 이름'이라는 뜻의 명사구 밈마 슈무슈가 '모든 것·알'을 가리키는 가장 일반적인 표현으로 사용되었듯이 일반명사에서 고유명사에 이르기까지 이름은 사물의 단순한 호칭이 아니라 사물의 존재와 분리될 수 없는 것 또는 사물의 존재 그 자체로 여겨지고 있었다.

인용한 『에누마 엘리쉬』의 서두 구절처럼 이러한 의미에서의 이름 짓기와 나란히 기록되는 창조 행위가 인용에서 '운명'으로 번역한 시무투의 결정이다. 시무투는 아카드어의 어휘이며, 복수형(시마투)으로 사용되는 경우가 많다. 그 의미는 직역하면 '결정된 것/일'이다. 이 시무투는 수메르어의 남무에 해당한다. 남무의 어원에는 여러 설이 있지만, 예를 들어 '무엇임'을 뜻하는 아나메에서 유래한다는 등으로 추측되고 있다. 그것은 또한 추상 명사를 만드는 요소이기도 하다— 예를 들어 남무 뒤에 '왕'을 의미하는 말인 루갈이 이어져 남무 루갈 즉 '왕권'이라는 말이 만들어진다. 이하에서는 시무투의 원래 뜻에 가까운 '운명'(정함)이라는 번역어를 사용한다.

이 운명은 말하자면 사물의 '존재 방식', '있어야 할 모습·형태'이다. 천체의 운행과 산하의 성립에서부터 각각의 동식물까지 포괄하는 자연 현상이나 나라와 도시, 왕의 권능, 개개인의 삶이나 일과 같은 사회·문화적 사태 등, 이 세계의 모든 사항에 운명이 할당되었고, 그에 따라 운행되고 활동하는 것으로 생각되었다. 신화에서 '운명이 정해지지 않은' 상황은 바로 세계 창조 이전의 상태를 가리켰다. 이러한 운명은 신들에 의해 결정되고, 그것의 확정 과정은 신들의 의회에서 이루어지는 결정과 재판에서의 판결로서 표상되었다. 다만 결정하는 신들 역시 운명으로부터 초월해 있지 않았으며, 신들의 존재 자체도 운명에 따른다고 생각되었다.

이처럼 고대 메소포타미아의 세계관에서 운명은 세계의 운행을 결정하는 가장 중요한 요인이었지만, 숙명론으로서의 성격은 약하

다. 무엇보다도 고대 메소포타미아의 운명은 변경 가능했다. 메소
포타미아의 학지 전통에서는 다양한 점술 기법이 발달했는데,
이것은 말하자면 신들에 의해 정해진 운명을 밝히는 '학술'이다.
문제는 점술의 결과가 좋지 않다고 생각되는 경우, 즉 신들이
결정한 운명이 해당 인물이나 국가에 대해 바람직하지 않은 경우이
다. 아무래도 확정된 미래의 불행을 감내하며 받아들일 정도의
도량은 없었던 듯하다. 학지 전통에서는 신들이 정한 운명을 뒤집
는 기법이 개발되었다. 수메르어로 남무 부루 비('그것을 푸는
것'을 뜻한다)라고 불린 기법이다. 이 기법의 중심 부분은 신들의
재판 판결에 불복을 신청하는 상소의 형식을 취했으며, 많은 경우
그와 같은 소송은 신들의 재판관 샤마슈에 대해 제기되었다. 부당
한 운명은 재심을 제기함으로써 철회될 수도 있었다.

신들의 의사와 불가지론

이 세계의 사태 이면에 놓여 있는 신들이 정한 운명을 해명하고
자 하는 연구와 실천이 행해지는 한편, 그와 같은 영위에 대해
의문이 제기되기도 했다. 점술의 유효성이 의심되고 신들의 의사는
본래 인간에게 알려질 수 없다고 불가지론적으로 논의되는 일도
있었다. 예를 들어 신들의 왕인 엔릴에 대한 찬송가에는 엔릴의
'말'의 불가지성을 분명히 말하는 다음과 같은 구절도 있다.

그의 말을 점술사에게로[해석으로] 가져가더라도 그 점술사는 거짓말쟁이가 된다. 그의 말을 해몽하는 사람에게로[해석으로] 가져가더라도 그 해몽하는 사람은 거짓말쟁이가 된다. (…) 그의 말은 맥주 양조 항아리처럼 닫혀 있으며, 그 속에 든 것은 누구도 알 수 없다. (M. E. Cohen, *The Canonical Lamentations of Ancient Mesopotamia*, Capital Decisions Limited, 1988, 125f., II pp. 35~41)

『구약성서』에는 전능해야 할 신이 만든 이 세상의 불합리를 묻는「욥기」등의 지혜 문학이 포함되어 있지만, 설형문자 문헌 가운데서도 성서의 지혜 문학과 유사한—그리고 우선은 틀림없이 단순한 유사성이 아니라 수용 관계에 있었던—문학 작품이 여러 점 알려져 있다. 성서의 전통과는 달리 고대 메소포타미아에서 신들은 반드시 무오류의 선으로는 생각되지 않았지만, 이 세계의 불합리는 메소포타미아의 학지 전통에서도 문제가 되었다. 그와 같은 메소포타미아의 지혜 문학에서도 신들의 의도는 인간에게 알려질 수 없다고 하는 불가지론이 중심적인 주제 가운데 하나가 되었다. 그 밖에 작품이 전개되는 도중에는 점술이나 '주술'적인 기법의 유효성에 의심이 제기되는 장면도 있다. 점술과 다양한 '주술'적인 기법은 고대 메소포타미아의 학지 전통에서 주된 흐름이었지만, 그러한 주류파의 세계 이해에 대해서는 일정한 의혹도 제기되고 있었다.

3. 혼

인간 창조 신화

학지 전통에서 계승되고 있었던 신화적인 이야기 작품에는 인간의 창조에 관한 구절도 자주 나온다. 많은 경우 무거운 부역으로 괴로워하는 하급 신들의 탄원으로 신들을 대신하여 노동하고 신들의 의식주를 보장하기 위해 인간이 창조되었다고 설명된다. 인간의 탄생 방식에는 몇 가지 변종이 있다. 예를 들어 '고기가 자라는 (장소)'라고 불리는 곳에 신들의 왕 엔릴 신이 햇볕에 말려 벽돌을 만드는 틀을 설치하고 거기에 최초의 인간을 두자 대지를 가르며 인류가 탄생한다고 말한 신화(『곡괭이 찬가』의 한 구절)도 있다. 햇볕에 말린 벽돌은 그 당시 가장 일반적인 건축 소재였다. 이 신화는 그것을 만드는 것에 인류의 창조를 비기고 있다.

그러나 가장 많은 유형은 창조를 관장하는 나이 많은 여신이 진흙 등을 재료로 인간을 만들었다는 신화이다. 신화에 따라서는 재료가 되는 진흙에 신의 피와 살이 섞이는 예도 있었다. 예를 들어 태고의 인류를 덮친 대홍수에 대해 말하는 신화 『아트라하시스 서사시』가 그것이다. 아트라하시스란 '앎에 뛰어나다'라는 뜻으로 대홍수에서 살아남은 지혜로운 사람의 호칭이다 ― 덧붙이자면 『길가메쉬 서사시』에서 영원한 생명을 구하는 길가메쉬가 땅끝에서 만난 인물이기도 하다 ―. 이 신화는 요컨대 지나치게 늘어난 인구를 조정하려고 하는 신들의 (다분히 제멋대로의) 시도를 둘러싼 이야기이며, 대홍수는 그에 대한 궁극적인 '해결 방법'으로서 발생시켰다. 이와 같은 이야기는 처음에 인간이 창조된 경위에 관한 서술에서 시작된다. 이야기의 골자는 많은 신화와 마찬가지로 부역으로 괴로워하는 하급 신들의 불평이지만, 『아트라하시스 서사시』에서는 아우일라(다른 판본에서는 아라 등)라는 이름의 신을 지도자로 삼아 하급 신들이 지배층 신들에게 반란을 일으킨다. 반란은 진압되지만, 사태를 무겁게 본 지배층 신들은 반란군 지도자인 아우일라를 처형하고 그의 피와 살을 섞은 진흙으로 인간을 만들었다. 이 인간에게 부역을 부과함으로써 하급 신들을 노동에서 해방하기로 한 것이다.

아우일라, 지성(테무)을 지닌 자를 [신들은] 그들의 집회에서 죽였다. [창조의 여신] 닌투는 [아우일라의] 육체와 피를 진흙에 섞어놓았다. 장래에 그들이 고동 소리를 들을 수 있도록 신의 육체로부터 영(에템무)이 남은 것이다. 산 자에게 그 징조를 알게 하자, 영은 남았다는 것이 잊히지 않도록. (W. G. Lambert and A. R. Millard, *Atra-ḥasīs: The Babylonian Story of the Flood*, Clarendon Press, 1969, 58, II pp. 223~230)

이 신화에 따르면 신들을 위해 일하는 인간은 단순한 진흙 세공품이 아니다. 반역한 신의 피와 살이 섞임으로써 이 신의 영靈이 인간에게 남았다. 심장의 고동은 그 증거이다. 덧붙이자면, 이 구절은 어휘의 유사성을 이용하여 신화에 설득력을 부여한다. 인간을 가리키는 아카드어의 일반명사는 아윌인데, 신화는 아우일라라는 이름의 신의 테무 '지성'으로부터 에템무 '영'이 아윌 '인간'에게 남았다고 설명한다. 실제로는 테무와 에템무, 아우일라와 아윌은 어원이 다른 어휘이지만, 학식을 지닌 편찬자는 그 유사한 울림에서 숨겨진 의미를 찾아내고자 했다.

죽음과 영

뒤에서 이야기할 고대 이집트에서의 영혼과 죽음을 둘러싼 복잡한 설명과는 달리 고대 메소포타미아의 사상은 이 점에서 소박한 이해에 머물렀다. 앞 절에서 '영'으로 번역한 아카드어의 에템무는 다른 맥락에서는 대체로 인간의 사후 모습을 가리키며, 신화에서는 죽은 신의 에템무도 등장한다. 즉, 인간의 '육체'(아카드어로 주물)는 죽으면 '시체'(아카드어로 파그루)가 되었지만, 동시에 죽은 인간은 에템무가 되었다. 앞에서 언급한『아트라하시스 신화』의 구절은 살해된 신의 에템무가 인간의 생명력이 된 것처럼 해석될 수 있지만, 다른 맥락에서는 에템무가 생명(력)의 의미를 지니지 않는다 ─ 이 점에서 그리스어의 프쉬케나 이집트어의 바[ba]나 카[ka]와는 다르다. 생명 쪽은 아카드어의 바라투(수메르어의 티라에 해당) 또는 문자 그대로 '숨'을 나타내는 아카드어의 나피슈투(수메르어의 지에 해당) 등의 다른 어휘로 표현되었다. 즉, 에템무는 단순히 죽은 영이나 망령을 의미했다.

죽은 자의 영은 저승으로 향한다고 생각되었다. 영과 저승에 관해서는 수많은 신화와 의례 문서가 알려져 있다. 고대 메소포타미아의 저승관에 천국과 지옥의 구별은 없으며, 영은 모두 같은 저승으로 여행했다. 저승은 지하에 있다고 생각되었고, 때때로 '돌아올 수 없는 나라'(수메르어로 쿠르누기)라는 이름으로 불렸듯이 쉽게 이 세상과 오갈 수 없고 그 입구는 굳건한 문으로 지켜지고 있다고 생각했다. 저승의 모습을 이야기하는 문서는 그곳을 어두컴컴하고 말라붙었으며 먹을 것이 부족한 세계로 그리고 있다.

사후의 재판은 없으며, 영들을 맞아들이는 저승에서의 '지내기'도 생전의 선행이나 악행과는 전혀 관계가 없었다. 오히려 죽음의 방식과 무엇보다도 그 영을 공양하는 자손의 있고 없음이야말로 영들의 지내기를 크게 좌우했다. 예를 들어 영웅 길가메쉬에 관한 전승들 가운데 하나에 길가메쉬의 친구 엔키두가 저승에 몰래 들어갔다가 간신히 이 세상에 귀환하는 이야기가 있다. 이 이야기에서 길가메쉬는 돌아온 엔키두에게 질문하여 저승에서 이런저런 영들이 어떻게 지내는지 묻는다. 정리하자면 아이가 많으면 많을수록 영의 지내기는 좋고, 아이를 남기지 않은 영은 남녀 모두 푸대접을 받고 있었다고 엔키두는 대답한다. 길가메쉬는 더 나아가 다양한 죽음의 방식을 맞이한 영들의 앞날에 대해서도 묻는다.

'천수를 다한 자(문자 그대로는 '그 신(에 의해 정해진) 죽음을 이룬 자')를 너는 보았는가?' '보았습니다. 그는 신들의 침대에 엎드려 누워 맑은 물을 마시고 있었습니다.' '싸움에서 죽임을 당한 자를 너는 보았는가?' '보았습니다. 그의 아버지와 그의 어머니가 그의 추억을 밝히어 알리고(문자 그대로는 '그의 머리를 들어 올리고'), 그의 아내가 그를 위해 울고 있었습니다.' '그 시체가 거친 들판에 방치된 자를 너는 보았는가?' '보았습니다. 그의 영은 저승에서 쉬는 일이 없었습니다.' '그 영이 공양하는 이를 갖지 못한 자를 너는 보았는가?' '보았습니다. 그는 그릇에서 긁어 떨어진 나머지와 거리에 버려진 빵 조각을 먹고 있었습니다.' (A. R. George, *The Babylonian Gilgamesh Epic: Introduction, Critical Edition and Cuneiform Texts*, Oxford University Press, 2003, 734, II pp. 146~153)

이러한 문답들 가운데서도 '공양하는 이를 갖지 못한' 영에 주목하고자 한다. 이것은 자손이 없고 아무도 공양해주지 않는 영에 대한 것이다. 이 문답에 따르면 그러한 영은 굶주림으로 괴로워하고 얼마 안 되는 먹을거리를 스스로 찾지 않으면 안

되었다. 이러한 저승에서의 영의 삶에 관한 서술은 고대 메소포타미아 세계에서 일반적인 관행이었던 조상 공양의 필요성을 말하는 신화였다. 시대와 지역, 사회계층에 따라 형태가 다소 다르긴 하지만, 고대 메소포타미아에서 사람들은 왕족에서 서민까지 정기적으로 조상을 공양했다. 아카드어로 키스푸라고 불린 이러한 조상 공양의 주된 내용은 음식의 제공이며, 영이 저승에서 평안한 삶을 보내는지 아닌지는 자손에 의한 공양으로 결정되었다. 따라서 길가메쉬와 엔키두의 문답에서도 자식이 많은 영일수록 저승에서 윤택하게 지낼 수 있었다.

충분한 공양을 얻을 수 없는 영은 때때로 세상에 '둔갑해서 나오는' 일도 있었다. 산 자를 괴롭히는 영을 굴복시키는 기법을 적어 놓은 문서가 여럿 알려져 있다. 거기에 적힌 기법은 영이 조상의 영('가족의 영')인지 떠도는 유령('외부인의 영')인지에 따라 대처를 크게 달리한다. 해당 영이 조상의 영으로 판단될 때는 이를 정중히 공양하도록 지도했지만, 떠도는 유령의 경우에는 신에게 탄원하는 등으로 해서 쫓아버리도록 지시했다. 또한 기법을 적은 문서 가운데는 조상의 영을 불러 특별한 공양을 베푼 다음, 유령으로부터의 수호를 조상의 영에게 의뢰하라고 지시하는 문서도 있다. 조상의 영은 자손의 공양을 그저 받을 뿐만 아니라 그만큼 자손의 일도 보호해주었던 듯하다.

4. 학지 전통과 학식자

고대 메소포타미아에서 세계와 혼의 사상은 누구의 것인가?

위에서 간결하게 소개한 '세계와 혼'에 관한 당시의 기술은 처음에 말했듯이 고대 메소포타미아에서 계승되고 있던 저작에서 유래한다. 이러한 저작들은 시대와 지역을 넘어서서 전승되어 일종의 학지 전통이 형성되었다. 이 전통의 담지자는 아카드어로 운마누('학자'를 뜻한다) 등으로도 불렸던 학식자이다. 고대 메소포타미아의 유적에서는 이들 학식자가 새겨 쓴 다양한 저작의 점토판 사본들의 무더기도 다수 발견되고 있으며, 이로부터 이 책에서 소개한 저작의 말들이 복원된다.

세계와 인간의 창조에 관한 신화의 근원은 민간에서 구두로 말해지고 있었던 소박한 전승에서 유래한다고 추측할 수 있다. 다만 점토판 사본으로부터 알려진 저작들이 그와 같은 전승 자체가 아니라는 점에 주의해야만 한다. 소박한 전승이 재료로서 곳곳에서 사용되면서도 학식자들에 의해 장대한 이야기가 바로 작품으로서 저술되고, 나아가 편찬과 체계화가 거듭되었다. 거기에서 보이는 세계와 혼에 관한 이해도 일정한 논리적 정합성을 추구하여 정교하게 다듬어졌다. 이 장에서 소개한 사상은 당시 학식자들의 설명으로 귀착된다.

고대 메소포타미아의 학식자와 그 사상

그러면 그와 같은 사상을 담당한 학식자들은 어떤 사람들이고, 그 사상은 어떠한 맥락에서 생성된 것일까? 학식자들이 남긴 다양한 기록에 그들의 활동 양상과 사회에서의 지위가 상세히 제시되어 있다. 그에 따르면 학식자들은 왕궁과 신전에서 근무하며, 왕궁에서는 국가의 종교 정책 등을 제안함과 동시에 왕의 비문을 작성하고, 신전에서는 신학과 제의 전통의 계승을 담당했다. 또한 학식자들은 도시와 지역, 나아가서는 나라의 경계를 넘어서서 교류하며 학식자 네트워크를 형성하고 있었다. 앗쉬리아 왕의 고문을 대대로 배출한 가비 일라니 에레쉬 가문 등의 학식자들의 명문 일족도 알려져 있다. 그들은 단순히 수동적으로 저작을 베껴 썼을 뿐만 아니라 저작의 편찬이나 주석서 등의 부독본 작성에도 종사했다. 고대 메소포타미아에서 서기 교육 과정은 대체로 초등교육과 고등교육의 둘로 구분될 수 있는데, 실무적인 문서 작성에만 관여한 서기가 초등교육만을 이수한데 반해, 학식자를 지향하는 젊은이는 더 나아가 고등교육도 받았다. 요컨대 그들은 최고 수준의 교육을 받고 당시의 앎을 선도한 '지식인'이다.

학식자들은 저작의 수집과 사본 작성, 편집뿐만 아니라 학식의 실천에도 종사했다. 거기에는 나중에 그리스 등의 지중해 세계로 계승되는 천문학과 수학의 기초가 되는 천체 관찰로부터 오늘날의 관점에서는 '주술'이라고 불러야 할 악령 축출이나 저주의 기법까지 포함된다. 사실 오늘날의 독자에게도 읽을 만한 가치가 있는 『길가메쉬 서사시』 등의 문학 작품은 그들의 전통에서는 주변적이며, 신들에 대한 찬송가와 점술, '주술'적인 기법이야말로 전통의 핵심이 되었다. 이러한 기법들 가운데 여럿은 현재의 어려움을 해결하고 미래의 불행을 회피하는 등, 실용적인 목적을 지니고 있었다.

이러한 기법의 기술 개발과 혁신을 지향하는 과정에서 세계의 성립에 대한 해명이 시도되고, 본래는 생활 속에서 전승되고 있었다고 추측할 수 있는 소박한 세계관과 인간관이 점차 세련되게 다듬어졌다. 사상의 체계화는 순수하게 '학문적'인 동기에서뿐만 아니라 그 지식을 활용하여 특정 국가의 정통성을 세계 성립의 근저로부터 근거 짓는 정치적인 의도에서도 이루어졌다. 나중에 그리스로 계승된 천문학이나 수학적인 법칙의 발견도 그와 같은 시도의 성과에 포함된다. 지혜 문학적인 작품과 관련해서는 기술 개발의 오만에 대한 (자기)비판적인 성질이 있을지도 모른다. 이 장에서 소개한 세계와 혼에 관한 사상은 이처럼 당시의 학식자들이 앎을 탐구하는 시도 과정에서 성립했다.

이들 학식자에 의해 계승되고 있었던 저작의 저자에 관해서는 정보가 적다. 개별적인 사본에 대해서는 일종의 보증으로 대개 그 작성자의 이름이 기록되었지만, 작품의 집필은 많은 경우 익명이다. 확실히 기원전 7세기의 아슈르바니팔의 도서관에서는 저작의 '저자'를 일괄적으로 정리한 목록 등도 발견되었는데, 거기에는 『길가메쉬 서사시』의 '저자' 신 레키 우니니 등, 수백 년 전에 실재한 대학자의 이름이 '저자'로서 거론되고 있다. 그러나 이들 '저자'가 현대적인 의미에서의 저자인지 아니면 오히려 편찬자라고 불러야 할 역할을 했는지에 대해서는 의견이 갈린다. 나아가 학지 전통의 핵심을 차지하는 찬송가 등과 관련해서는 지식의 신 에아 자신이 '저자'로서 자리매김해 있었다. 이 저작들은 사람의 손으로 집필된 것이 아니라 에아 자신에게서 유래하는 것으로 생각되었다.

학지 전통의 황혼

알렉산드로스 대왕에 의한 동방 원정 이후의 헬레니즘 시기에 이르러서도 바빌론이나 우루크와 같은 고도에서는 각 도시의 신전 공동체에서 학식자들의 활동이 계속되었다. 기원전 1000년대 말기에 이르면 신전 공동체 외부에서 설형문자는 더는 사용되지 않게 되었지만, 그 상황에서도 신전의 학식자들은 수메르어 문헌을 포함한 많은 오래된 저작을 베껴 쓰고, 날마다 천체를 정밀하게 관찰하여 그 기록을 설형문자로 점토판 위에 적고 있었다. 이러한 헬레니즘 시기의 메소포타미아 학식자들은 그리스어 문헌에서도 '칼데아인'이라는 이름으로 언급된다.

기원후 1세기에 이르기까지는 그 연대를 확정할 수 있는 설형문자 문서가 발견되고 있지만, 그 후에 그들의 공동체가 걸어간 운명에 대해 명확히 말하는 사료는 없다. 고대 메소포타미아의 전통은 단절되어 버린 듯하다. 다만 유대교나 그리스어 문헌 등에서 고대 메소포타미아 학식자들의 지적 '유산'을 발견할 수 있다. 그 후의 서아시아나 동지중해 세계에서 주류가 되는 앎의 전통을 담당했던 다양한 사람들이 고대 메소포타미아의 학식자들과 지적 교류를 하고 그들의 학식을 습득했을 가능성은 충분히 생각될 수 있다.

5. 고대 이집트에서 세계와 혼

메소포타미아의 바깥

위에서 간단히 소개한 메소포타미아의 사상만이 고대 서아시아 세계의 사상은 아니다. 예를 들어 아나톨리아(현재의 터키)에서는 설형문자로 기록된 후르리어나 히타이트어 문서가, 이란에서도 마찬가지로 설형문자로 기록된 엘람어 문서가 발견되었으며, 각각 독자적인 사상을 만들어낸 그곳의 지적 전통에 대해 전해준다. 다만 문서를 표기하는 문자 체계로서 설형문자가 채용되었기 때문에, 문자 체계와 함께 하–메소포타미아를 중심으로 발전한 지적 전통도 수입되어 그곳의 전통에 커다란 영향을 주었다. 하나로 동일시할 수는 없지만, 설형문자가 사용된 문화권에서는 하-메소포타미아의 지적 전통이 어느 정도 공유되고 있었다고 말할 수 있을 것이다. 동아시아의 한자 문화권에서 중국 사상의 영향력과 비교할 수 있을지도 모른다.

이러한 고대 서아시아 세계에서 전적으로 독자적인 사상을 구축한 것이 나일강 유역에서 꽃피운 고대 이집트 문명의 전통이다. 설형문자의 원형이 발명된 지 얼마 안 되는 기원전 4000년대 말에 이집트에서도 또 다른 문자 계통인 이집트 문자가 발명되어 이 이집트 문자에 의한 다양한 문서가 약 3,000년간에 걸쳐 계속해서 작성되었다.

고대 이집트에서 세계 질서 ─ 마아트

이 문서들에서 밝혀지는 고대 이집트의 사상은 메소포타미아의 그것과는 상당히 다르다. 고대 이집트에는 독자적인 신들의 체계와 세계관이 있었지만, 그 가운데서도 세계 이해와 관련해서는 섭리와 질서, 나아가서는 진실과 규범 등을 포괄하는 개념인 마아트가 특별히 언급할 만하다. 마아트는 정의와 진실을 체현한 여신이자 머리 위에 타조의 깃털을 단 여성의 모습으로 표현되었지만, 동시에 세계 창조의 순간에 출현한 세계의 질서라는 추상적인 개념이기도 하다. 메소포타미아의 시무투와도 비슷하지만, 마아트는 천체의 운행과 같은 세계의 모든 활동이나 신들과 인간의 관계에 질서를 부여했다. 나아가서는 인간이 따라야 할 윤리적 규범이 되기도 하여 뒤에서 이야기하는 사후 재판에서 판단 기준이 되었다. 이러한 마아트를 실현하는 것이야말로 이집트 왕인 파라오의 책무로 생각되었다.

고대 이집트에서 혼 ─ 바와 카

고대 이집트 사상에서 인간의 혼을 둘러싼 이해도 매우 흥미롭다. 고대 메소포타미아에서의 소박한 에템무 등과는 달리, 고대 이집트에서는 훨씬 더 복잡한 이해가 발전했다. 시대의 변천과 함께 변화했지만, 단순하게 정리하자면 고대 이집트의 이해에서 인간은 육체 외에 이름과 그림자 그리고 번역하기 어려운 개념인 바와 카라는 모두 합쳐 다섯 가지 요소로 이루어진다고 생각되었다. 바는 한 사람의 인간에게서 육체 이외의 특징을 모두 내포하고 있으며, 굳이 말하자면 '인격'에 가깝다. 다른 한편의 카는 태어날 때 나타나는 일종의 생명력이다. 바는 사람의 머리와 양팔을 가진 새 모양을 한 문자로 표현되며, 카는 양팔을 구부려 곧추세워진 모양의 문자로 표현된다. 뒤에서 이야기하듯이 바는 날아 돌아다니기 위해 새의 형상을 하고 있고, 카는 생명력의 원천이기 때문에 알통이 있는 두 팔 형상을 했다고 생각된다. 덧붙이자면, 바는 고대 말기에 그리스어로 프쉬케psyche로 번역되었다. 이 번역은 바의 한 측면밖에 표현하지 못하지만, 바가 프쉬케로 번역되었다는 사실은 사상의 계승에 있어 깊은 의의를 지닌다.

이러한 인간의 구성 요소들은 죽음을 둘러싼 문제에서 대단히 중요한 역할을 담당했다. 우선 인간의 죽음은 생명력인 카가 육체로부터 떨어져 나감으로써 일어난다고 생각되었다. 다만 카는 육체의 죽음 후에도 계속해서 살아남았고, 카를 유지하기 위해서는 생전과 마찬가지의 먹을거리가 필요했다. 또한 카가 머무르는 장소로서의 육체도 필요했기 때문에, 유해는 미라로 만들어져 보존되었다. 육체가 죽은 후에 바도 존속했다. 사람이 죽은 후 그 바는 낮에는 세상을 떠돌다 밤이 되면 무덤으로 돌아가 죽은 이의 미라가 된 육체와 합체하여 육체를 존속시켰다.

또한 죽은 자는 내세에 부활할 것을 바랐고, 이 내세에서의 모습은 아크라고 불렸다. 죽은 자가 아크가 되기 위해서는 그 카와 육체가 무덤에서 내세로 여행을 떠나야 했지만, 죽은 사람의 육체로는 그럴 수 없었기 때문에 대신 바가 여로에 올랐다. 만약 이 바와 카가 무사히 합체할 수 있게 되면, 죽은 자는 아크가 되어 영원히 살았다. 다만 아크가 되기 위해서는 저승을 관장하는 신 오시리스와 이집트 모든 주의 42개 기둥의 신들 앞에서 사후의 재판을 받아야만 했다. 죽은 자는 현생에서 어떠한 죄도 범하지 않았다는 고백, '죄의 부정 고백'을 행하고, 나아가 저울로 그 심장의 무게를 재어 앞에서 이야기한 마아트 ─ 여신 마아트의 모습 또는 그 일부인 타조의 깃털 형상을 하고 있었다— 와 비교해야만 했다. 만약 심장과 마아트가 균형을 이루게 되면 죄를 짓지 않았다는 증명이 되고, 신들의 서기관 토트 신이 그것을 신들에게 보고했다. 그에 의해 신들은 죽은 자의 무죄를 인정하고, 죽은 자는 무사히 아크가 될 수 있었다. 이러한 사후의 재판이 이집트에서 윤리관의 근원이 되기도 했다.[※]

· ·

[※] 본문 안에서 인용한 수메르어와 아카드어 문서는 모두 필자가 원문에서 번역한 것이다. [ ]는 원문에 없는 어구를 보완한 것을 나타낸다(파손 부분의 보완이 아니라는 점에 주의). 또한 ( )은 원어나 설명을 위한 말 바꿈을 나타낸다.

☞ 좀 더 자세히 알기 위한 참고 문헌

— 쓰키모토 아키오月本昭男, 『고대 메소포타미아의 신화와 의례古代メソポタミ
　ァの神話と儀礼』, 岩波書店, 2010년. 고대 메소포타미아의 종교 문화에 관한
　우수한 논고.

— 장 보테로Jean Bott′ero, 『메소포타미아 ― 문자 · 이성 · 신들メソポタミァ―文
　字 · 理性 · 神々』, 마쓰시마 에이코松島英子 옮김, 法政大学出版局, 2009년[원저
　1987년]. 저자는 20세기 후반에 활약한 중요한 설형문자 학자 가운데
　한 사람이다. 이 책은 고대 메소포타미아의 문화사와 사상사에 관한
　과제를 체계적으로 논의하는 뛰어난 입문서이며 번역도 탁월하다. 다만
　저자의 그리스도교와 서유럽 중심주의적인 관점이 지나치게 투영되어
　있다는 문제점도 있다.

— 야로슬라프 체르니Jaroslav Cerny, 『이집트의 신들ェジプトの神々』, 요시나리
　가오루吉成薫 · 요시나리 미도리吉成美登里 옮김, 六興出版, 1988년[원저 1952
　년]. 고대 이집트 종교사의 기초적인 입문서. 조금 오래되었지만, 지금도
　표준적인 저작으로 여겨진다.

— 로잘리 데이비드Rosalie David, 『고대 이집트인 ― 그 신들과 생활古代ェジプ
　ト人―その神々と生活』, 곤도 지로近藤二郎 옮김, 筑摩書房, 1986년[원저 1982
　년]. 마찬가지로 고대 이집트 종교사에 관한 뛰어난 입문서.

칼럼 1

인류세의 철학

시노하라 마사타케篠原雅武

인류세는 인간 활동이 지구에 미치는 영향이 자연의 힘들에 필적할 정도로까지 높아지고 전 지구적인 조건 그 자체를 변화시키는 시대를 의미한다. 이산화탄소의 배출, 고속도로나 댐의 건설, 바다의 매립 등에 의한 인공물의 축적은 충적세라는 온화하고 안정적인 시대를 끝내고, 온난화, 이상 기후, 가뭄, 해수면 상승을 불러일으키고 있다. 그런 까닭에 인류세는 지구가 인간에 의해 만들어져갈 뿐만 아니라 변화된 지구가 인간 존재의 조건을 흔들게 된 상황이라고 생각할 수 있을 것이다. 이것은 '인간'이나 '세계' 등, 인간이 자신의 사유와 사유의 전제로 삼아온 기본 설정 그 자체를 근본적으로 뒤흔드는 사태이다. 말이나 행위를 의미 있는 것으로 만드는 조건으로 생각되어온 초월론적인 장소 그 자체가 불안정해질 뿐만 아니라 인간의 의식이나 언어로부터 멀어지고 불명료해진다. 이러한 불확정성과 불명료함을 어떻게 생각할 것인가 하는 것이 철학의 중요한 과제가 된다.

인류세의 학설은 자연 과학에서 제기되었지만, 철학에서도 활발히 논의되고 있다. 결정적이었던 것이 2009년에 발표된 디페쉬 차크라바르티Dipesh Chakravarty의 논문 「역사의 기후The Climate of History」이다. 이 글이 제기하는 것은 시간과 공간에 관계되는 설정이자 그것을 다시 묻는 것이다. 즉, 생태학적 위기는 인류 그 자체가 앞으로도 생존할 수 있는지 아닌지와 관계가 있으며 이에 따른 불안이 생겨나게 하고 있다는 것이다. 과거에서 현재로 그리고 미래로 이어지는 시간적 지속의 감각이 희미해져 간다.

나아가 다른 한편으로 충적세의 종언은 인간도 지질학적인 시간 속에서 살아가고 있다는 것에 대한 자각을 촉진하게 된다. 자신들이 살아가고 있는 곳을 인간적 척도를 벗어난 곳에 존재하는 시공간(심층적 시공간)에 둘러싸여 지탱되고 있는 곳으로서 이해하는 것이 과제가 되는 것이다. 2018년의 논고 「인류세의 시간$^{Anthropocene Time}$」에서 차크라바르티는 인간을 척도로 하여 정해져 있는 시간과 공간의 틀을 철저히 벗어난 곳에 존재할 비인간적인 시간과 공간 속에 놓여 있는 것으로서 인간 존재의 조건을 다시 생각할 것을 제창한다.

발생하고 번영하고 사라져 가는 이런저런 존재들 가운데 하나로서 여러 존재와의 연관 속에서 인류로서의 인간도 존재한다는 것이다. 이것은 세계가 인간이 사라져도 존재할 뿐만 아니라 인간이 아닌 것 역시 거주하는 곳으로서 새롭게 변용될 수 있다고 하는 인식에 뒷받침되고 있다. 중요한 것은 인간이 있든 없든 무언가는 존재한다는 것이 분명해지는 세계에서 인간이 아직 살아가고 있다고 생각하는 것이며, 인간이 여전히 살아가는 데서 무엇이 중요한지를 묻는 것이다.

제3장

구약성서와 유대교에서 세계와 혼

다카이 게이스케高井啓介

1. 구약성서와 '철학'

구약성서란 무엇인가?

구약성서라는 형태로 정리된 39권의 책을 헤브라이어(와 일부 아람어)로 기술하고 편찬한 사람들은 현대의 이스라엘 국가를 중심으로 하는 지역에 살고 있었다. 이 사람들, 즉 고대 이스라엘 사람들은 북이스라엘 왕국과 남유대 왕국이라 불리는 두 개의 고대적인 영역 국가로 나뉘어 존재하는 시대(기원전 11~6세기)를 중심으로 그 책들을 엮어냈다. 39권의 책 가운데는 북 왕국의 멸망과 앗쉬리아로의 포로, 그리고 무엇보다도 남유대 왕국의 멸망과 바빌로니아로의 포로라는 사건을 경험한 후, 특히 바빌로니아 땅에서의 포로 생활과 그곳에서의 정주 생활 및 팔레스티나로 귀환한 후의 시대(기원전 5~3세기)에 편찬된 책도 있다. 고대 이스라엘인 및 유대인의 종교와 연속성을 지니면서 바빌로니아와 팔레스티나 지역에 사는 사람들을 중심으로 포로와 포로로부터의 해방이라는 새로운 현실에 직면한 사람들—나중에 유대인이라 불리게 되는 유대 왕국의 유산을 이어받는 사람들—이 형성한 종교가 유대교라 불린다.

구약성서라는 호칭에 대해 말하자면, 그것은 그리스도교가 자신의 성서를 가리켜 새로운 계약의 책, 즉 신약성서라 부르고, 유대교의 성서를 가리켜 옛 계약, 즉 구약이라고 부른 데서 유래한다. 말할 필요도 없이 유대교는 자신의 성서를 옛 계약이라고는 부르지 않는다. 그들은 성서를 구성하는 세 개의 부분, 즉 율법Torah, 예언Nebiim, 문서Khetubim의 맨 앞에 있는 세 개의 알파벳에 모음을 붙여 타나크TaNaKh라고 부르거나 단순히 미크라(읽어야 할 것)라고 부른다. 또한 헬레니즘 시기의 유대교에 대해 말할 때는 당시 유대교도가 다수 거주하고 있던 이집트의 알렉산드리아에서 완성된 셉투아긴타(70인역)라고 불리는 그리스어 번역 성서를 빼놓고서 말할 수 없다. 이 그리스어 구약성서는 헤브라이어 성서 본문과 마찬가지로 권위 있는 성서로서 인정되고 있었다. 셉투아긴타에는 헤브라이어 성서 본문에는 포함되어 있지 않고 그리스도교에서는 구약성서 외경(아포크뤼파)에 포함되는 「마카베오기」와 「지혜서」 등의 문서도 수록되어 있다. 헬레니즘 시기의 유대교 사상에 대해서는 셉투아긴타에 포함되는 문서를 실마리로 하여 생각하게 될 것이다. 헬레니즘 시기 이후의 중세 유대교에 대해서는 장을 바꾸어 논의한다.

구약성서와 '철학'

그런데 '철학'을 필로소피아^{philosophia}라고 한다면, 그것은 고대 그리스에서 태어난 개념이자 영위이기 때문에, 고대 이스라엘에는 존재하지 않았다고 할 수 있을 것이다. 그러나 '철학'이 시원(아르케)에 대한 물음을 담고 있다면, 고대 이스라엘 사람들도 자신의 존재와 그것을 둘러싼 여러 사물이나 사태에 대해 그 시원에 마음을 두고 탐구하고 있었다는 점에 대해서는 의심의 여지가 없다. 그들은 시원을 그 본질을 이루는 원리의 문제로서 탐구했던 것이 아니다. 그들은 신이라는 초월적 존재와의 연결을 항상 의식하면서 이야기(신화·설화)를 풀어내는 형태로 시원을 탐구했다.

고대 이스라엘인이든 유대인이든 그들은 고대 서아시아의 한 모퉁이에서 생활하며 메소포타미아와 이집트라는 거대 문명과 항상 접촉함으로써 그 영향을 받는 가운데 세계에 대해, 인간에 대해 자신들의 독자적인 생각을 구축하고자 하고 있었다. 그들은 아무것도 없는 곳에서 모든 것을 만들어낸 것이 결코 아니다. 그들은 이집트를 조상들이 노예로서 살았던 땅으로 자리매김하고, 그 문명으로부터 탈출하는 과정(출애굽)에서 자신들의 집단으로서의 정체성을 명확히 함과 동시에, 세계와 인간에 관한 관념을 이집트의 그것들과 대비시켜 나간 것으로 보인다. 그 후에도 이스라엘은 이집트와의 항시적인 접촉 속에서 '교훈'이나 '대화', '격언'이라는 문학 형식과 내용을 구약성서의 생성 과정에서 받아들여 나갔다. 그리고 헬레니즘 시대에는 이미 말했듯이 알렉산드리아의 유대인 공동체에서 구약성서의 그리스어 번역인 셉투아긴타가 만들어진다. 메소포타미아의 영향은 무엇보다도 우선 기원전 6세기 이후 바뷜로니아 포로 생활에서의 직접적인 접촉에 의한 것이 크다. 이 장에서 논의하는 세계와 인간에 관한 구약성서 사상의 많은 부분은 이 포로 상태에서 바뷜로니아의 세계관·인간관과 만나 그것과 마주 대하게 된 충격에서 생겨난 것이다. 이스라엘 사람들은 바뷜로니아의 영향을 받으면서도 그것을 독자적인 말과 개념으로 표현해 갔다. 그리고 무엇보다도 이스라엘인들은 출애굽 후에 정착한 가나안(현재의 이스라엘과 팔레스티나 지역)의 땅의 신 관념 및 자연관에 직면하여 커다란 영향을 받으면서도 그것과 대치하는 길을 선택하게 되었다.

구약성서는 자신을 둘러싼 세계로부터 영향을 일방적으로 받았던 것만이 아니라 다양한 영향을 주는 존재이기도 했다. 「창세기」의 중심인물인 아브라함은 이스라엘인과 유대인의 조상임과 동시에 그의 아들 이스마엘(이스마일)의 존재를 통해 아라비아인의 조상이기도 하다고 구약성서는 자리매김한다. 기원후 7세기 이후에 전개되고 유대교도와 그리스도교도를 경전을 같이 하는 백성으로 인식한 이슬람도 그 뿌리를 아브라함과 구약성서에 지니는 것으로서 의식함과 동시에 그 세계관이나 인간관을 구약성서로부터 이의 없이 이어받고 있다고 할 수 있을 것이다.

2. 세계의 창조와 질서

피조물로서의 세계

이 장은 위와 같은 전제에 서서 우선 다음과 같은 물음을 제기하고자 한다. 구약성서로 정리되어 남아 있는 여러 권의 책을 남긴 사람들은 그 속에서 자신을 둘러싼 세계를 어떻게 이해하고, 그 책들 속에서 자신들의 세계 이해를 어떻게 표현했던 것일까? 또한 그 세계 속에서 살아가는 인간, 그리고 무엇보다도 우선 그 혼에 대해 어떻게 표현하고 있었을까?

구약성서 안에서 그 대답을 찾는다면, 우선 「창세기」의 맨 처음에 놓여 있는 창조 이야기가 가장 잘 어울린다. 천지 창조 이야기는 구약성서에서 역사 이전을 이야기해주는 원초적 역사라고 불리는 부분(1~11장)의 첫머리에 놓여 신화적인 내용을 지니는 이야기이다. 자연 과학은 세계가 어떻게 성립했는지에 대답하고자 한다. 다른 한편 성서의 창조 이야기는 세계가 어떻게 성립했는지를 말하면서도, 사실은 세계가 어떠한 의미를 지니고 있는지에 대해 대답을 내놓으려고 한다. 성서는 세계 바깥에 신을 상정한다는 전제에 서서 생각하게 되면, 우리는 성서가 그 신이 어떻게 세계에 관계하는가에 대해, 또한 그 신이 세계에 관계하는 것의 의미에 대해 말하고 있다는 것을 알 수 있을 것이다.

1장 1절은 다음과 같이 되어 있다.

태초에 신이 하늘과 땅을 창조했다.

세계는 발생한 것이 아니다. 세계는 스스로 그렇게 되었다는 의미에서의 자연도 아니다. 구약성서 속에서 표현된 세계는 무엇보다도 우선 신에 의한 창조라는 생각과 강하게 연결되어 있다. 이 부분에서 신과 세계의 관계가 명확하게 정의되어 있다. 신이 창조자이고, 세계는 창조된 것, 즉 피조물이다. 이 관계는 구약성서에서 기본적인 동시에 절대적이다. 세계는 자기 안에 존재의 근거와 원인 그리고 목적을 지니는 것이 아니다. 세계는 신이 명확한 의지를 지니고서 창조함으로써 존재하게 되었다. 이러한 「창세기」 첫머리 구절에서는 무엇보다도 우선 창조자인 신에 대한 신앙이 표명되어 있다.

세계가 신의 피조물이라는 것은 신이 세계에 속하는 것이 아니라 세계로부터 초월하여 존재한다는 것을 의미한다. 이스라엘의 주변 세계에서는, 예를 들어 바빌로니아에서는 하늘이나 거기에 있는 갖가지의 것이 신(들)이 될 수 있었던 데 반해, 이스라엘에서는 피조물이 신격화되는 일은 있을 수 없었으며 있어서도 안 되었다. 출애굽 후에 정착한 가나안 땅에 침투해 있던 바알 신앙처럼 자연의 힘들을 신으로서 숭배하는 것도 이스라엘인에게는 철저한 비난의 대상이 된다. 바알 신과 그 예언자들에게 싸움을 건 예언자 엘리야(「열왕기 상」, 제18장)가 의도한 것은 신의 초월성을 목숨을 걸고 지켜내는 것이었다. 자연의 모든 것뿐만 아니라 인간도 신이 될 가능성이 있었다. 「출애굽기」에 등장하는 이집트의 파라오는 인간의 자기 신격화를 보여주는 전형적인 예이다. 이스라엘에서는 신이 절대적이라는 것과 신 이외의 모든 것은 상대적이고 불완전하며 한계를 지닌다는 것이 창조주와 피조물의 관계성으로부터 간파된다.

말에 의한 창조

「창세기」 1장 1절에 이어지는 첫 번째 창조 이야기(1:1~2:4 전반부)에서 신은 말을 발함으로써 창조 행위를 진행한다. 3절에는 '신이 말했다. "빛이 있어라." 그러자 빛이 있었다'라고 되어 있다. 이처럼 첫째 날에는 신이 발하는 말에 의해 빛이 창조되었다. 둘째 날에는 신의 말에 의해 창공이 만들어지고 위에 있는 물과 아래에 있는 물이 나누어졌다. 셋째 날에는 신의 말에 의해 땅과 바다가 나누어지고 식물이 만들어졌다. 넷째 날에는 신의 말에 의해 태양과 달과 별이 만들어졌다. 다섯째 날에는 신의 말에 의해 물속의 생물과 하늘을 나는 새가 만들어졌다. 여섯째 날에는 신이 발하는 말에 의해 지상의 동물과 마지막으로 인간이 만들어졌다. 엿새 사이의 모든 것에서 구약성서의 창조는 신의 말에 의한다. 신이 발하는 말에 의해 피조물이 존재하게 된다. 그때 신은 아무런 소재도 사용하지 않는다.

이 창조 이야기는 이스라엘인들이 바빌로니아에 포로로서 머무르고 있던 시대에 편찬되었다고 생각된다. 그 바빌로니아에는 예로부터 천지 창조 신화가 존재했다. 그중에서도 기원전 2000년대 중반 이후에 성립한 것이 아카드어로 쓰인 『에누마 엘리쉬』이다. '위로는 아직 하늘이 이름 지어지지 않고, 아래로는 아직 땅이 이름을 지니지 않았을 때'라는 말로 시작되는 이 신화에서는 수많은 신들의 항쟁 속에서 세계가 창조되어가는 상황이 그려져 있다. 최종적으로는 마르두크가 그 항쟁에서 이겨 바빌론의 주신의 지위를 확실한 것으로 해나가지만, 그 과정에서 마르두크는 바닷물을 상징하는 신 티아마트를 쳐 죽이고 둘로 찢어진 그 시체의 각각의 절반으로부터 하늘과 땅을 창조했다고 한다. 즉, 바빌로니아의 창조 신화에서는 티아마트라는 신의 몸을 소재로 하여 마르두크가 하늘과 땅을 만든 것이다.

다른 한편, 이미 말했듯이 「창세기」의 첫 번째 창조 이야기에서 이스라엘의 신은 창조에 즈음하여 아무런 소재도 이용하지 않는다.

신에 의한 세계의 창조는 나중의 그리스도교 신학이 말하는 '무로부터의 창조creatio ex nihilo'였던가? 1장 2절은 다음과 같이 말한다. '땅은 혼돈하고 어둠이 깊음 위에 있고, 신의 영이 물 위에 움직이고 있었다.' 신에 의한 창조 행위에 즈음하여 '어둠'과 '깊음' 그리고 '물'이 있었다. 또한 구약성서 외경에 포함된 「지혜서」에서는 그때 '형태가 없는 소재'가 존재했다고도 하고 있어 첫 번째 창조 이야기의 배후에 '무로부터의 창조'가 있다고까지는 말할 수 없다. 구약성서에서 확실히 '무로부터의 창조'라는 생각이 나오는 것은 헬레니즘 시대인 기원전 2세기 이후에 그리스어로 쓰인 「마카베오기 하권」이 가장 처음이라고 한다. 그 7장 28절에서 '얘야, 너에게 당부한다. 하늘과 땅을 바라보고 그 안에 있는 모든 것을 살펴보아라. 그리고 신이 이미 있는 것에서 그것들을 만들지 않았음을, 그리고 사람도 예외가 아님을 깨달아라'라는 말이 피조물의 창조주인 신에 대한 찬양이 되고 있으며, 거기서 비로소 '무로부터의 창조'를 분명히 말하고 있다.

신에 의해 창조된 세계의 양상과 세계를 창조하는 신에 대한 신앙 및 그 창조 행위에 대한 찬양은 「창세기」외에도 구약성서의 다양한 시 작품에서 볼 수 있다. 이와 같은 표현은 창조를 이야기하는 「창세기」안에 머무르지 않는다. 이스라엘인들이 그 역사를 통해 엮어온 다양한 시대의 다양한 장르로 이루어진 150개의 시가가 모여 있는 「시편」이라는 책이 있는데, 그것의 제8편은 창조된 세계에서 인간이 피조물의 중심을 이루는 존재라는 것을 찬미하고 있다. 또한 제33편에서는 세계가 신이 발하는 말에 의해 창조되었다는 것과 그 말이 피조물을 생성하는 힘을 지닌다는 것에 대해 찬미한다. 「시편」에는 그 외에도 많은 창조에 대한 증언이 있다. 나아가서는 「이사야서」 40~55장에서도 신의 창조에 대한 찬양과 피조물에 대한 신의 통치의 장려함이 증언되고 있다. 「시편」과는 달리 「이사야서」의 경우는 바벨로니아의 권력 아래 종속되어 있던 포로 유대인의 위기라는 역사적 상황을 다룬 것이다. 창조에 대한 찬양은 하늘과 땅의 창조주인 이스라엘의 신이 바벨로니아의 신들보다 더 강력하며, 나중에 그 신들을 능가하게 된다는 약속을 포로 백성들에게 심어주기 위한 것이었다.

신의 창조 행위는 '지혜'(호흐마)라는 개념과도 관련된다. 「잠언」 3장 19절에는 다음과 같이 되어 있는데, 거기서는 창조와 지혜의 결합이 인정된다. '주는 지혜로 땅의 기초를 놓았고, 명철로 하늘을 펼쳐 놓았다.' 「잠언」에는 '지혜' 그 자체가 독립하여 인격적으로 활동하는 것에 의한 세계 창조가 말해지는 부분도 있는데, 아마 그 경우에도 지혜는 신의 중보자로서 등장하는 것으로 보인다.

질서

이스라엘의 신은 하나하나 피조물의 창조를 거듭할 때마다 그것을 보고 좋다고 한다. '신이 말했다. "빛이 있어라." 그러자 빛이 있었다. 신은 빛을 보고 좋다고 했다.'(「창세기」, 1:3-4) 자신이 만든 하늘과 땅과 그 안에 있는 모든 것, 즉 인간을 포함한 피조물을 보고서 신은 최종적으로 그것들을 '참 좋았다'(1:31)라고 평가한다.

그렇다면 이 '참 좋은' 세계는 왜 그렇게 좋은 것일까? 신이 발하는 말에 의해 피조물이 만들어지고 이 세계가 구성되어가는 엿새간은 그 피조물들이 각각 있어야 할 곳으로 수습되어가는 과정이라고도 말할 수 있을 것이다. 첫째 날에 신은 빛과 어둠을 창조하고, 낮과 밤을 '나누었다.' 둘째 날에는 창공이 위에 있는 물과 아래에 있는 물을 '나누도록' 만들어졌다. 셋째 날에 신은 뭍이 생기도록 바다를 그로부터 '나누었다.' 그리고 각각의 영역에 어울리는 식물과 동물이 그 속에서 창조되어간다. 넷째 날에는 태양이 만들어지고, 낮과 밤이 '나뉘어' 시간의 경과에 마디를 주게 되었다. 이처럼 신의 말에 의해 세계에 시간과 공간의 질서가 주어지고, 생명에게는 질서정연하게 이 세계에서 살아갈 장소가 부여되었다. 창조된 세계가 참 좋은 것은 이처럼 그것이 질서와 조화로 채워져 있기 때문이다.

그런데 그리스어로 쓰인 「마카베오기 하권」 7장 23절 전반부는 다음과 같이 말한다. '사람의 출생을 주관하고 모든 것에 생명을 주는 세계의 창조주는 자비로이 영과 생명을 다시 너희에게 주신다.' 여기서 '세계'로 번역되고 있는 것은 셉투아긴타의 그리스어로는 코스모스라는 단어이다. 헬레니즘 시대의 유대교는 코스모스라는 개념을 사용하여 세계를 나타내게 되었다. 거기서 신은 코스모스의 창조주로서 표현된다.

코스모스kosmos라는 그리스어는 이오니아 철학에서 비롯된 개념으로 정연한 질서로서의 세계를 나타낸다고 한다. 질서 잡히고 조화가 취해진 것은 아름다운 까닭에 이 그리스어는 아름다움이라는 의미와도 결부되어 있다. 이 말에서 파생된 영어의 cosmetic이 화장품을 의미하는 것에서도 엿볼 수 있듯이, 코스모스는 여성이 복식이나 화장으로 아름답게 치장한 상태를 표현하기 위해서도 사용되었다. 「마카베오기 상권」 2장 1절에는 '이 나라는 그 코스모스(장식)를 모두 **빼앗기고** 자유를 잃어 노예가 되어버렸다'라고 되어 있는데, 유대와 예루살렘을 여성에게 비유하여 이전의 영화가 상실된 것을 여성이 장식품을 **빼앗긴** 것으로서 표현하고 있다. 코스모스는 자연계의 질서정연한 모습을 드러내는 데에도 사용되고, 세계의 질서나 질서가 관철된 세계 그 자체를 의미하는 말이 되기도 한다.

구약성서가 그리는 '참 좋은' 세계의 질서는 창조에서 신이 가져온 질서이다. 신은 새로운 피조물을 창조하고, 이미 존재하는 것과 새로운 것을 구별·분리하며, 새로운 것을 세계 속에 자리매김함으로써 혼돈(카오스)을 질서(코스모스)로 바꾸었다. 코스모스라는 개념을 헬레니즘 세계로부터 받아들인 유대교에서도, 「마카베오기 하권」이 말하듯이, 그 질서가 신에게서 떨어져 있는 것이 아니라는 것을 의식하고 있다.

3. 인간의 혼

혼

그런데 그와 같은 '참 좋은' 세계에서 살아가는 인간에 대해 구약성서는 다음과 같이 말한다.

주님인 신은 이렇게 말씀하신다.

신은 하늘을 창조하여 펼치시고

땅과 거기에 사는 온갖 것을 만드시고

그 위에 사는 사람들에게 숨을 주시고

거기를 걷는 자에게 영을 주신다. (「이사야서」, 42:5)

신이 창조한 세계에는 숨이 주어지고 영이 주어지는, 거기에 사는 인간이 등장한다. 여기서부터는 세계로부터 인간에게로 초점을 옮겨 구약성서에서의 인간과 그의 혼의 문제로 이야기를 진행해 나가기로 하자.

일본어 성서에서 '혼魂'(타마시이)으로 번역되는 헤브라이어는 '네페쉬'이다. 이 '네페쉬'를 독일어 성서에서는 Seele젤레, 영어 성서에서는 soul소울이라고 번역한다. 이것은 셉투아긴타의 그리스어 번역이 '네페쉬'를 '프쉬케'로, 또한 라틴어 번역인 이른바 불가타가 '네페쉬'를 '아니마'라고 번역하는 데서 비롯되었다.

여기서는 이 '네페쉬'라는 헤브라이어를 구약성서의 기록자들이 어떠한 맥락에서 사용하고 있었는지 우선 거기서부터 살펴나가기로 한다.

'혼'으로 번역되는 네페쉬는 구약성서에서 760회 사용된다. 이 말은 사람의 신체적 기관으로서의 '목구멍, 입'을 가리키는 경우가 의외로 많다. 우가리트어의 npš가 '크게 벌린 입, 목구멍'을 의미하는데, 그 점에서도 헤브라이어의 용법에 '목구멍'이 있다는 것이 확인된다. '셰올(저승)은 네페쉬를 넓히고 입을 한없이 벌린다'(「이사야서」, 5:14)라는 표현은 바로 그것을 보여준다. 「잠언」에서 '친절한 말투는 꿀방울, 네페쉬에 달콤하고, 뼈를 치유한다'(16:24)라고 할 때, 네페쉬는 목구멍으로서 벌꿀의 달콤함을 맛본다.

사람의 목구멍은 마른다. 그처럼 네페쉬도 마른다. '굶주리고 또한 말라서 네페쉬는 완전히 쇠약해지려 하고 있었다. …… 참으로 주께서는 목마른 네페쉬를 적시고, 굶주린 네페쉬를 좋은 것으로 채워주셨다.'(「시편」, 107:5, 9) 이처럼 네페쉬는 목마른 입, 목마른 목구멍처럼 신을 찾아 갈망한다. '목구멍'과 밀접하게 관련되는 가운데 네페쉬는 '갈망, 식욕, 욕망'도 의미한다. '이웃의 포도밭에 들어갔다면, 당신의 네페쉬대로 만족할 때까지 포도를 먹어도 좋다'(「신명기」, 23:24)라는 표현에서는 목구멍인 네페쉬를 자리로 하는, 음식에 대한 만족할 줄 모르는 욕망을 의미한다. 다음의 네페쉬는 식욕으로도 탐욕으로도 이해할 수 있을 것이다.

'사람의 수고는 모두 입을 위해서다. 하지만 그것만으로는 네페쉬는 채워지지 않는다.'(「전도서」, 6:7)

살아 있는 네페쉬

첫 번째 창조 이야기에서 신은 다섯째 날에 다음과 같은 말을 발한다.

> 신은 말했다. '생물이 물속에서 번성하라. 새는 땅 위 하늘 창공으로 날아다녀라.' (「창세기」, 1:20)

'생물'은 '네페쉬 하야'라는 헤브라이어를 번역한 것이다. '하야'는 '살아가고 있다'라는 의미이기 때문에 '네페쉬 하야'는 '살아 있는 네페쉬'라는 표현이다. 이 '네페쉬 하야'는 '물의 생물'뿐만 아니라 '땅의 생물'도 가리킨다. 또한 '땅의 짐승, 하늘의 새, 땅을 기는 것 등으로, 모두 네페쉬 하야가 그 안에 있는 것'이라는 표현도 있어 '살아 있는 네페쉬'란 '생물' 그 자체이기도 하다.

물과 땅의 생물이 살아가고 있는 상태를 표현하는 '살아 있는 네페쉬'는 두 번째 창조 이야기(2장 4절 후반부~25절)에서 최초의 인간인 아담에 대해 사용된다.

> 신인 주님께서는 땅의 흙으로 사람을 지으시고, 그의 코에 생명

의 숨을 불어넣었다. 사람은 이리하여 산 자가 되었다. (「창세기」,
2:7)

두 번째 창조 이야기는 인간의 창조에 초점을 맞춘다. 지금
이 글에서 구약성서의 일본어 번역은 위의 번역을 포함하여 모두
성서협회 공동 번역(2018년, 일본성서협회)으로부터의 인용이다
[지금 이 번역에서는 우리말로 옮겨진 여러 성서 판본을 참조하여
마무리했다 — 옮긴이]. 그보다 조금 앞서 이루어진 신공동번역에
서는 흙에는 아다마, 사람에게는 아담이라는 식으로 괄호 안에
원어인 헤브라이어가 보충되어 사람의 창조가 흙이라고 하는
소재에 의한 것이라는 것을 말의 연결로부터도 알 수 있도록
강조되어 있었다.

두 번째 창조 이야기에서는 신이 의인화되어 이야기된다. 「이사
야서」 64장 8절에서는 창조주로서의 신이 토기장이에, 그리고
창조주에 의해 만들어진 인간이 토기에 비유되고 있지만, 이 두
번째 창조 이야기는 그 모티브와 대단히 닮은 점이 있다.

도예가가 그릇을 소중히 만들어내듯이 신은 자신의 손으로
흙을 떠서 그것을 사람이나 동물의 모습으로 바꾼다. 그러고 나서
신이 사람의 모습을 한 그것의 코에 생명의 숨을 불어넣었을
때, 사람(아담)은 산 자가 되었는데, 이 '산 자'라고 옮겨져 있는
말이 조금 전의 네페쉬 하야, 즉 '살아 있는 네페쉬'이다. 흙에서
만들어진 인간 모양을 한 것은 신의 숨이 불어넣어짐으로써 비로소

'살아 있는 인간'이 되었다는 것이다. 이 경우 사람이 네페쉬를 가지고 있는 것이 아니다. 사람이 네페쉬이며 네페쉬로서 살아간다.

네샤마와 루아흐 — 숨과 영

흙(아다마)덩어리에 지나지 않던 사람(아담)이 산 자(네페쉬)가 된 것은 신에 의해 생명의 숨이 불어넣어졌기 때문이다. 신에게서 오는 이 '숨'은 '네샤마'라는 헤브라이어이다. 네샤마라는 단어는, 그것이 신에게서 오는 숨인 경우, 셉투아긴타에서는 언제나 '프노에'라는 그리스어로 치환되어 있다. 이 '프노에'라는 명사는 '바람이 분다, 숨을 쉬다'라는 의미의 동사 '프네오'를 어원으로 하고 있다. 그러한 의미와 겹치는 네샤마는 구약성서에서의 용례가 24회로 그다지 자주 사용되는 어휘는 아니다. 오히려 마찬가지 상황에서 네샤마와 아주 비슷한 의미로서 구약성서에서 좀 더 많이(340회 정도) 사용되고 있는 것은 '루아흐'다. '루아흐'는 본래는 기상학적인 현상으로서 미풍에서 큰바람 그리고 폭풍에 이르기까지 바람의 움직임을 표현하는 말이다. 지중해 방면에서 여름에 부는 축축한 바람은 '서쪽의 루아흐'라거나 또한 시로코라고 불리며, 여름에 열파를 가져오는 바람은 '동쪽의 루아흐'라고 불린다. 그러나 구약성서는 '바람'의 자연적 성질을 넘어선 곳에 관심을 두고 신(야하웨)의 현현과 그 위력, 심판자로서의 개입을 표현하기 위해 루아흐를 자주 언급한다(「예레미야서」, 49:36 등). 공기의 움직임이 신의 숨결에 의해 일어나게 될 때는 그 숨결 자체도 루아흐라고 한다. 「욥기」의 주인공인 욥이 다음과 같이 말하고 있는 곳이 있다.

> 신의 루아흐가 나를 만들고
> 전능한 자의 네샤마가 내게 생명을 주었다. (「욥기」, 33:4)

구약성서의 시문에는 병행법이라는 표현이 있는데, 이것은 사상적으로 운을 단다고도 말할 수 있지 않을까? 같은 내용의 사항을 다른 말로 표현함으로써 그 의미를 강조하려고 하는 것이다. 욥의 경우에는 네샤마와 루아흐가 거의 같은 뜻으로, 신에게서 오는 그 생명 원리가 창조된 인간에게 생명을 준다는 것을 두 행에 걸쳐 말하고 있다. 두 번째 창조 이야기에서 흙덩어리에 신이 불어넣은 것은 네샤마인데, 위의 예에서 생각하면 그것은 이 루아흐와 거의 같은 의미라고 생각할 수 있을 것이다. 같은 「욥기」의 '사람 안에는 루아흐가 있고, 깨달음을 주는 것은 전능한 자의 네샤마다'(32:8)라는 예도 마찬가지이다. 그러나 '신의 네샤마가 아직 내 코에 있고, 나의 루아흐가 아직 남아 있는 한'(27:3)이라는 표현을 보면, 엄밀하게는 네샤마가 어디까지나 내쉬는 숨인 데 반해, 루아흐는 그 내쉬는 숨이 몸 안으로 들어간 후의 상태를 가리키는 것으로 생각된다. 루아흐가 '영'(그리스어로는 프네우마)

으로 번역되는 것은 그와 같은 이유에서일 것이다.

네페쉬 ― 살아 있는 인간 그 자체로서

이리하여 신의 숨결(네샤마)이 코로 불어넣어지고 몸속에서 루아흐(영)가 활동을 시작했을 때, 흙(아다마)을 소재로 하는 물질적인 몸이 루아흐를 그 속에 감싸 안은 채로 그 존재는 살아 있는 네페쉬가 되었다. 그것은 신이 생명의 숨(네샤마)을 불어넣고 사람(아담)이 그것을 받아들임으로써만 네페쉬가 되었다는 것이다. 몸의 내부에 신의 숨결로 이루어진 영을 내포해야만 그 존재 전체에서 사람은 생생하게 살아갈 수 있다. 구약성서는 이 생생한 존재를 네페쉬라고 부르는 것이다.

이처럼 살아 있는 개개인 자체를 네페쉬라고 부르는 예는 구약성서에 많다. 성서의 헤브라이어는 '나의'라는 대명사를 단어 뒤에 덧붙이지만, 그와 같이 '나의 네페쉬'라고 대명사를 동반할 때는 마치 대명사만을 가리키는 식으로 '나 자신'이라는 의미가 된다. '사슴이 마른 골짜기에서 헐떡이며 물을 찾듯이, 신이여, 나의 네페쉬는 당신을 헐떡이며 찾는다'(「시편」, 2:1)라는 경우에 시편 작가는 '나의 네페쉬'를 자기 자신으로 하여 신을 찾는다. 네페쉬가 목마를 때, 그 갈증을 풀어주는 것은 피조물이나 피조물로 이루어진 물질이 아니라 신과의 사귐이라는 것을 알 수 있다.

마지막으로는 '네페쉬'라는 말만으로 사람이나 여러 사람을 가리켜 보이는 예도 있다. 예를 들어 '질파가 야콥에게서 낳은 것은 이들 열여섯의 네페쉬다'(「창세기」, 46:18)라고 하는 경우의 네페쉬는 여러 사람이라는 의미이다. 그 외에도 이런 종류의 예는 많다(「창세기」, 12:5 등).

이렇게 살펴보면 네페쉬는 인간의 특정한 몸의 부분을 나타내면서도 생명 기능인 루아흐와 의미를 공유하는 가운데 최종적으로는 살아 있는 인간 그 자체, 인간의 생명, 그 전체성을 나타내고 있음을 알 수 있다. 「시편」 74장 19절은 다음과 같이 말한다. '당신의 산비둘기의 네페쉬를 들짐승에게 내주지 마세요. 당신의 괴로워하는 자들의 하야(생명)를 영원히 잊지 마세요.' 네페쉬는 생명인 하야와 대구를 이루어 사용되는 경우가 많이 있으며, 그 둘은 거의 같은 의미를 가리킨다고 생각할 수 있을 것이다.

'혼'은 불사인가?

그렇다면 구약성서에서 사용되고 있는 네페쉬라는 표현은 '혼'이라는 말과 무엇이 다른 것일까? '혼'이라는 말에서 우리는 신체 안에 있으면서나 동시에 신체로부터 떨어져서도 신체와는 별도로 존재할 수 있는 정신적 실체라는 것을 떠올린다.

그러나 구약성서의 네페쉬는 그와 같은 존재 방식과는 상당히 다르다. 인간에게서 분리된 것으로서 존재하는 '혼'의 관념은 구약성서에서는 극히 얼마 안 되는 곳에만 존재한다. 대부분의 곳에서 네페쉬란 신으로부터 살아 있는 온갖 것에게 주어진 축복으로서의 생명이다. 네페쉬는 반드시 신체와 결부되어 존재하며, 죽음으로써 그 존속을 마친다. 신의 루아흐가 들어옴으로써 사람이 네페쉬가 되었다면, 신의 루아흐가 제거될 때 살아 있는 네페쉬는 그 일생을 마친다. '주께 헌신하는 기간에는 죽은 네페쉬에게 가까이 가서는 안 된다'(「민수기」, 6:6)라는 예처럼, 몸과 영이 일체가 된 네페쉬는 죽음에 즈음하여 그 역할을 마치고 죽은 네페쉬로서 시체가 된다.

그리스에서는 혼(프쉬케)이 몸 안에 있지만 얼마 지나지 않아 거기서 벗어나 육체로부터 떨어져 자립적인 존재가 되려 한다고 생각한 사람들이 있었다. 그러나 구약성서에서는 네페쉬의 불사성 및 사후의 존속 관념을 볼 수 없다.

마치며

구약성서에서 묘사되는 '세계'('하늘과 땅')는 헬레니즘적인 코스모스가 의미하는 '세계'와는 양상이 달랐다. 세계의 질서는 자연에 내재하는 법칙에 따라 정돈된 것도 아니고 그 법칙으로 유지되는 것도 아니다. 그것은 이 세계를 조화로운 것으로서, 또한 질서가 갖추어진 것으로서 창조하고자 한 신의 의지로 이루어진 것이다. 창조 이야기의 작가는 신의 말로서 몇 번이나 되풀이하여 세계가 참 좋다고 이야기한다. 이 세상에 존재하는 것에 대해 신은 그것들 모두를 긍정하고 축복을 준다. 세계에 나쁜 것, 쓸데없는 것은 존재하지 않는다. 그것이 구약성서의 근본적인 세계관이다.

신의 창조 행위가 세계 속에 나타나 있는 까닭에 인간은 신을 세계 속에서 발견한다. 인간은 창조하는 신을 그의 행위 때문에 찬양한다(「시편」, 104, 136 등). 만들어진 세계(자연)도 창조하는 신의 행위를 찬미한다. '하늘은 신의 영광을 말하고, 창공은 그의 솜씨를 알려준다'(「시편」, 19:1)라고 말하고 있듯이 말이다. 네페쉬(혼)를 가진다는 의미에서 인간은 동물과 공통성을 지닌다. 그러나 첫 번째 창조 이야기는 피조물이면서도 인간만이 '신의 형상'(「창세기」, 1:27)을 지닌다고 하여 인간에게 특별한 위치를 부여한다. 이 '신의 형상'은 라틴어로 이마고 데이imago dei라고 불리며, 그리스도교 신학에서 열심히 논의하게 된다. 인간은 그 특별함 때문에 신에게서 세계를 위탁받고 있다(「창세기」, 1:28). 신이 창조한 피조물의 정점에 자리하는 살아 있는 네페쉬로서의 인간은 끊임없는 노력으로 자연과 세계를 유지해나갈 의무를 언제나 짊어지고 있다.

☞ 좀 더 자세히 알기 위한 참고 문헌

— W. 침멀리Walther Zimmerli, 『구약성서의 세계관旧約聖書の世界觀』, 야마가 데 쓰오山我哲雄 옮김, 敎文館, 1990년. 신에 의해 창조되고 인간의 손에 책임과 함께 맡겨진 세계에 대해 그 의의를 해명한 명저. 신, 인간, 역사, 대지, 축복, 저주, 지혜 등 다양한 주제가 세계와의 관계 속에서 종횡무진 논의된다.

— 고시카와 히로히데越川弘英, 『구약성서 공부旧約聖書の学び』, キリスト新聞社, 2014년. 구약성서 전체의 사상과 의미에 대해 「창세기」부터 순서에 따라 알기 쉽게 개관하는 양서. 세계와 인간의 창조를 기록한 부분(두 개의 창조 이야기)에 대해 필요한 정보를 모두 얻을 수 있다.

— 다카이 게이스케高井啓介, 「'루아흐'와 '오브' — 헤브라이어 성서에서 영의 문제'ルーアハ'と'オーヴ' — ヘブライ語聖書における靈の問題」, 쓰루오카 요시 오鶴岡賀雄・후카사와 히데타카深澤英隆 편, 『영성의 종교사 [하권]スピリチュ アリティの宗敎史 [下卷]』, 宗敎史学論叢 16, リトン, 2012년. 혼을 생각할 때는 영에 대해 아는 것도 필요하지만, 구약성서에서의 영(루아흐)이 의미하 는 것을 상세히 논의함과 동시에 죽은 자의 영(오브)이 지니는 의미에 대해서도 언급하고 있다.

— 이치카와 히로시市川裕, 『유대인과 유대교ユダヤ人とユダヤ敎』, 岩波新書, 2019 년. 유대교에 대해 유대인의 역사, 신앙, 학문, 사회라는 네 개의 각도에서 접근하여 유대교를 단순한 종교가 아니라 유대인의 정신생활을 근본적 으로 뒷받침하는 삶의 방식으로서 이해하고자 하는 관점에서 저술되었 다. 유대교와 유대인을 이해하는 데서 이 책을 빼놓을 수 없다. 끝부분의 문헌 해제도 대단히 유익하다.

제4장

중국의 제자백가에서 세계와 혼

나카지마 다카히로中島隆博

1. 세계와 혼의 변용

축의 시대로서의 제자백가

칼 야스퍼스가 일컬은 '축의 시대'의 일각을 차지하는 것이 고대 중국의 제자백가 시대이다. 도시가 크게 번성하고 그 도시들 사이에서의 교역에 의한 경제 발전을 배경으로 하여 세계와 혼에 관한 새로운 논의가 등장했다. 물론 '세계'나 '혼'이라는 용어가 그대로 발견되는 것은 아니다. 중요한 것은 인간을 둘러싼 지평에 대한 반성이나 인간의 '삶의 방식'에 대한 고찰이 생겨난 것이다. 그것은 나중의 중국 철학에서 세계론과 혼론을 규정하는 틀을 만들어나갔다. 그리고 불교나 그리스도교와의 대치를 통해 그

틀도 역시 변용되어갔다. 여기서는 후세 철학과의 연관에 대해서도 살펴보는 동시에 중국 이외에서 전개된 같은 논의와 겹치는 부분에 대해서도 언급하고자 한다. 만약 중국 철학을 세계철학 실천의 하나로서 이해하고자 한다면, 단순한 같음과 다름의 비교를 넘어서서 물음을 제기하는 방식과 물음의 태도에서 상호 간에 서로 대비되는 차원을 보여줄 필요가 있다고 생각되기 때문이다.

여기서 다루는 것은 『장자』, 『맹자』, 『순자』 그리고 『논어』라는 텍스트와 거기서의 세계론과 혼론이다. 세계라는 지평이 우리의 주위에서 어떻게 만들어지고 어떻게 변용되어가는지가 중심을 이루는 논의이다. 거기서의 나와 우리 또는 인간을 근대적인 주체나 개인이 아닌 방식으로, 요컨대 혼으로서 어떻게 파악하는지 묻는 것이다.

혼교魂交와 꿈

여기서 세계와 혼이라는 개념으로 생각하려고 하는 것은 다음과 같은 것이다. 우선 혼에 대해 말하자면, 우리는 혼을 그 사람이나 그것을 그와 같이 성립시키는 작용으로서 생각하고자 한다. 그것은 실체화된 무언가로서 파악되는 것이 아니라 좀 더 역동적인 원리로서 생각될 수 있다고 보기 때문이다. 그에 따라 세계도 역시 무언가 커다란 그릇이나 장소와 같은 것으로서 파악하는 것이 아니라 혼이라는 작용과 함께 나타나는 지평으로서 생각하고자 한다.

왜냐하면 초월적인 신과 같은 관점에 서서 세계라는 그릇 안에 실체로서의 사람이나 사물을 배치하여 그 관계를 생각하는 자세 자체가 고대 중국, 특히 기원전 8세기에서 기원전 2세기에 걸친 춘추전국 시대의 제자백가에게서 비판되고 있기 때문이다. 제자백가란 중국의 중원에서 전개된 새로운 학문의 학파들이며, 유가, 도가, 묵가, 명가, 법가 등으로 분류된다. 그것은 그 이전의 종교적 신앙에서 벗어나 초월적인 '하늘'과 '사람'의 관계를 다시 생각한 것으로, 인간과 그를 둘러싼 세계의 존재 방식을 반성한 것이다.

그런데 제자백가 시대에 '혼'이라는 용어 그 자체는 생각만큼 많이는 사용되지 않는다. 그래도 인상적인 사용 방식을 하나 들어 보자면, 다음과 같은 『장자』의 기사가 눈에 띈다.

자고 있을 때는 혼^魂이 어울리고, 깨어나면 몸^形이 활동한다. (『장자』, 제물론)

서진^{西晉} 사마표^{司馬彪}의 주석에 따르면, 여기서 '혼이 어울린다'는 것은 '정신이 교차하는 것'이다. '정신'이라는 것은 현재는 서양어의 Geist나 spirit 또는 esprit의 번역어로 인식되고 있는 것으로 보이지만, 고대 중국에서는 '거칠'^粗거나 '섞이지'^雜 않은 '정교하고 오묘한^{精微}' '신^神', 즉 '신비적인 작용'이라는 의미였다. '신' 역시 God이 아니라 좀 더 역동적인 신비의 상태를 말한다. 전한^{前漢}의 기원전 1세기경 텍스트인 『설원^{說苑}』에 '정신'에 대한 알기

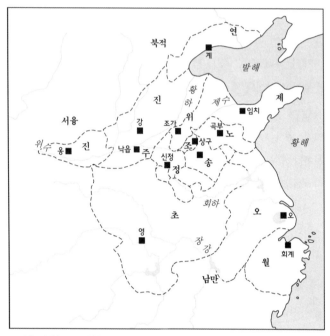

춘추 시대의 중국(기원전 500년경)

쉬운 기술이 있다.

    정신精神은 하늘에 있는 것이고, 형해形骸는 땅에 있는 것이다. 정신이 형체形를 벗어나면 각자 그 참으로 돌아간다. 따라서 귀鬼라고 한다. (『설원』, 반질反質)

    이것은 죽음에서 사람이 어떻게 되는지를 묻는 구절이다. '정교한 신'은 '정교'한 까닭에 위로 올라가서 하늘로 향하며, 육체는 땅으로 향한다고 말한 후에, '정교한 신'은 '그 참으로 돌아간다'라고 전개하고 그것이 '귀'라 말해진다고 맺고 있다. 이것은 '귀歸'(돌아간다)와 '귀鬼'가 같은 음이라는 데서 오는 말놀이이기도 하다. 그러나 말놀이가 문제인 것은 아니다. '귀신鬼神'이라는 유령적인 것을 중국 철학과 일본 철학에서는 계속해서 되풀이하여 묻게 되는데, 그러한 물음의 근원적인 광경이 여기에 나타나 있다. 요컨대 '정교한 신'이나 '귀'는 하늘이라는 인간을 넘어선 차원에 속해 있다는 감각이다.

『장자』로 돌아오면, '자고 있을 때는 혼이 어울리고, 깨어나면 몸이 활동한다'라고 되어 있다. 이것이 말하고 있는 것은 몸을 떠난 정교한 신인 혼이 뒤섞인다고 하는 현기증 나는 사태이다. 그것은 깨어 있을 때는 생기지 않는다. 그것은 '자고 있을 때'라는 다른 계기에서만 가능하다.

이러한 상상력은 일본 문학에도 커다란 영향을 미쳤다. 『만엽집万葉集』(7세기에서 8세기)에 있는 '나 그녀를 사랑하고 말았네. 꿈속에서라도 보고 싶다'라든지 '내 사랑이 돌아오는 밤의 꿈이라면 정말로 너를 만난 듯한데', 또는 『고금집古今集』에 있는 오노노고마치小野小町의 '몹시도 그리울 때는 덧없는 밤의 옷을 돌려 입는다'라는 노래처럼, 소매나 옷을 반대로 하고서 자면 자고 있을 때 연인이 꿈에 나타나거나 연인의 꿈에 자신이 나타난다는 생각으로 연결되는 것이다.

물화와 세계의 변용

자고 있을 때 보는 꿈이 얼마만큼 중요한지는 잘 알려진 나비의
꿈이라는 이미지에 잘 나타나 있다.

옛날에 장주莊周가 꿈에 나비가 되었다. 훨훨 날아다니는 나비가
되어 자신이 장주라는 것도 깨닫지 못했다. 그러나 문득 잠에서
깨어나니, 자신은 엄연히 장주였다. 도대체 장주가 꿈에 나비가
된 것일까? 아니면 나비가 꿈에 장주가 된 것일까? 장주와 나비에는
반드시 분별이 있을 것이다. 그것을 일러 물화物化라고 한다. (『장자』,
제물론)

'물화'란 인간이 인간 이외의 다른 것으로 변화한다든지 다른
모습으로 변한다든지 다른 사람이 된다든지 하는 사태를 가리킨다.
그것은 유가적인 '교화教化'라는 개념으로 환원되는 것이 아니다.
왜냐하면 '교화'는 소인이 군자나 성인이 되는 계몽 프로그램을
지탱하는 변화이자 목적론적으로 방향을 잡은 변화이기 때문이다.
그에 반해 '물화'는 그와 같은 정치적·윤리적·경제적 체제와 이익
을 향해 정돈되지 않은 변화이다.

이 '물화'에서 중요한 것은 세계의 변용이 생각되고 있다는
점이다. 많은 논자는 나비의 꿈에서 자타가 융합된 만물일체萬物一體

의 세계가 지향되고 있다고 생각한다. 그러나 원문에서는 '장주와 나비에는 반드시 분별이 있을 것이다'라고 말하고 있지 장주와 나비가 융합하여 일체가 되었다고는 말하고 있지 않다.

'물화'를 자타의 융합으로 생각하는 해석은 『장자』의 '만물제동萬物齊同', 즉 '만물은 한결같이 같다'라는 논의를 어떤 치우친 방식으로 사용한 것에서 생겨난 것으로 보인다. 치우친 방식으로라는 것은 '만물제동' 역시 자타가 융합된 만물일체의 세계라는 상상력과는 사실은 다르다고 생각되기 때문이다. 그 점은 차치하더라도 여기서 『장자』가 논의하고 있는 것은 '만물제동'이라는 동일성이 아니라 '물화'라는 변용의 문제이다. 도대체 그 변용을 어떻게 이해해야 할까?

오랜 주석을 참조해보자. 『장자』에 주를 단 서진의 곽상郭象 (252년경~312)은 다음과 같이 말하고 있었다.

애초에 깨어남과 꿈의 구분은 죽음과 삶의 구분과 다르지 않다. 지금 스스로 즐기고 마음 가는 것은 그 구분이 정해져 있기 때문이지 구분이 없기 때문이 아니다. 본래 시간이라는 것은 잠시도 멈춘다든지 하지 않으며, 지금이라는 것은 끝내 존재하지 않는다. 따라서 어제 꾼 꿈은 지금에 와서는 변할 것이다. 삶과 죽음의 변화도 이와 다른 것이 아니며, 마음을 쓰는 것은 그 사이에서인 것이다. 바로 이것일 때에는 저것을 알지 못한다. 꿈에서 나비가 되어 있는 것이 그것이다. 이것을 사람에 대응시켜 보면, 일생에 있어 지금은 나중의 일을 알지 못한다. 여희麗姬가 그것이다. 어리석은 자는 아는 체하고, 스스로 삶은 즐겁고 죽음은 괴롭다고 알았다 생각하지만, 그것은 아직 물화의 의미를 알지 못하는 것이다. (곽상, 『장자 주』)

곽상은 '물화의 의미'를 해석하여 구분 전후에 각각의 세계에 각각이 충족되어 있음에도 불구하고 변용이 생기는 것이라고 말한다. 주의해야 하는 것은 '바로 이것일 때에는 저것은 알지 못한다'라는 원칙이다. 그것은 '물화' 전후에 각각이 자신의 존재 방식을 충분히 향유하고 자족하며 다른 존재 방식을 알지 못하는 방식으로 세계를 만들어낸다고 하는 것이다. 그럼에도 불구하고 '물화'라고 하는 다른 것으로 되는 근본적인 변용이 일어나고, 거기서 생겨난 세계도 역시 완전히 새로운 다른 세계가 되어서 나타난다고 하는 것이다.

다시 말하면 그것은 하나의 세계에 두 개의 입장이 있으며, 그 입장을 서로 교환하지 않을 뿐만 아니라 모든 변화를 관통하여 동일한 실체를 상정하지도 않는다는 것이다. 또한 진실한 세계를 따로 상정하는 것도 아니며, 여러 세계를 넘어선 관점에 서 있는 것도 아니다.

장주와 나비, 꿈과 깨어남, 그리고 죽음과 삶이라는 구분 아래 구상되고 있는 '물화'란 이와 같은 것이다. 한편으로는 장주가 장주로서, 나비가 나비로서 각각 구분된 세계로 그 어떤 계기에서 절대적으로 자기 충족적으로 존재하며 다른 입장에 대해서는 무관심하다. 그럼에도 불구하고 다른 한편으로는 그 '성性'이라는 삶의 존재 방식이 변용하고 다른 것으로 변하며, 그 세계 그 자체도 변용한다. 이와 같은 사태인 것이다.

2. 스콜라 철학, 수험도 그리고 불교와의 접속

꽃과 알레르게이아

이러한 사태를 더 잘 이해하기 위해 야마우치 시로山內志朗의 『유도노산의 철학 — 수험과 꽃과 존재와湯殿山の哲学 — 修験と花と存在と』에서 울려 퍼진 지령地靈의 말을 참조해보자. 거기서는 스콜라 철학과 수험도修験道의 철학이 교차하고 '꽃'의 철학이 전개되고 있다.

벚꽃은 주름을 펼쳐 열어 꽃을 피우며, 덕 윤리학은 행복을 꽃피움flourishing으로 파악한다. 작은 꽃도 큰 꽃도 자기의 꽃을 피우기 위해 존재를 옮겨 간다. 꽃이 피는 것은 열매를 맺기 위해서가 아니다. 그렇기에 꽃은 '무슨 까닭 없이' 피어난다.

보편적인 척도나 객관적인 기준을 충족시키기 위해 꽃이 피어나는 것이 아니다. 꽃은 꽃이고, 자기의 주름을 펼쳐 열어 꽃피움을 실현한다. 갓산月山은 많은 산주름으로 구성되며, 유도노산은 그 하나의 주름이다. (『유도노산의 철학』, 51쪽)

'꽃'은 씨앗에 접혀 개켜진 주름을 펼쳐서 여는 꽃피움이라는 과정이다. 그것은 결과적으로 열매를 맺을 수 있다 하더라도 그 정해진 목적을 위해 피어나는 것이 아니다. 꽃은 '무슨 까닭 없이', 즉 이유나 근거도 없이 피어난다. 그것이야말로 아리스토텔레스 철학이 제시하는 '에네르게이아^energeia', 즉 '엔 에르곤^en ergon'이라는, 무언가가 활동하고 있는 현실태라는 존재 방식이다.

키네시스^kinesis는 걷기와 같은 것으로, 목적을 갖추고 목적에 도달하는 한에서 걷기가 그 목적에 도달하는 수단으로서 있다. 목적지에 이르지 않는 걷기는 무의미하다. 걷기는 그 자체로는 무의미하다. 다른 한편 에네르게이아는 무용舞踊과 같은 것이며, 그 행위는 어디에 이른다고 하는 것이 아니다. 어디로 가는 것이 아니더라도 그 안에 목적을 언제나 실현하고 있으므로, 행위의 외부에 정립되는 목적에 도달하지 않더라도 언제나 완성되어 있다. 무용은 언제나 목적에 도달해 있으며, 언제나 '춤추고 끝나는' 것이자 완성되어 있으며, 어디서 끝나더라도 불완전한 것이 아니다. 키네시스는 목적에의 도달로써 사라지고, 에네르게이아는 목적 안에 머물러 있다. 아리스토텔레스는 그와 같은 에네르게이아의 전형으로서 '삶'을 꼽는다. 에네르게이아로서의 삶! (같은 책, 205~206쪽)

여기서는 목적으로 향하는 운동인 '키네시스'와 목적 그 자체인,

또는 외재적인 목적이 없다고 말할 수 있는 행위인 '에네르게이아'
가 대비되어 있다. 그에 더하여 여기서는 '에네르게이아'와 '엔텔레
케이아entelecheia'의 관계를 묻고 있으며, 둘이 단순한 등호 관계에
있는 것으로서 이해하기보다는 둘의 관계를 재고함으로써 텔로스,
즉 목적에 도달해 있다는 것의 본래 의미를 다시 파악하고자
하고 있다. 그리고 '어디서 끝나더라도 불완전한 것이 아니다'라는
이해는 통상적인 '엔텔레케이아' 이해를 넘어서고 있다.

그렇다면 심지어 다음과 같이 생각할 수도 있는 것이 아닐까?
'꽃'은 춤추는 행위 그 자체다. 물론 우리는 '꽃'이 시들 수도
있다는 것을 잘 알고 있지만, 그것도 역시 '에네르게이아'라고
불러야만 한다. 그렇지 않으면 근대적 개념인 알레르기를 흉내
내어 다른 방식으로 활동하는 '알레르게이아'라고도 불러야 한다.
'에네르게이아로서의 인생'에는 노쇠도 포함되는 것이다.

흥미로운 것은 이 '꽃'이라는 사태가 그 자체로 하나의 세계인
동시에 역시 하나의 주름이라는 점이다. 만약 주름의 세부로 나누
어 들어가버리면 결코 전체를 꿰뚫어 볼 수 없다. '갓산에 너무
가까워서 갓산이 보이지 않는 골짜기에서 나는 자랐다'(같은 책,
12쪽)라고 하고 있듯이, 우리의 삶은 반드시 초월적인 시선을
갖추고 있는 것이 아니다. 전체로서의 세계라는 것을 한꺼번에
내다보는 것이 아닌 것이다.

여기서 『장자』의 나비의 꿈으로 돌아가자. 장주와 나비는 각각
이 '꽃'이다. 그리고 꿰뚫어 볼 수 없는 세계를 각각이 '가까운

곳'으로서 생성하고 있는 것이지 미리 전제된 전체로서의 세계 속에 있는 것이 아니다. 그 위에서의 '물화'인 것이다. 다른 것으로 변화한다는 것은 '가까운 곳'으로서의 세계 역시 변화한다는 것이다. 이 '물화'는 조금 전의 개념으로 말하자면, '알레르게이아'이다. 알레르게이아로서의 삶!

불교와의 연관

사실을 말하자면, 지금까지 언급된 『장자』의 두 기사(혼교와 나비의 꿈)는 육조 시대에 불교가 본격적으로 중국의 담론 공간으로 들어왔을 때(5세기의 쿠마라지바의 경전 번역이 그 중심) 불교도 측이 특별히 집어 들어 불교라는 새로운 상상력을 설명하는 연고로 삼은 것이었다. 그 상세한 사항에 대해서는 제2권 제6장에서 논의하게 되지만, 그 일단을 소개해두고자 한다.

조사문曹思文이라는 불교를 받드는 선비의 논의 중에 다음과 같은 것이 있다.

자고 있을 때 혼은 어울린다. 따라서 신神이 나비가 되어서 놀았던 것은 몸과 신이 나뉘었기 때문이다. 깨어나면 몸이 작용하기 때문에 문득 정신 차리고 보니 장주였던 것인데, 그것은 몸과 신이 합쳐진 것이다. 이렇게 신과 몸은 나뉘거나 합치거나 한다. 합치면 함께 일체를 이루고, 나뉘면 몸은 스러지고 신은 사라져간다. (『난범중 강조된 부분을 보면, 그것이 혼교와 나비의 꿈 기사로 이루어져 있다는 것을 알 수 있을 것이다. 그러면 조사문이 그것들을 어떻게 이용하였는가 하면, '몸形'과 '신'이 분리될 수 있다는 것의 논거로 삼았던 것이다. 이를 통해 불교도는 죽은 후에도 무언가 혼이 존재한다는 것, 그것이 윤회전생한다는 것을 증명하려고 했다.

다만 이것은 약간 뒤틀린 사용법으로 보인다. 왜냐하면『장자』의 논의는 혼의 분리된 존재라든가 심신의 문제로 혼과 몸의 관계를 논의한다든가 하는 것이 아니라 삶의 존재 방식과 그것을 둘러싸고서 성립하는 지평으로서의 세계가 변용한다는 것을 논의하는 것이기 때문이다. 윤회전생에서는 이 혼의 동일성이 담보되어야만 하지만,『장자』에서는 동일성이 아니라 어떤 혼의 교차와 변용을 묻고 있다. 좀 더 말하자면, 불교는 최종적으로는 윤회전생으로부터 해탈하는 것을 목표로 하고 있을 것이기 때문에, 본래라면 '몸'과 '신'의 이합에 머물러서는 안 될 것이다.

그와 같은 비틀림이 있다는 점을 바탕으로 하여 그럼에도 불구하고『장자』가 불교도에 의해 원용된 의의를 고려해보면, 역시 거기에는 다른 세계로의 통로와 사람이 변용하는 것에 대한 상상력이 갖추어져 있다는 점이 있을 것이다. 불교가 '성불', 즉 부처가 되는 것을 목표로 하고 정토를 포함한 여러 세계를 구상하는 것이라면, 중국에서는 불가피하게『장자』의 혼론이나 세계론과 관계하지 않을 수 없는 것이다.

여기서 또 하나, 불교도가 언급한 고대의 세계론과 혼론의 예를 살펴보자. 그것은 『맹자』 양혜왕 상의 기사에 놓여 있다, '왕은 기뻐하며 말한다. 『시경』에 "다른 사람에게는 마음이 있고 그것을 나는 헤아려 안다" 하였는데, 그것이 당신이 이야기하는 것이다'라는 부분이다. 이것은 『시경』의 구절(소아^{小雅} · 절남산^{節南山} · 교언^{巧言})을 근거로 한 것이다. 불교도인 소침^{蕭琛}은 그의 『난신멸론^{難神滅論}』에서 이렇게 말하고 있었다.

범진^{范縝}의 『신멸론』은 '심장이 사려의 근본이기 때문에 사려는 다른 부분에 머물 수 없다'라고 말하고 있다. 이 논증은 눈, 코, 귀, 입에 대해서라면 성립하겠지만, 타인의 마음에 대해서라면 성립하지 않는다. 왜냐하면 귀와 코는 이 몸을 함께 하고 있긴 하지만 서로 섞이지는 않기 때문이다. 작용을 맡는 곳이 같지 않고 기관의 작용이 다르기 때문이다. 그러나 다른 사람의 마음은 저쪽의 몸에 있음에도 불구하고 서로 교섭할 수 있다. 이것은 신의 원리가 어느 쪽이든 묘하고, 사려의 기능이 어느 것에서도 작용하고 있기 때문이다. 따라서 『서경』에서는 '너의 마음을 열어 내 마음에 깃들도록', 『시경』에서는 '다른 사람에게는 마음이 있고 그것을 나는 헤아려 안다'라고 말하고 있다. 제의 환공이 관중의 계략을 따르고, 한의 고조가 장량의 책략을 사용했지만, 어느 것이든 자신의 몸에 기초한 사려를 남의 부분에 간직한 결과이다.

어찌해서 '갑의 정情이 을의 몸에, 병의 성性이 정의 몸에 머물 수 없다'라고 말하는가? (『난신멸론』)

소침의 논의에 상세히 들어갈 수는 없지만, 여기서는 타자의 마음이 문제가 되고 있고, 그것과 어울리는 것은 '갑의 정이 을의 몸에, 병의 성이 정의 몸에 머무는' 것과 같은 사태라고 생각하고 있음을 확인해두고자 한다. 게다가 그때 타자는 인간으로만 한정될 필요가 없으며, 만들어진 장르를 넘어서 혼은 어울린다.

3. 유가의 세계론과 혼론

차마 하지 못하는 마음

그러면 이 『시경』을 인용하고 있는 『맹자』의 논의는 어떠한 것인가? 그것은 『맹자』의 중요한 개념인 '차마 하지 못하는 마음不忍之心'에 관계된 것이었다.

맹자 저는 호홀胡齕로부터 다음과 같은 일화를 들었습니다. 언젠가 왕께서 대전에 앉아 계실 때 소를 끌고서 대전 아래를 지나가는 자가 있었습니다. 왕께서 그것을 보시고 물었습니다. '소는 어디로 가는 것이냐?' 그 사람이 대답했습니다. '소를 죽여 종에 피를 바르려고 하는 것입니다.' 그러자 왕께서 말씀하셨습니다. '그 소를 놓아주어라. 소가 두려워 떨며 죄 없이 사지로 끌려가는 모습을 나는 차마 보지 못하겠다.' '그러면 종에 피를 바르는 의식을 그만둘까요?' '그것을 그만둘 수는 없다. 소 대신 양으로 바꾸어라.'

이러한 일이 정말로 있었습니까?

왕 있었다.

맹자 그러면, 그런 마음이 있다면 왕이 되기에 충분합니다. 사람들은 모두 왕이 소를 아까워했다고 생각하지만, 저는 왕의 차마 하지 못하는 마음을 알고 있습니다.

왕 정말이지 소를 아까워했다고 말하는 사람도 실제로 있을 것이다. 그러나 제나라가 비록 작다고는 하나 내가 어째서 소 한 마리를 아끼겠는가? 소가 두려워 떨며 죄도 없이 사지에 끌려가게는 차마 하지 못했기 때문에 양으로 바꾸었을 뿐이다.

맹자 사람들이 왕이 재물을 아까워했다고 생각하는 것을 이상하게 여기지 마십시오. 큰 소를 작은 양으로 바꾼 의미를 그들이 알 까닭이 없습니다. 왕이 죄 없이 사지로 끌려가는 것을 불쌍히 여기셨다면, 소와 양에 다름 따위는 없습니다.

왕 (왕은 웃으며 말한다.) 이것은 참으로 어떤 마음일까? 내가 소라는 재물을 아까워해서 양으로 바꾼 것은 아니지만, 사람들이 재물을 아까워했다고 말하는 것도 당연하구나.

맹자 마음 아파하지 마십시오. 그것이야말로 어진 생각입니다. 왕은 소를 보았지만, 양은 보지 못했기 때문입니다. 군자는 짐승에 대해 그 살아 있는 모습을 보면 죽음을 차마 보지 못하며, 그 소리를 들으면 고기를 차마 먹지 못합니다. 그래서 군자는 푸줏간을 멀리하는 것입니다.

왕 (왕은 기뻐하며 말한다.) 『시경』에 '다른 사람에게는 마음이 있고 그것을 나는 헤아려 안다' 하였는데, 그것이야말로 당신이 이야기하는 것이다. (『맹자』, 양혜왕 상)

『맹자』와 『장자』는 기원전 4세기에서 기원전 3세기에 걸쳐 성립한 것으로 상당히 시대적으로 중첩된 텍스트이지만, 안느 쳉Anne Cheng의 『중국 사상사』에 따르면 그 둘의 문제 계열은 대극적이고 맞수를 이룬다. 그렇지만 문제가 세계론과 혼론에 이르면, 어느 쪽이든 변용을 다루고 있어 흥미로운 중첩을 보여준다.

예를 들어 『맹자』의 '성선性善'을 들어보자. 거기서는 사람의 '성'이 물어지고 있지만, 주의해야 하는 것은 이 '성'을 본질이라기보다는 사람을 그렇게 성립시키는 '삶의 방식'으로서 이해해야 한다는 것이다. 그것은 일종의 혼론이다. 그리고 『맹자』는 '삶의 방식'이 그대로 선이라고 말하는 것이 아니다. 그러한 것이 아니라 '삶의 방식'에는 선에 대한 실마리가 포함되어 있고, 그 실마리를 '확충'함으로써 선을 실현할 수 있다고 말하는 것이다. 그리고 그 '확충'을 위해서는 무언가의 실천이 필요하다. 그러면 그것은 어떠한 실천인가? 그 하나의 예가 여기서 제시된 '차마 하지 못하는 마음'이었다.

이 '차마 하지 못하는 마음'은 나의 마음이 아니다. 그것은 타자로부터 촉발되어 생기는 마음이며, 처음부터 '혼교'라는 사태로부터 시작된다. 여기서 왕은 소라는 타자에 의해 갑자기 그리고 우연히 촉발되어 '차마 하지 못하는 마음'을 살려냈다. 그것은 이유나 근거가 없는 사태이기 때문에 왕은 그에 대해 당혹감을 감출 수 없다. '이것은 참으로 어떤 마음일까?' 왕은 소 대신 양으로 하라 말했지만, 이 세계의 경제적 견해에 따라서 인색하다고 평가받는다. 그러나 왕은 그러한 경제적인 절약을 하고 싶었던 것이 아니다. 그것은 이 세계가 갈라져 열리는 것에 관계되는 판단이었다. 이 세계와는 원리적으로 다른 세계가 엿보이는 순간에 부딪혔기 때문에 내린 판단이었던 것이다.

그 사태를 공유해준 것이 맹자였다. '다른 사람에게는 마음이 있고 그것을 나는 헤아려 안다'라는 『시경』의 말이 맹자를 통해 처음으로 분명해졌다. 그와 동시에 '차마 하지 못하는 마음'을 살려낸 것의 의미도 알려지게 되었다. 그것은 우리가 타자와 함께 마음, 즉 혼을 살아간다는 것이다. 우리에게 마음이 있다거나 타자에게 마음이 있다는 것은 고립된 단독의 현상이 아니다. 마음이라는 이를테면 동사적인 사태가 성립하기 위해서는 애초에 타자로부터의 촉발이 없으면 안 되지만, 일단 마음이 성립하고 자기 충족적인 세계가 전개되었다 하더라도, 거기에는 언제나 갈라져 열림이 있고, 타자의 마음에 도달할 수 있는 순간이 있는 것이다.

성을 변화시킨다

이러한 『맹자』의 논의와 위에서 이야기한 『장자』의 논의를 이어받아 좀 더 들어가 사유한 것이 『순자』이다. 그 요점은 '성性을 변화시킨다', 즉 '삶의 방식을 변화시킨다'라는 것에 놓여 있다.

> 그래서 성인은 성을 변화시키고 인위를 일으켰다. 인위를 일으키자 예의를 산출했다. 예의를 산출하자 법도를 제정했다. 이러하므로 예의와 법도는 성인이 만들어낸 것이다. (『순자』, 성악)

> 성에 반하고, 정情에 어긋남. (『순자』, 성악)

두 기사 모두 『순자』 성악性惡 편에 있다. 『맹자』의 '성선'과 마찬가지로 『순자』의 '성악'이라는 개념도 주의해서 이해해야만 한다. 『순자』의 주장은 인간의 '성'이라는 '삶의 방식'은 그대로 놓아두면 나쁜 상태에 빠진다는 것이다. 여기에는 인간의 '성'이 애초에 불충분한 것이라는 통찰이 놓여 있다. 여기서 『순자』는 '성'을 더 나은 것으로 변화시켜야 할 필요를 이야기한다. 이것은 유가가 말하는 '성'이 자연주의나 본질주의에서 이해되어서는 안 된다는 것을 말하는 것이기도 하다. 안느 쳉이 추측하듯이 이런 변화의 도입에는 『장자』의 '물화' 사상이 놓여 있었을 것이다.

그렇지만 『맹자』에서도 그의 '성선' 주장에 '성'이 선을 향해 변화할 수 있다는 것을 포함하고 있었기 때문에, 『순자』가 유가의 문제 계열을 떠났던 것은 아니다. 그것은 『장자』의 유가 비판을 이어받아 유가의 성론을 재구축한 것이라고 이해될 수 있을 것이다.

바로 그런 까닭에 『순자』는 『장자』를 '하늘에 갇혀 사람을 알지 못한다'(『순자』, 해폐解蔽)라고 비판하고, 모든 방향으로 열린 비윤리적인 변화인 '물화'를 받아들이지 않는 것이다. 『순자』는 어디까지나 유가로서 인간의 '삶의 방식'을 특정한 윤리적 방향으로 변화시키려 했다. 그런데 그것은 어떠한 방향인가?

사람의 성은 악하고 선은 인위다. 사람의 성은 태어나면서 이익을 좋아한다. 그에 따르면 다툼과 빼앗음이 생기고 사양이 사라진다. 또한 태어나면서 질투한다. 그에 따르면 다른 사람을 해치고 성실과 신의가 사라진다. 그리고 태어나면서 귀와 눈의 욕망이 있어 좋은 소리와 미색을 좋아한다. 이에 따르면 음탕하고 혼란스러운 것이 생기고 예의가 사라진다. 사람의 성에 따르고 사람의 정에 따르면 반드시 다툼과 빼앗음이 생기고 이치의 분별을 어지럽히며 사납게 해치는 데로 돌아간다. 그래서 스승의 법에 따른 교화와 예의의 길이 필요해진다. 그렇게 하여 사양이 생기고 문리에 합하며 다스림으로 돌아간다. 이것으로 보건대 사람의 성이 악하다는 것은 분명하며, 선은 인위에 있다. (『순자』, 성악)

『순자』가 지향하는 최종적인 방향은 '다스림'이다. 실로 유가다운 목적이다. 그러나 유가의 역사에서 『순자』는 위험하기 짝이 없는 철학이어서 공공연하게 읽는 것은 회피되어왔으며, 언급한다고 하더라도 비판적인 어조로만 다룰 수 있었다. 그것의 전기가 된 것은 당나라 때이다. 당 시기가 되어서야 『순자』에 대해 겨우 주석이 이루어졌다. 양량楊倞의 것이 그것이다. 그리고 한유韓愈가 유가의 계보를 공자로부터 맹자로 정하여 『순자』를 배제해 가고, 그 후 『순자』에 대한 비판적인 담론이 일반화해 간다. 그 가장 큰 이유는 '성악'의 주장이자 '성을 변화시킨다'라는 것으로까지 발을 들여놓은 것에 놓여 있다. 그것은 순수하고 완전한 '성'이라는 이상을 짓밟는 것으로 이해되었다. 다만 여기서는 또 하나의 이유를 강조하고 싶다. 요컨대 『순자』는 '다스림'을 향해 '성을 변화시키는' 방법으로서 '스승의 법에 따른 교화와 예의의 길'을 들었던 것이지만, 그 방법을 역사화한 것이야말로 문제였다. 무슨 이야기인가?

『장자』든 『맹자』든 그 세계론이나 혼론에서 역사성은 거의 보이지 않는다. 역사가 없는 논의라고 할 수 있을 것이다. 그러나 『순자』의 가장 큰 특징은 역사를 도입한 데에 있다. 그것은 과거와 현재 그리고 미래라는 서로 다른 존재 방식을 취하고 있는 세계를 어떻게 연결할 것인지를 생각하는 것이다. 지금 이 세계의 존재 방식은 역사적으로 구성된 것이 아닌가? 또한 지금 나의 존재 방식도 역사적으로 구성된 것이 아닌가? 이것이야말로 핵심적인 물음이다.

'후왕後王'이라는 개념은 『순자』가 발명한 것이다. 그것은 과거의 '선왕先王'을 되풀이하는 현재의 왕을 가리킨다. 이러한 되풀이에서 세계의 존재 방식을 규정하는 '법'이나 '예'와 같은 제도는 변경되면서 계속되고 있다. 변경될 수 없는 제도는 어디에도 없으며, 그 변경에 따라 세상의 존재 방식은 어떻게든 변화할 수 있다.

흥미로운 것은 『순자』의 논의에 이른바 오랑캐夷狄의 세계가 종종 등장한다는 점이다. 오랑캐라는 것은 중화라는 문명의 중심에서 본 주변의 민족과 사회를 가리키며, 문명이 아닌 야만으로서 표상되고 있었다. 『순자』는 그것들도 역시 다른 제도에 따라 특정한 세계를 형성하고 있다고 생각한다. 그리고 제도가 가변적인 이상 그 특정한 세계도 변화할 수 있으며, 다른 세계와도 소통할 수 있다고 생각한다. 이것은 『장자』와는 실로 대조적인 세계관이다. 『장자』가 하나의 세계 속에 깊이 서서 다른 세계를 쉽게 보지 못하도록 한 다음 세상의 변용을 구상한 데 반해, 『순자』는 복수의 세계를 인정한 데 기초하여, 그러나 그것들을 넘어선 초월적인 관점에 서는 것이 아니라 역사적인 관점에 서서 그 복수의 세계 사이의 관계를 고찰하고 있다.

이것이 혼론에 적용되는 경우 다음과 같이 된다. 그 사람의 '삶의 방식'은 '법'이나 '예'와 같은 제도를 몸에 익힘으로써 변화하는데, 그 제도 자체가 가변적인 이상, '다스림'이라는 최종 목표가 있다 하더라도 '삶의 방식'의 변화가 보여주는 구체적인 양상은 시대에 따라서나 상황에 따라서 크게 변화할 수 있다. 아마도 후세 유가에게 『순자』가 괴로운 것은 이러한 가변성일 것이다. '법'이나 '예'와 같은 제도가 가져오고 본받아야 할 규범이 구조적으로 흔들릴 수 있다는 것은 좀처럼 받아들이기 어렵다.

또한 그로부터 도출되는 결론, 즉 세계를 구성하는 제도는 인간이 역사적으로 만든다는 것도 성가신 것이다. 만약 옛 성인이 신의 창조처럼 일거에 제도를 창조했다면, 그 뒤의 사람들은 그것을 올바르게 되풀이하기만 하는 것으로 충분하다. 그러나 『순자』는 옛날의 한 번의 일을 역사화함으로써 탈구축해버렸다. 제도는 언제나 계속해서 만들어진다. 게다가 그것은 '성인'에게 의탁한다고 하더라도 인간들이 자기의 사회적 상상력을 통해 계속해서 만들어가는 것이다. 세상의 존재 방식과 혼의 존재 방식, 즉 '성'은 상호 간에 서로를 규정한다. 세계의 존재 방식이 변하면 인간의 '성'도 변하며, 그 반대이기도 한 것이다. 이러한 상호작용에 초월자는 필요하지 않다. 필요한 것은 계속해서 변화하는 불완전한 인간이다.

인식하기

지금까지 보아온 고대 중국의 세계론이나 혼론을 가능하게 한 것에 대해 마지막으로 생각해보고자 한다. 세계나 혼에 관해 묻는 것이 가능해지기 위해서는 반드시 타자라는 요소가 필요하다.

그로부터 비로소 자신과 그것을 둘러싼 세계의 지평이라는 문제가 나타나기 때문이다. 게다가 자신보다 타자가 좀 더 선행하여 나타난다. 그로 인해 여기서는 의미가 넘쳐흐르는 것이 아니라 의미의 갈라진 틈이 드러난다. 그 갈라진 틈에서 세계나 혼을 생각해야만 한다. 고대 중국에서 이러한 의미가 갈라지는 경험을 마주한 최초의 철학자는 공자일 것이다.

사마천司馬遷은 『사기史記』에서 공자를 '상갓집 개'라고 말했다. 그것은 살아갈 곳을 찾지 못하고 여기저기 떠도는 사람이다. 제자들과 함께 이 나라에서 저 나라로 유랑하는 공자는 타자를 만나고 타자로 여겨짐으로써 전적으로 새로운 세계와 혼의 존재 방식을 사유했다. 그러한 사유로부터 자아내진 새로운 개념이 '인仁'이다. '인'에 대해서는 여러 가지 정의가 있지만, 분명한 것은 제자들과의 대화에서 탐구되어야 할 개념이었다는 점이다. 요컨대 그것은 개념의 내용으로 보아 고립되어 있지 않았다.

> 번지樊遲가 인에 대해 여쭈었다. 공자가 말하였다. '인은 다른 사람을 사랑하는 것이다.' (『논어』, 안연顏淵)

> 자공子貢이 여쭈었다. '평생 계속해서 행할 만한 말이 무엇입니까?' 공자가 말하였다. '그것은 서恕(헤아림)다. 내가 원하지 않는 것은 남에게도 해서는 안 된다.' (『논어』, 위령공衛靈公)

이러한 대화가 알려주는 '인'은 실로 단순한 사태이다. '남에게 잘해서 인간적으로 된다.' 이것으로 끝이다. 이것으로 끝이지만, 그것이 가져다주는 새로운 세계와 혼의 존재 방식은 실로 강렬하다. 왜냐하면 타자와 함께함으로써만 나나 세계의 존재 방식이 인간적으로 되어가는 것이 생각될 수 있다고 말하고 있기 때문이다.

미리 규정된 나나 세계의 존재 방식 따위는 없다. 그것들은 '타자에게 잘하는 것'을 통해서만 만들어지고, 가까스로 '인간적으로 되어간다.' 제아무리 권력자일지라도 '인'을 실천하지 않으면 그 존재 방식은 인간적이 아니라 결국은 무의미한 데 지나지 않는다. 안느 쳉은 '인'에 대해 다음과 같이 말했다.

인仁이라는 글자는 '인人(사람, 이것은 仁과 같은 발음이다)과 '이二(둘)라는 두 부분으로 이루어진다. 이것은 사람이 다른 사람과의 관계 속에서 비로소 인간적으로 될 수 있다고 말하는 것이다. 이러한 문자의 형태가 열어 보이는 상관적인 영역에서 자기는 다른 사람으로부터 고립되어 내면으로 물러난 실체로서가 아니라 인격들이 서로 교류하는 결절점으로서 이해된다. 2세기의 위대한 주석가[정현鄭玄]는 인을 정의하여 '인간이 함께 사는 데서 생겨나는 서로에 대한 배려'라고 말한다.

인은 당장은 '인간으로서의 덕성'이라든가 '인간다움'으로 번역할 수 있지만, 그것은 다른 사람과의 관계의 그물망 속에서 인간을 곧바로 도덕적인 존재로서 만들어내는 것이다. 복잡하긴 하지만 조화로운 인간관계는 세계 그 자체와 비슷하다. 그런 까닭에 도덕적 사유는 개인과 개인 사이에 바람직한 관계를 수립할 수 있는 가장 좋은 방법을 논의하는 것이 아니다. 반대로 도덕적인 유대가 처음에 있고, 그것이 모든 인간 존재의 본성을 근거 짓고 구성하는 것이다. (안느 쳉, 『중국 사상사』, 47~48쪽)

'안'을 통해 공자는 그 이전의 사회가 전제하고 있던 의미 체계를 전도시키고, 새로운 세계와 사람 그리고 혼에 대한 태도를 발명해 냈다. 그것은 '도덕적인 유대가 처음에 있고, 그것이 모든 인간 존재의 본성, 즉 삶의 방식을 근거 짓고 구성한다'라고 생각하는 태도이다.

그 후 위에서 이야기했듯이 고대 중국에서는 인간의 삶의 방식에 대해 다양한 논의가 이루어지지만, 그 출발점에는 타자의 등장이 있었다. 오늘날의 사회에서도 우리는 여전히 개인으로부터 출발하여 그 관계성을 생각하고, 그에 기초하여 세계를 구상하는 경향에 얽매여 있는데, 고대 중국의 사유는 그것을 다시 한번 뒤흔들고 혼과 세계에 대한 다른 상상력을 제시해 주고 있다.

☞ 좀 더 자세히 알기 위한 참고 문헌

— 안느 쳉Anne Cheng, 『중국 사상사中国思想史』, 시노 요시노부志野好伸·나카지
마 다카히로中島隆博·히로세 레이코廣瀬玲子 옮김, 知泉書館, 2010년. 단독
저자에 의한 중국 사상의 통사로서는 달리 유례가 없다. 중국에서의
철학의 전개에 대해 개관하기 위해서는 그야말로 알맞은 책이다. 많은
원전을 정확히 읽어내고 있으며, 한문 훈독에 의한 이해와는 다른 풍광이
전개된다.

— 나카지마 다카히로中島隆博, 『장자 — 닭이 되어 때를 알려라莊子 — 鷄と
なって時を告げよ』, 岩波書店, 2009년. 『장자』를 '물화'라는 관점에서 다시
읽은 것. 세계론과 혼론뿐만 아니라 현대의 언어론이나 윤리학과의
대결에 관해서도 참고할 수 있다.

— 야마우치 시로山内志朗, 『유도노산의 철학 — 수험과 꽃과 존재와湯殿山の哲
学 — 修験と花と存在と』, ぷねうま舎, 2017. 유럽 중세의 스콜라 철학을
관통해 나와 수험도의 철학에 도달한 책. 아리스토텔레스와 스콜라
철학에서 세계와 혼을 파악하는 방식인 '에네르게이아'와 '이것임'을
일본의 '꽃'이라는 개념에 비추어본 독해는 너무도 훌륭하다.

— 다케다 다이준武田泰淳, 『사마천 — 사기의 세계司馬遷 — 史記の世界』, 講談社
文芸文庫, 1997년. 세계의 복수성에 흔들리면서 '인간 천문학'으로서의
역사를 『사기』에서 찾아낸 책. '까닭도 없이 스스로 무너져버리는'
세계의 모습을 찾아낸 데 기초하여 '상갓집 개'로서의 공자가 열어
보인 새로운 인간의 존재 방식을 논의한다.

제5장

고대 인도에서 세계와 혼

아카마쓰 아키히코赤松明彦

1. 세계철학사 속의 인도 철학

철학과 산스크리트어 그리고 인도 철학

지금부터 100년쯤 전에 독일 킬대학의 철학 교수였던 파울 도이센Paul Jakob Deussen(1845~1919)은 인도 철학 연구에서도 많은 선구적인 작업을 남겼다. 그는 『일반 철학사』 2권 6책(전 7분책, 1894~1917년)을 저술했는데, 그 제1권의 세 책에서 '인도인의 철학'을 다룬다(제3책의 마지막 부분에서 보충으로서 '중국인과 일본인의 철학'에 대해 조금 언급한다).

'세계'라는 시야에서 '철학'을 다시 묻는 것이 지금 이 책 『세계철학사』의 시도이고, '세계철학사' 속에 고대 인도의 '철학'을 자리매감하려고 하는 것이 이 장의 목적이므로 여기서는 우선 그 선구자인 도이센의 구상을 간단히 살펴보는 것에서 시작하고자 한다.

이제는 도이센의 이름을 아는 사람이 그리 많지 않을 것이다. 그러나 메이지의 일본에서는 잘 알려진 이름이었다. 나쓰메 소세키 夏目漱石의 『나는 고양이로소이다』에 등장하는 동양학자 야기 도쿠센八木獨仙의 이름이 도이센에서 유래한 것이 아닐까(스기타 히로코 杉田弘子, 『소세키의 『고양이』와 니체漱石の『猫』とニーチェ』, 白水社, 2010년)라고 말해지기도 한다.

그 도이센의 자서전에 따르면, 마치 두 사람의 연인 사이를 왔다 갔다 하듯이 철학과 산스크리트어 사이에서 흔들리고 있던 그에게 그야말로 갑자기 영감이 내려오기나 한 것처럼 다음과 같은 생각이 떠올랐다고 한다. 1873년 11월 14일, 도이센 28세, 제네바에서 철학과 산스크리트어의 사강사가 되어 대학교수로서의 경력을 시작했을 때의 일이다.

'나는 산스크리트어에 대해 대단한 기쁨을 확실히 느끼고 있다. 그러나 또한 결코 철학을 그만둘 수도 없다. 그렇다면 어째서 산스크리트어와 철학의 양쪽 선이 교차하는 그곳에 내 평생의 집을 지어서는 안 되는 것일까?'(『나의 인생わが人生』, 165쪽)

그리고 계속해서 말한다. '자신의 창작력을 인도 철학 연구에 바쳐서는 안 된다는 따위의 것이 도대체 있을까?'(같은 곳) 요컨대 산스크리트어 연구와 철학 양쪽이 서로 교차하는 곳에 그가 지은 평생의 집이란 인도 철학 연구였다.

18세기 말, 유럽에서는 낭만주의의 조류 속에서 일거에 산스크리트어 연구가 꽃을 피웠다. 19세기 중반에 이르러서는 베다와 우파니샤드의 번역이 이루어지고, 산스크리트어 텍스트의 출판도 수많이 이루어져 성과가 차례차례 만들어지고 있었다. 그러나 '인도 철학'에 관해 말하자면, 그것에 대한 지적 관심은 다분히 오리엔탈리즘의 색채를 띤 것이었다. 헤겔(1770~1831)의 인도에 대한 시선도 그러한 비난을 면할 수 없을 것이다.

그러나 도이센은 그다음 세대에 속한다. 1864년, 본대학에 입학한 후, 철학과 신학 그리고 문헌학을 전공하고 동시에 산스크리트어를 배우기 시작한다. 그는 『일반 철학사』 서론(제1권 제1책, 36쪽)에서 인도적인 세계 인식 방법에 이점이 있다면, 그것은 자신들 서양인이 자기의 종교와 철학 전반에 의해 견고하고도 일방적인 편견 속에 갇혀 있다는 것을 그것이 깨닫게 해주는 것이라고 쓰고 있다. 그리고 냉정하게 다음과 같이 말한다.

'헤겔이 모든 사물을 파악하기 위해 유일하게 가능하고 이성적인 방법으로 만들어낸 것과는 전혀 다른 방법이 있을 수 있다는 것을 그것은 깨닫게 해준다.'

도이센은 헤겔의 사물에 대한 견해를 비판할 정도로 자신의 시선에 대해 의식적이었다. 그래서 여기서는 그가 그 『일반 철학사』에서 인도 철학을 어떻게 자리매김하고 있었는지를 먼저 살펴보고자 한다.

『일반 철학사』에서의 인도 철학

인도 철학에 관계하는 『일반 철학사』 제1권의 각 책의 구성을 개략적으로 제시하자면 다음과 같다[원저에서는 큰 표제에 해당하는 장 명칭에는 번호가 붙어 있지 않지만, 이하에서는 편의상 붙여 놓았다. 물론 장의 제목은 원문 그대로다].

제1책. 「우파니샤드에 이르기까지의 베다 철학」(모두 333쪽)

  인도 철학의 제1기

    제1장. 찬가의 시대(『리그베다』)

  인도 철학의 제2기(전반)

    제1장. 브라흐마나의 시대

제2책. 「우파니샤드의 철학들」(모두 368쪽)

  인도 철학의 제2기(후반) 브라흐마나 시대의 발전과 종언

    제1장. 우파니샤드의 철학들

    제2장. 우파니샤드의 체계 I — 신학 또는 브라흐만에 대한
         교설

    제3장. 우파니샤드의 체계 II — 우주론 또는 세계에 대한
         교설

    제4장. 우파니샤드의 체계 III — 심리론 또는 혼에 대한
         교설

    제5장. 우파니샤드의 체계 IV — 구제론 또는 혼의 윤회와

해탈의 교설 및 해탈에 이르는 길(실천철학)

도이센은 여기서 인도 철학의 시기를 제1기 베다의 시대, 제2기 브라흐마나와 우파니샤드의 시대, 제3기 베다 이후의 시대라는 세 시기로 구분한다.

인도의 역사를 베다 시기와 베다 이후의 시기로 구분하는 것과 그 경계를 기원전 500년경에 두는 것은 오늘날에도 타당한 견해이다. 인도 문명은 기원전 500년경에 두 번째의 대변혁기를 맞았다고 생각된다. 첫 번째는 기원전 1500년경에 이미 쇠퇴하고 있던 인더스 문명이 새롭게 서북부 인도에 침입해 온 아리아인에 의해 멸망으로 향해 간 시기이다. 그 후 아리아인은 인더스강 상류로부터 서서히 갠지스강 유역을 동쪽으로 이동하여 정착해 갔는데, 그들이 보유한 성전이 베다였다.

베다라고 불리는 일군의 성전은 『리그베다』 등의 주요 부분과 부속 문헌으로서의 브라흐마나, 아라니야카 그리고 우파니샤드로 이루어져 있다. 『리그베다』는 오로지 신들에 대한 찬가의 집성인데, 그 말기에 성립한 제10권에는 '철학적'이라고 해도 좋을 것 같은 사유가 보인다. 도이센은 그것을 '인도 철학의 제1기'라고 했다.

다음의 브라흐마나 시대에는 베다 제식의 세계관을 토대로 한 독특한 사유 방법의 전개가 보인다. 그리고 그 사유 방법이 '범아일여梵我一如'라는 최고 원리를 둘러싼 철학으로서 말해진 것이 우파니샤드이다. 가장 오래된 우파니샤드인 『브리하드 아라니야카 우파니샤드』나 『찬드기야 우파니샤드』가 산출된 것이 기원전 700년경에서 기원전 500년경이었다. 이것이 '인도 철학의 제2기'이다.

베다 이후 인도 철학의 전개

기원전 500년경에 인도는 대변혁기를 맞이한다. 도시가 성립하고 화폐경제가 발달하자 왕권이 신장함과 동시에 부를 축적한 부유층의 힘이 세진다. 그것은 베다 제식의 집행권을 독점하여 종교적 권위를 보유하고 있던 브라만(제관) 계급의 지위를 상대적으로 약하게 만들고, 베다의 세력권 바깥에서 새로운 사상가와 종교인이 생겨나는 것을 허용하게 되었다. 이리하여 나타난 것이 불교의 개조 가우타마 붓다와 자이나교의 개조 마하비라이다. 이 시기는 또한 오늘날에 이르기까지 인도 종교의 주요 부분을 차지하고 있는 힌두교가 성립하는 시기이기도 했다. 거기서 공통으로 보이는 것이 '윤회'(삶의 순환)와 '업'(인과응보)의 관념이자 인생의 최고 목표로서 바라는 '해탈'(윤회의 괴로움으로부터의 해방)이라는 이념이었다.

도이센은 이 시기를 '인도 철학의 제3기'로 삼았다. 그는 거기서 '서사시 시대의 철학'과 '불교'와 '철학의 체계들'을 다루고 있다. 우파니샤드 이후의 인도 철학의 전개로서 '서사시 시대의 철학'에 하나의 장을 만들어 논의한 것은 도이센의 혜안이라고 말할 수 있다.

'서사시', 즉 『마하바라타』는 전 18권 10만의 시구로 이루어진 세계에서 가장 긴 문학 작품이라고 일컬어진다. 거기서는 바라타족의 분쟁을 주제로 이야기하며, 그것에 수많은 삽화가 더해져 있다. 텍스트는 음유시인에 의한 구두 전승으로 많은 세월을 거쳐 만들어진 결과, 각 권 각 장 각 절마다 그것들이 성립한 시대 층이 복잡하게 겹쳐 쌓여 있다. 오래된 층은 기원전 4세기경에 성립한 것으로 보이지만, 전체 형태가 현재와 같이 된 것은 기원후 4세기경으로 생각된다.

도이센은 『일반 철학사』 제1권 제3책의 출간에 앞서 이 『마하바라타』에서 네 개의 부분을 선택하여 독일어로 번역하고, 『마하바라타의 철학적 텍스트』(1906년)라는 제목으로 출판했다. 그 가운데서도 『마하바라타』의 제12권에 포함된 '모크샤 다르마' 장에서는 곳곳에 나중에 인도 철학의 학설들로서 전개되는 다양한 사상이 각종의 대화와 논쟁 형태로 맹아적으로 전개되고 있다. 도이센은 거기서 인도 철학의 이행기의 모습을 발견했다.

이어서 '인도 철학의 제3기'에 포함되는 것으로서 인도 철학의 체계들에 대해서도 말하고 있다. 주요한 철학파 이외의 학설들에 대해서는 인도에서 14세기에 만들어진 강요서를 번역하는 형태로 소개하는 한편, 이른바 '6파 철학'에 대해서는 각 학파의 근본 교전(경)에 기초하여 논술하고 있다. 여기서 말하는 '6파'란 바이셰시카(요소 분석), 니아야(논리), 미망사(추론), 상키야(매거), 요가(정신 집중), 샹카라의 베단타 학설의 여섯 가지다(여기서 6파의 순서는 도이센의 서술 순서에 따른다).

이들 6파는 모두 많든 적든 베다의 권위를 인정한다는 점에서 '정통파 철학'으로 여겨지고 있으며, 보통 '인도 철학'이라고 하면 오로지 이 '6파 철학'에 대해 그 사상사를 논술하는 것이 일반적이다. 그러나 이들 전체를 '인도 철학의 제3기'로서 하나로 묶어 다루는 것은 오늘날의 눈으로 보면 상당히 무리가 있다고 말할 수밖에 없다. 도이센의 시대 구분은 그러한 의미에서 자료적으로는 아직 불충분한 시대의 제약을 받은 산물이었다.

그런데 도이센의 장 구성 방식을 다시 한번 검토해보면, 우파니샤드의 체계 II와 III의 장에서 '세계'와 '혼'이 나오는 것을 알 수 있다. 요컨대 고대 인도 철학의 특질을 우파니샤드에서의 '세계'와 '혼'을 열쇠 말로 하여 여기서 논의하는 것은 주제를 다루는 타당한 입론 방식이라고 할 수 있는 것이다. 그래서 다음 절에서는 이 주제를 가능한 한 원전에 따라서 논의하고자 한다.

2. 세계와 혼에 대하여

인도적 철학의 기법

앞 절의 끝에서 '원전에 따라서'라고 말한 것에는 이유가 있다. 고대 인도의 철학에 대해 단지 개론적으로 서술할 뿐이라면, 그 내용은 표면적으로는 아마도 고대 그리스 철학과 그다지 다른 것이 아니라고 생각되기 때문이다. 원전을 제시하고 거기서의 사유 방법과 논의 방식을 살펴봐야만 아마도 인도적인 '철학'의 참된 모습을 이해할 수 있을 것이다. 그러한 점을 알아볼 수 있도록 이하에서는 한정된 지면 안에서이기는 하지만 비교적 길게 문장을 인용하여 그 특징을 살펴보고자 한다.

인도의 '철학서'('다르샤나' 또는 '샤스트라')라고 불리는 것의 가장 큰 특징은 그 철학의 기법에 있다. 기본적으로 그것은 대화의 형태로 전개된다. 저자는 우선 주제에 대한 자기의 생각을 제출한다. 다음으로 그에 대한 반론이 제출된다. 반론은 실제로 다른 논자에 의해 제기된 것일 수도 있고 저자가 상정한 반론일 수도 있지만, 어쨌든 주장에 대한 반론이 제기되는 것이다. 주장과 반론이 되풀이되고, 때로는 주장과 반론이 뒤바뀐다든지 도중에 다른 논자가 가세하기도 하여 논의가 전개되어간다. 잠정적인 결론이 나오고, 그것도 비판되고 응답이 이어지며, 마지막으로 '정설'이라 불리는 결론이 확정된다.

이러한 논의 방법은 베다 이후의 말에 의한 수수께끼 싸움이나 신학 문답의 전통을 이어받은 것인데, 오랜 세월 동안 형식이 갖추어지고 나중에는 논리학이 산출되기도 한다. 인도의 '철학서' 대부분은 그러한 대화체나 논쟁 형식으로 전개되며, 한 사람의 사상가가 어떤 주제에 대해 자신의 논리적인 사유 과정을 자세히 서술하는 텍스트는 거의 없다. 이것이 인도의 철학서 기법의 가장 큰 특징이라고 할 수 있을 것이다.

그리고 또 하나의 특징으로 들 수 있는 것은 그러한 대화나 논쟁을 산출하는 다양한 세계관이 인도에서는 고대로부터 존재하고 있었고, 나아가 그것들의 공존을 허용하고 있었다는 점이다. 기원전 500년경이 고대 인도의 변혁기였음은 이미 말했지만, 그 무렵의 사상 상황은 고대 그리스의 소피스트나 고대 중국의 제자백가 시대에도 필적하는 백가쟁명의 상황이었다. 초기 불전에는 당시 사상가들의 활동이 '육사외도六師外道'(6명의 이단적이고 비─불교적인 생각을 이야기하는 자들)의 모습으로서 생생하게 그려져 있다.

서사시 『마하바라타』에서 언급되는 다양한 대화와 논쟁도 마찬가지이다. 고대 인도인은 다양한 생각을 서로 부딪치게 하고 논리적 사유의 합리성을 서로 겨루게 함으로써 진리에 접근하려고 했다. 물론 그 논의에는 각각의 학파의 전통적인 사고방식(도그마)에 얽매인 것도 있었다. 그러나 그들은 그 도그마를 다양하게 부딪치게 하고 합리적 논리의 형식적 틀을 공유하면서 논의할 수 있을 정도로는 자유로웠다. 때때로 '인도적 관용'이라고 불리는 이러한 자세도 역시 고대 인도의 철학 기법이 지닌 특징이라고 할 수 있을 것이다.

'혼'(아트만)이란 무엇인가?

그러면 우선은 '혼'이 인도 철학에서 어떻게 포착되었는지 살펴보도록 하자. 우파니샤드의 중심 사상이 '범아일여梵我一如'라는 것은 누구나 인정하는 점이다. '범'(브라흐만) 즉 우주의 최고 원리와 '아'(아트만) 즉 개인(개체)의 원리는 본질적으로 동일하다는 사상이다. '아트만'을 이렇게 '아'라고 옮기는 것은 불교 경전이 한역漢譯되기 시작했을 무렵(3세기)부터의 전통이다. 근래에는 '아'를 대신하여 '자기'라든가 '자아'로 옮기고 있지만, 그 내용은 기본적으로 다르지 않다.

다른 한편, '아트만'을 '혼'으로 번역하는 것은 일본의 인도 철학 연구서나 논문에서는 거의 볼 수 없는 일이다. 유럽과 미국에서는 '혼soul, Seele, âme'을 '아트만'의 번역어로 삼는 것이 보통 보이는 일이며, '혼'으로 할 것인지 '자기, 자아Self, Selbst, Soi'로 할 것인지는 각각의 역자가 이해하는 '아트만'이라는 말의 문맥상 의미에

마우리야 왕조 시대의 인도(기원전 3세기경)

달려 있다. 다만 '혼'과 '자기'와 '아트만'이 개념으로서 동일하다는
것은 아니다. 이하에서 보듯이 '아트만'에는 '혼'의 측면과 '자기'의
측면이 있으며, 이 두 가지 개념이 중첩되는 때도 있으리라는
것이다.

그야 어쨌든 이 장에서는 주제인 '혼'에 대응하는 것으로서
산스크리트어의 '아트만'을 우선 상정한 데 기초하여 논의를 진행

하려고 한다. 따라서 이하에서는 오로지 '아트만'이라는 말만을 사용하지만, 독자에게는 그것을 '혼'으로 치환해보고 거기서 두 개념이 겹치는 점과 어긋나는 점을 확인하면서 읽어주기를 부탁하고자 한다.

'아트만이란 무엇인가'라는 물음은 우파니샤드에서 되풀이하여 묻는 물음이다. 기원전 6세기 이전에 성립했다고 생각되는 최초 시기의 대표적인 우파니샤드인 『브리하드 아라니야카 우파니샤드』에서는 비데하국의 왕 자나카에게 '아트만이란 어떤 것인가'라는 질문을 받은 철학자 야즈냐발키야가 다음과 같이 대답한다.

'인식으로 이루어지고, 여러 기능 가운데, [또한] 심장에 존재하는 내부의 빛인 이 신인神人(푸루샤)입니다. 그는 [이 세계에도, 저쪽 브라흐만의 세계에도] 공통이기 때문에 두 세계를 왕래합니다. (…) 실로 이 신인은 [이 세상에] 태어나 신체를 얻으면 여러 가지 죄와 결부되고, 그가 [신체로부터] 나가서 [이 세상의 삶으로부터] 결별할 때 죄를 버리는 것입니다.' (「자기(아트만)의 탐구自己(アートマン)の探求」 제4장 제3절 7, 『세계의 명저 I 브라만교전 원시불전世界の名著I バラモン教典原始仏典』 수록, 핫토리 마사아키服部正明 옮김)

마찬가지로 『찬드기야 우파니샤드』의 제8장에는 신들의 대표

인드라와 악마들의 대표 바이로차나가 참된 아트만을 알기 위해 조물주 프라자파티를 찾아가 수행한다는 이야기도 있다. 거기서는 백 년간의 수행을 마친 인드라만이 '죽어야 할 신체는 신체를 갖지 않는 불사의 아트만의 기반이다. 완전한 아트만은 불완전한 신체를 버리고 브라흐만의 세계를 획득한다'라는 가르침을 받는다.

'혼'(아트만)의 존재 논증

우파니샤드에서는 이처럼 신화적인 색채를 남기면서도 아트만이 개인 존재의 원리로서 인식에 관계되는 주체이며, 이 세상에서는 신체를 기반으로 하면서도 불사성不死性을 지니는 실체라고 생각되고 있었음을 알 수 있을 것이다. '아트만이란 무엇인가'라고 묻는 것은 그들에게 있어서는 그 존재를 의심하기 위한 것이 아니라 영원한 원리, 불사의 실체로서의 아트만에 대해 참으로 알고 싶고, 우주의 최고 원리인 브라흐만과의 일체화를 스스로 직접 체험하고 싶다는 소망을 나타내는 것이었음이 틀림없다.

그러나 기원전 500년경에 붓다가 나타나 '무아無我'를 강력히 주장했다. 즉, 아트만의 존재를 부정하는 주장이다. 아트만을 부정적으로 파악하는 관념이 왜 생겨났는지는 다음 절에서 간단히 언급하려고 하지만, 어쨌든 불교가 주장한 '무아설'은 강력했다. 베다의 권위가 실추되고 영원·불멸한 실체의 존재 따위는 이미

민을 수 없다는 시대 풍조도 영향을 미쳤을지 모른다. 그런 가운데 정통파 철학자들은 신화에 의한 것이 아니라 논리에 의해 아트만의 존재를 논증하려고 했다.

'아트만의 존재 논증'은 논리학을 거점으로 하여 철학적 논의를 한 니야야학파에서 전통적으로 시도되었다. 학파의 근본 교전인 『니야야 수트라』의 성립은 기원후 3세기~4세기경으로 생각된다. 그 후 1,000년 이상이나 그 전통은 계속되었다. 신화적인 색채를 벗어난 논증의 초기 형태는 다음과 같은 것이었다.

『니야야 수트라』는 전체가 5편으로 구성된다. 그 제1편에서는 이런저런 항목에 대해 짧은 문구에 의한 정의적인 설명(정리)이 주어진다. 거기서 아트만은 존재의 범주들 가운데 하나이다. 그리고 그 주석에서 아트만은 '모든 것을 인식하는 주체, 모든 사항을 경험하는 주체, [즉] 모두를 아는 자, 모든 것의 경험자다'라고 설명되어 있다. 이어지는 정리가 아트만의 존재 논증에 관계된다.

> 욕구·혐오·의지적 노력·쾌감·불쾌감·지식은 아트만의 [존재
> 를 나타내는] 징표이다. (정리 10) (「논증학 입문論証学入門」,『세계의
> 명저 1 브라만교전 원시 불전』 수록, 핫토리 마사아키 옮김)

'징표'란 그것을 이유로 하여 그 자체의 존재를 논리적으로 입증하기 위한 특징적인 표지이다. 요컨대 '사람에게는 욕구가 있다. 따라서 아트만은 존재한다'라고 말하는 것이다. 아무도 아트

만을 본 적이 없다. 아트만의 존재는 눈에 의해서는 인식되지 않는다. 요컨대 직접적인 지각에 의해서는 인식되지 않는다. 존재한다면 지각되겠지만, 아트만은 지각되지 않기 때문에 존재하지 않는 것이 된다. 그러나 성전에서는 되풀이해서 '아트만'을 말하고 있다. 성전에 의해서밖에 그 존재는 알 수 없는 것인가? 그래서 그들은 '욕구'라는 내적인 경험을 근거로 하면 논리적으로 그 존재를 입증할 수 있다고 생각한 것이다.

주석이 '욕구'라는 것을 더욱 상세하게 고찰하고 있는 까닭에, 그 주석을 근거로 하여 설명해보자. 눈앞에 맛있어 보이는 사과가 있다. 이 대상(사과)에 대해 지금 '먹고 싶다는 욕구'가 있다는 것은 과거의 대상(이전에 먹은 사과)에 대한 경험(맛있었다)을 바탕으로 지금 있는 대상(눈앞의 사과)에 대해 그것을 탐내는 '욕구'가 있다는 것이다. 또는 과거의 경험을 기억하여 이제 그것을 떠올리고 있다는 것이다. 거기에는 과거의 경험과 현재의 욕구를 연결하는 동일한 주체가 존재하고 있음이 분명하다.

요컨대 여기서 논증되고 있는 것은 사람이 하나의 동일한 인간으로서 살아가기 위해서는 시간적인 변화 속에서도 변화하지 않는 자기 동일성의 기체基體가 거기에 존재해야만 한다는 것이며, 그것이 '아트만'이라는 것이다. 덧붙이자면, '자기 동일성', 요컨대 '그것과 동일함'을 의미하는 산스크리트어의 말은 '타드아트미야'이다. 이 추상 명사는 '탓드 아트만', 즉 '그것을 아트만으로 하는'이라는 형용사에서 파생된 말이다.

이상과 같이 살펴봄으로써 우리는 아트만에 영원불멸의 실체로서의 '혼'이라는 측면과 자기 동일성을 유지하는 주체로서의 '자기'라는 측면의 두 측면이 있다는 것을 확인할 수 있었다. 전자에 대해서는 우파니샤드를 참조하고, 후자에 대해서는 니야야의 논증을 참조했지만, 우파니샤드로부터 니야야의 학설까지는 천 년에 가까운 차이가 있다. 그 사이에 아트만에 관해서는 실로 다양한 사유가 전개되었다. 그 점을 확인하기 위해 다음에서는 도이센에 의해 '과도기의 철학'으로 자리매김 했던 서사시의 철학에서 어떻게 아트만이 이야기되고 있는지 살펴보도록 하자.

3. 서사시에서 '혼에 대하여'

윤회의 주체로서의 '혼'과 그 육화

서사시는 기본적으로 윤리적·교육적인 목적을 지닌 이야기 문학 작품이며, 공공의 장에서 음유시인(설교사라고 해도 좋다)이 노래한 것이다. 그들은 세계(공동체) 내부에서 개개의 인간이 실천해야 할 생활의 규범이나 목적을 다양하게 말하지만, 그러한 설들은 그들이 가는 곳곳에서 들은 당시 유포되어 있던 다종다양한 교설이었을 것이다.

그와 같은 서사시의 대표적 작품인 『마하바라타』의 제12권에 있는 '모크샤 다르마' 장에는 '아트만에 대하여'(아디아트마)를 주제로 하는 장이 여럿 포함되어 있다. 이 장들은 그 성립 시기가 다른 장보다 늦고 가장 새로운 층에 속하는 텍스트라고 생각된다. 철학적이라고 할 수 있는 논의와 대화를 특히 많이 포함하는데, 우주론적이고 생성론적인 언어 사용이 특징이다. 예를 들어 이 세상에서의 죽음에서 신체를 벗어난 아트만이 어떻게 해서 새로운 신체로 들어가 다시 세계와 관계를 맺는가 하는 그 과정이 다음과 같이 말해진다.

아트만은 [사람의 죽음에 즈음하여] 신체를 방기하고, 보이는 일 없이 다른 신체로 들어간다. 그는 신체를 [5]대 원소(허공, 바람, 불, 물, 흙)로 해체한 후, 그다음에 다시 그것(5대 원소)을 기반으로 한 [다른] 신체를 유지하는 것이다. 그는 신체를 가지는 것(샤리린) 으로서 허공, 바람, 불, 물, 흙[의 5대 원소]을 직접적으로 점유하고 있다. 청각 기관(귀) 등의 다섯 가지[의 감관, 즉 귀·피부·눈·혀· 코]는 그것들[5대 원소]의 특질 [즉, 소리·촉·색·맛·향]을 대상으 로 한다. [그것들 오관은] 각각의 대상[인 특질]에 작용할 때 각각을 만들어낸다. (…) 다섯 가지[특질]는 5대 원소(허공, 바람, 불, 물, 흙)에 의존한다. 다른 한편 감관의 대상[인 다섯 가지 특질]은 [다섯 가지] 감관에 의존한다. 이들 모두는 마음(마나스)에서 생겨 난다. 마음은 이성(붓디)에서 생겨난다. 이성은 [신체를 가지는 것(개별적인 아(個我)의] 본성으로부터 생겨난다. 거기(본성)에는 [전생에] 행한 선악의 행위 결과(카르만)가 [잠세력으로서 저장되어] 있다. 다름 아닌 그 행위의 결과를 [그 본성으로부터] 자기 자신의 [새로운] 신체 안으로 데려오는 것이다. 선악의 행위 결과도 모두 마음에서 생겨난다. 그것은 마치 물고기가 [생존에] 적합한 강의 흐름에서 태어나는 것과 같다.

[부동·불변의 최고 존재가] 마치 움직이는 것으로서 시계에 들어온다. 또한 미세한 것이 큰 것처럼 나타난다. 또한 겉모습을 마치 그것 자신의 모습으로서 보여준다. 그렇게 해서 최고 존재(파라)는 이성의 인식 범위 안으로 들어오는 것이다. (『마하바라타』, 제12권 195, 18~23)

본문 앞단에서는 '아트만'이라는 말 대신에 '샤리린'이라는 말이 사용되고 있다. '샤리라(신체)를 가지는 것'이라는 의미이다. '신체'라 하더라도 보이지 않는 미세한 신체이지만, 그것은 '육화한 혼'으로서 사물로서의 거칠고 큰 신체와의 대비적 관계를 명확히 나타내고 있으며, '개별적인 아로서의 혼'의 특질을 분명히 나타내는 말이라고 할 수 있다. 다른 한편 뒤 단락에서는 이 '샤리린'과 대비적으로 '최고 존재'(파라)가 말해지고 있다. 이것은 최고 원리로서의 아트만, 요컨대 몸을 떠난 아트만을 가리킨다. 따라서 본성적으로 부동 불변·미세한 혼(아트만)이 신체를 갖고서 물질계로 들어옴으로써 움직이고 거칠고 큰 겉모습을 취하여 세계에 나타난다는 것을 이 본문 전체에서 말하려고 하는 것이다.

그러나 또한 이 본문은 윤회 속의 자기 동일성을 설명하는 것으로서도 읽혀야만 한다. 혼(아트만)은 다시 태어나 새로운 신체를 얻는다고 하더라도, 윤회하는 한에서 그 주체로서 전생에서의 주체와 동일한 것으로서 세계와 관계를 지녀야만 하며, 그렇지 않으면 인과응보의 이법이 무의미해지고 도덕률이 무너져버린다. 이 세상에서의 행위자와 그 행위의 결과를 다른 세상에서 받아들이는 향유자는 동일해야만 한다. '본성에 있는 행위의 결과를 새로운 신체 안으로 데려온다'라는 것은 그러한 것이다. 서사시의 철학은 이처럼 도덕과 종교가 뒤섞인 것으로 언어 사용도 모호하고 용어가 일정하지 않은 점도 있지만, 어쨌든 '자기 동일성' 문제를 해결하고자 하는 의도를 지닌 것이기도 했다.

인식의 주체로서의 '혼'

앞의 번역된 인용문에서 '……에서 생겨난다'라고 하는 것은 원문을 글자 뜻 그대로 옮기면 '……의 뒤를 따라온다'이다. 아트만이 서서히 거칠고 커다란 형태를 취하면서 나타나는 과정에서 아트만의 뒤에서 이성이, 이성의 뒤에서 마음이, 마음의 뒤에서 오관이 생겨나 현상계로 내려오는 이미지이다. 여기에는 눈에 보이지 않는 미세한 원리로부터 심적인 활동을 지닌 기관들을 거쳐 거칠고 크며 물질적인 실체로 생성하는 세계의 전개 과정이 생성론적으로 말해지고 있다고 할 수 있을 것이다. 다음과 같은 논술도 있다. 니야야학파에 의한 자기 동일성의 논증에 대해서는 앞에서 보았지만, 이것은 그 앞 단계의 논의로 볼 수 있다.

실로 [흙으로서는] 하나의 같은 맛(특질)을 지니는 대지가 [그 땅에서 자라는] 모든 약초의 본성에 수반하듯이, 마찬가지로 하나의 같은 이성이 [과거의 많은] 행위의 결과를 거느리고 개별적인 아에 따라서 [대상을] 지각한다. 무엇인가를 얻고자 하는 욕구는 선행하는 인식에서 생긴다. 욕구를 선행자로 하여 의도가 생겨난다. 그 의도를 선행자로 하여 행위가 생겨난다. 그러고 나서 그 행위를 원인으로 하여 결과가 생겨난다. [그런 까닭에] 결과는 행위를 본성으로 한다고 알아야 한다. 그리고 행위는 [마음속에서] 인식되어야 할 것(의도나 욕구)을 본성으로 한다고 알아야 한다. 마음속에서 인식되어야 할 것은 인식을 본성으로 한다고 알아야 한다. 인식은 실제로 존재하는 것과 존재하지 않는 것을 본성으로 한다고 알아야 한다. 그리고 인식하는 행위 모두, [인식하는] 행위의 결과 모두, 마음속에서 인식되어야 할 모든 요소(욕구와 의도), 모든 행위의 결과가 소멸할 때, 이 신성한 좋은 인과응보(행복)가 있는 것이다. 즉, 인식의 대상으로 고정된 인식[그 자체로서의 아트만]이 존재하는 것이다. (같은 책, 199, 5~8)

여기에 기술되어 있는 것 역시 생성론이다. 아트만의 불변적인 자기 동일성은 여기서는 인과 관계에 의해 보장된다고 할 수 있을 것이다.

현상 세계와 자기의식

서사시에서는 아트만(혼)과 세계의 관계가 생성론으로서 이야기되고 있다고 했지만, 앞의 '윤회의 주체로서의 '혼'과 그 육화' 절에서 인용한 본문의 뒤 단락에 나오는 '아트만은 이성의 인식 범위 안으로 들어온다'라는 논술은 바꾸어 말하면 '아트만은 이성에 의해 볼 수 있게 된다'라는 것을 말하는 것인 까닭에, 거기서는 생성론과는 다른 관념이 작용하고 있다고 할 수 있을 것이다.

아트만이라고 하는 본래 부동의 것이 움직이는 것으로서, 미세한 것이 거칠고 큰 것으로서, 본래의 모습이 겉모습을 취하고서 이성에 의해 볼 수 있게 된다는 것은 존재론이 아니라 인식론으로부터 아트만을 설명하고 있다. 서사시에서는 이성에 의한 인식에 대해 다음과 같이 말하고 있다.

이성이라는 형태를 취한 최고의 본성[즉, 아트맨]은 감관의 대상을 동시에 완전하게 보지 않으며, 다른 시간에 완전하게 보지도 않는다. 그것은 앎 있는 자로서 그 능력에 따라 행동한다. 그런 까닭에 그것은 유일한 최고의 '샤리린'(개별적 아)이다. (같은 책,

여기서 말하고 있는 것은 이 세상에서 개별적 아로서 인식의 주체가 되는 것은 최고 실재인 아트만 그 자신이 아니라 이성이라는 것이다. 그리고 감관의 대상인 존재들에 대한 이성에 의한 인식은 완전하지 않다는 것이다. 앞에서 과거로부터의 행위 결과를 새로운 신체에 다시 저장하고 윤회를 계속하는 것이 이성의 활동이라고 말했지만, 이것을 인식의 문제로서 바꾸어 말하면, 이성이 대상을 불완전하게 잘못 인식한 것, 요컨대 '이성의 과실'이 윤회의 원인이라는 것이다. 서사시에는 생성론과는 다른 이와 같은 사고방식도 보인다.

그러나 '이성의 과실', 요컨대 무명無明을 생존의 고통과 그 반복인 윤회의 원인으로 삼는 것은 잘 알려져 있듯이 당시에는 불교가 강하게 주장한 것이었다. 세계를 의식론적으로 파악하는 것이 불교의 특징이지만, 서사시의 철학에서는 그와 같은 불교적인 담론도 보인다. 간단히 말하면 그것은 세계에 대해 주체의 인식 쪽에서 주관적으로 말하는 것이다.

그러한 이야기들에서 특히 두드러지게 나타나는 것이 자기의식의 관념이다. 하기야 '아트만'이라는 개념에 처음부터 그러한 측면이 없었던 것은 아니다. 문법적으로 '아트만'이라는 말은 재귀대명사로도 사용되는데, 자신이 자신을 인식한다는 의식의 기원을 말하는 우파니샤드의 이야기를 마지막으로 인용하고자 한다.

원초에 아트만만이 이 세계의 모든 것으로서 인간의 모습을
취하여 존재하고 있었다. 그는 자신의 주위를 둘러보고 자신 외에
는 아무도 볼 수 없었다. 그래서 최초로 그는 목소리를 발했다.
'나 있고'(아한 아스미). 거기서 '나'(아한)라는 이름(일인칭 단수의
인칭대명사)이 태어났다. (『브리하드 아라니야카 우파니샤드』,
제1장 제4절, 1)

이것은 자기의식(아한카라), 요컨대 '자신이 자신을 자기반성적
으로 인식하는 의식'의 탄생을 말하는 창조 신화이다. 서사시
『마하바라타』의 '모크샤 다르마' 장에는 이 자기의식에 대해서도
언급하는 대목이 몇 군데 보이지만, 그것들은 앞에서 살펴본 생성
론과는 다른 맥락에 놓여 있으며, 출신의 다름을 떠올리게 한다.
자기의식의 확대는 그대로 '아집'이라든가 '증상만增上慢'(깨달음
을 아직 얻지 못하고서도 얻었다고 생각하는 것)과 같은 의식의
모습으로 이어지는 것이자 아트만의 실재를 부정하는 무아론으로
발전할 가능성을 지니는 관념이지만, '이성의 과실'을 그와 같은
의식론으로 전개하는 논의도 역시 서사시에 있었다는 점을 마지막
으로 지적해두고자 한다.[*]

..

[*] 글 속에서 [ ]은 원문에 없는 어구를 보충했음을 나타낸다. 또한 ( )은
원어나 설명을 위한 말 바꿈을 나타낸다. 본문에서 인용한 번역문에서도
이 방침에 따라 원문을 변화시킨 경우가 있다.

☞ 좀 더 자세히 알기 위한 참고 문헌

— 가나쿠라 엔쇼金倉圓照, 『인도 철학의 자아 사상インド哲学の自我思想』, 大藏出版, 1974년. 베다로부터 학파들의 체계에 이르기까지 '아트만' 사상을 문헌에 기초하여 정확하고도 알기 쉽게 논의하고 있다. 불교에서의 아我와 무아無我의 문제도 아울러 논의한다.

— 나가오 가진長尾雅人 편, 『세계의 명저 1 브라만교전 원시 불전世界の名著 1 バラモン教典·原始仏典』, 中央公論社, 1969년. 우파니샤드로부터 학파들의 체계 및 원시 불전까지 인도 철학을 공부하는 데서 가장 중요한 원전을 정확하고 알기 쉬운 번역으로 읽을 수 있다.

— 쓰지 나오시로辻直四郎, 『우파니샤드ウパニシャッド』, 講談社学術文庫, 1990년. 우파니샤드 전반에 대해 알기 위한 고전적인 기본 문헌.

— 핫토리 마사아키服部正明, 『고대 인도의 신비 사상古代インドの神秘思想』, 講談社学術文庫, 2005년[원본은 講談社現代新書, 1979년]. '범아일여'라는 우파니샤드의 사상을 신비 사상이라는 관점에서 알기 쉽게 논의한 책.

— 나카무라 료쇼中村了昭, 『마하바라타의 철학. 해탈법품 원전 해명マハーバーラタの哲学 解脱法品原典解明』 상·하, 平樂寺書店, 1998년/2000년. 『마하바라타』 제12권 '모크샤 다르마' 장의 번역서. 모테기 슈준茂木秀淳도 '서사시의 종교철학 — Mokṣadharma-parvan 일역 연구'로서 1993년 이후로『신슈대학 교육학부 기요信州大学教育学部紀要』 등에 발표를 계속하고 있다.

제6장

고대 그리스의 시에서 철학으로

마쓰우라 가즈야 松浦和也

1. 철학 발상지로서의 고대 그리스

'필로소피아'라는 말

어떤 말의 의미를 알고 싶을 때, 그것도 가장 중요한 의미를 알고 싶을 때 어떻게 해야 할까? 하나의 방법은 그 말이 어느 시대에 어떠한 배경에서 어떻게 생겨났는지 확인하는 것이다. 이 방법을 '철학'에 적용하려고 하면, 고대 그리스로 거슬러 올라가게 된다. 왜냐하면 '철학'이라고 번역되는 원래의 말은 그리스어의 필로소피아 philosophia이기 때문이다. 이런 의미에서 고대 그리스는 철학이라는 개념 그 자체에 특권적인 의의를 지니는 것처럼 느껴질지도 모른다.

서양에서 이 말은 각 지역의 언어로 번역되지 않고서 거의 그대로의 형태로 사용되어왔다. 다만 일본에서는 사정이 달라 네덜란드에 유학한 니시 아마네西周(1829~1897)에 의해 '희철학希哲学'이라 번역되었다. 하지만 그의 『백학연환百学連環』(1870년)에서 부터 앞의 '희'가 사라져 '철학'이라는 말이 되고, 그 번역이 중국어를 비롯한 동아시아 지역에도 전해져 오늘날에도 사용되고 있다. 다만 '희'가 사라진 것은 우리 동아시아권의 사람들에게는 불행한 사건이었을지도 모른다. 필로소피아는 '사랑한다, 호의를 가진다'를 의미하는 동사 필레오와 '기예의 교묘함', 나아가 '지혜'를 의미하는 소피아의 합성어이며, 현대의 우리말로 그대로 옮기게 되면 '앎을 사랑하기'나 '애지'라고 하는 것이 타당할 것이다. 그리고 '희철학'의 '희'는 필레오에 해당한다. '희'를 필로소피아의 역어로부터 잃어버린 것은 철학에서 '사랑하다'라는 중요한 요소를 덮어 숨겨버린 것과 같다.

이 '사랑하다'라는 요소가 철학에서 중요한 이유는 그 말의 탄생 일화를 확인하면 밝혀진다. 키케로(기원전 106~기원전 43)의 『투스쿨룸 대화』와 디오게네스 라에르티오스(기원후 3세기)가 남긴 『유명한 철학자들의 생애와 사상』에 따르면, 철학이라는 말을 최초로 사용한 것은 수학자로서도 알려진 퓌타고라스(기원전 572년경~기원전 494년경)라고 한다.

최초로 '철학'을 사용하고 자신을 철학자라고 부른 사람은 퓌타고라스이다. 그는 시퀴온에서 그곳의 참주인 레온과 만났다. 다만 폰토스의 헤라클레이데스는 『숨이 끊어진 여자』에서 레온이 플레이우스의 참주였다고 말한다. 그런데 그때 퓌타고라스는 신 이외에는 아무도 지자知者가 아니라고 말했다. 철학을 지혜라고 이름 짓는다든지 철학을 선언하는 자를 혼이 완성에 도달한 자라고 보고서 지자라고 부른다든지 하는 것은 지나치게 조급한 것이며, 오히려 지혜를 환영하는 자가 철학자이다. (디오게네스 라에르티오스, 『유명한 철학자들의 생애와 사상』, 제1권 p. 12)

이 일화는 퓌타고라스가 자신을 지자(소포스)가 아니라 그것에 '사랑하다'(필레오)를 붙인 철학자(필로소포스)라고 불러야 하는 이유를 이야기한다. 지자란 그 혼이 완성된 자이지만, 철학자의 혼은 완성되어 있지 않다. 그리고 참으로 지자인 것은 신뿐인데 반해, 인간은 그 참된 지자가 될 수 없다. 다만 지혜를 동경하고 환영하고 사랑하는 것은 인간이라도 가능하다. 그와 같이 지자가 될 수는 없지만, 지자를 지향하여 살아가는 인간은 '앎을 바라는 자'라고 불리는 것이 어울린다.

플라톤 『소크라테스의 변론』에서의 '무지의 자각'도 지혜와 인간 그리고 신과의 이러한 관계 속에서 소크라테스가 도달한 사고방식이다. 철학(필로소피아)이라는 말에는 앎에 관해 완전한 상태와 우리 인간의 현 상태 사이의 거리를 자각하고, 그럼에도 불구하고 여전히 완전한 상태로 다가가고자 하는 가운데 나타나는 겸허함과 선망이 담겨 있다. 그렇다면 역시 '사랑하다, 바라다'라는 요소는 철학과 철학자의 본연의 모습을 파악하기 위해 불가결하다고 말하지 않을 수 없을 것이다.

초기 그리스 철학자들

이와 같은 철학의 모습을 현대의 우리가 파악할 수 있는 것은 소크라테스와 플라톤 그리고 아리스토텔레스와 같은 기원전 5세기에서 4세기에 걸쳐 아테나이에서 활약한 스타들이 실제로 철학적 활동을 수행하는 것을 통해 이 말에 풍부한 내용을 남겼기 때문이다(이 책 제7장 및 제8장을 참조). 그렇지만 그들보다 앞서 동으로는 소아시아, 서로는 시칠리아섬에 이르는, 즉 페르시아나 이집트와 같은 동서의 선진 문명에 가까운 이오니아 지방을 비롯한 폴리스·도시국가를 중심으로 이미 다양한 철학자들의 영위가 있었다.

그러한 철학자들은 이전에는 '소크라테스 이전 철학자'라고 불려왔지만, 근간에는 이 호칭의 함의가 문제시되어 '초기 그리스 철학자'라고 불리게 되었다. 초기 그리스 철학자란 구체적으로는 탈레스(기원전 625년경~기원전 548년경)에서 시작하여 소크라테스의 동시대인인 데모크리토스(기원전 460년경~기원전 370년경)까지를 가리킨다. '소크라테스 이전'이라는 표현이 문제시되는 이유의 하나는 소크라테스의 동시대인을 포함하기 때문이다. 요컨대 '소크라테스 이전 철학자'란 소크라테스의 영향을 받지 않은 철학자를 가리키는 것이지만, 그렇다면 이 표현과 내용 사이에 차이가 있는 것이다.

초기 그리스 철학자들이 남긴 사유가 그리스 철학의 스타들에게 영향을 남긴 것은 확실하다. 그 점은 플라톤과 아리스토텔레스의 저작들에서 기회가 있을 때마다 그들의 이름이 등장하는 것을 보아도 알 수 있다. 하지만 그들이 전개한 사유의 전체 모습을 파악하기는 어렵다. 왜냐하면 완전하게 남은 그들의 저작이 전혀 없을 뿐만 아니라 그 가운데는 저작을 남기지 않은 사람도 있기 때문이다.

그럼에도 불구하고 우리가 그들의 사유가 거둔 성과에 접할 수 있는 것은 그리스 철학의 스타들에 더하여 동시대에는 헤로도토스, 후세에는 키케로와 디오게네스 라에르티오스 등이 자신들의 저작에서 그들에 대해 언급하고 있기 때문이다. 그 언급들 가운데는 그들의 저작에서 직접 인용한 것도 있고 전해진 데 지나지 않는 것도 있으며, 같은 사항에 관해서도 서로 다른 정보가 전해지는 것도 있다.

초기 그리스 철학자들의 정보는 부정확함을 포함하면서도 여러 시대의 다양한 필자들에 의해 단편적으로 전해져 왔지만, 현재는 그 전체를 조망하기가 좋아졌다. 특히 중요한 작업은 독일의 고전 학자인 헤르만 딜스Hermann Diels(1848~1922)가 편집하고 발터 크란츠Walter Kranz(1884~1960)가 개정한 『소크라테스 이전 철학자 단편집Die Fragmente der Vorsokratiker』이다. 이 자료집은 그때까지 여러 저

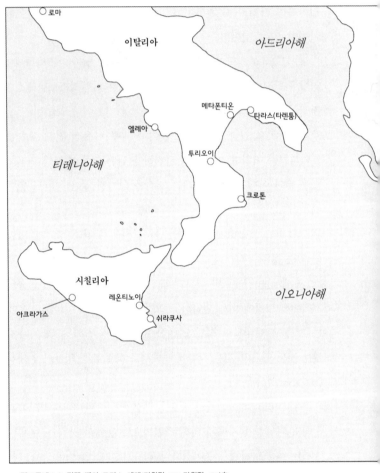

이탈리아
로마
아드리아해
메타폰티온
타라스(타렌툼)
엘레아
투리오이
티레니아해
크로톤
시칠리아
레온티노이
이오니아해
아크라가스
쉬라쿠사

펠로폰네소스 전쟁 때의 그리스 세계(기원전 432~기원전 404년)

작에 흩어져 있던 인용과 전언을 철학자별로 정리하고, 나아가
본인의 저작으로부터 직접적으로 인용되는 단편과 간접적으로

전해지는 생애와 학설을 정리한 보고^{報告}로 분류하고 있다. 1903년
에 초판이 출간된 이 자료는 판을 거듭하여 현재는 제6판이 되었지

만, 한 세기 이상이 지나 그 결함이 의식되게 되었고, 새로운 방침에 따라 편집된 앙드레 락스^{André Laks}와 글렌 모스트^{Glenn W. Most}에 의한 『초기 그리스 철학^{Early Greek Philosophy}』(2016년) 전 9권으로 대체되고 있다. 현재 초기 그리스 철학자들에 관한 문장을 인용할 때는 각각의 자료집 편자들의 머리글자를 따서 DK 및 LM으로 표기하고 『단편집』의 정리 번호를 붙이는 것이 세계적인 관례로 되어 있다(지금 이 장은 좀 더 보편적인 DK 번호를 붙인다).

2. 누가 철학자인가?

원리의 탐구라는 철학관

퓌타고라스가 철학이라는 단어를 만들었다는 앞에서 언급한 일화는 사실 그다지 신뢰받지 못하고 있다. 이 보고의 원천이 되는 것은 폰토스 출신으로 아카데메이아의 구성원이었던 헤라클레이데스(기원전 390년경~기원전 310년경)인데, 그는 퓌타고라스가 활약한 시대로부터 보면 2세기 가까운 세월이 지난 뒤의 사람이다. 그러나 그 이전에 이와 같은 일화를 보고하는 문장은 없다.

전통적으로 철학의 시조는 퓌타고라스가 아니라 탈레스로 여겨진다. 그 이유는 아리스토텔레스 『형이상학』의 기술에 놓여 있다.

처음으로 철학을 한 사람들 가운데 여럿은 질료라는 종류의 원리만을 모든 것의 원리라고 생각했다. (…) 그러나 이러한 원리의 많음이나 종류에 관해 그들 모두가 같은 것을 말한 것은 아니다. 다만 이런 종류의 철학의 시조인 탈레스는 물이 원리라고 말한다.
(아리스토텔레스, 『형이상학』, 제1권 제3장 983b6~21)

초기의 철학자들 가운데 여럿은 모든 것의 '원리'(아르케)를 찾았지만, 그 탐구의 시작은 탈레스이다. 여기서 '질료'라는 말은 아리스토텔레스의 술어인데, 사물이 이루어져 있는 소재나 재료를 말한다. 예를 들어 집의 질료는 돌이나 벽돌이다. 이 인용 가운데 탈레스의 주장이란 세계 속에는 다양한 것이 있지만, 그것들 모두는 궁극적으로 물에서 생겨났다는 것이다.

『형이상학』 제1권을 읽어나가게 되면 아리스토텔레스가 '원리'를 열쇠 말로 하여 지금까지의 철학자들을 멋지게 정리하고 있는 깃을 발견할 수 있다. 탈레스와 같은 밀레토스학파로 분류되고 사물의 원리를 공기로 삼은 아낙시메네스(기원전 587년경~기원전 527년경), 만물 유전설의 제창자로서 알려지고 원리를 불로 삼은 헤라클레이토스(기원전 535년경~기원전 475년경), 불·공기·물·흙의 네 가지 원소를 원리로 하면서 생성·변화를 일으키는 원리로서 '사랑과 미움'을 덧붙인 엠페도클레스(기원전 495년경~기원전 435년경), 사물 원리의 수를 무수히 많은 것으로 하면서도 생성·변화를 일으키는 원리를 지성(누스^{nous})에 둔 아낙사고라스(기원전

500년경~기원전 428년경), '없음'이나 '무'가 있다는 것은 불가능하며 불생불멸하고 단일한 '있는' 것만이 있다고 주장한 엘레아학파의 파르메니데스(기원전 520년경~기원전 450년경), 고대 원자론자로서 알려진 레우키포스(기원전 5세기)와 데모크리토스, 수를 원리로 삼은 퓌타고라스학파의 사람들, 그리고 플라톤. 이들 쟁쟁한 면면들이 각각의 '원리'에 대한 태도와 함께 소개되고 있다.

아리스토텔레스를 따라서 철학자의 과제를 원리의 탐구로 간주하는 경우, 초기 그리스 철학자들의 흐름을 그 대강의 윤곽에 따라 정리하면 다음과 같다.

- 밀레토스학파 — 소아시아 지역에서 자연 철학이 솟아올라 자연계의 사물들을 만드는 단일한 원리를 탐구했다. (탈레스, 아낙시만드로스, 아낙시메네스 등)
- 퓌타고라스학파 — 남이탈리아에서 퓌타고라스가 활약하고, 그 활동을 이어받아 수학 탐구를 하면서 수를 세계 질서의 원리로 삼았다.
- 엘레아학파 — 남이탈리아의 엘레아에서 파르메니데스와 (엘레아학파의) 제논이 운동 부정론을 주창하고, 지금까지의 자연 철학에 대한 안티테제를 부르짖었다.
- 다원론자들 — 엘레아학파의 논의에 대항하는 형태로 자연계의 사물을 만드는 원리를 하나가 아니라 여럿으로 삼았다. (엠페도클레스, 아낙사고라스, 데모크리토스 등)

이상의 이야기는 초기 그리스 철학의 역사로서 자주 그려진다. 하지만 우리는 이 이야기의 어디에서 철학을 발견할 수 있을 것인가?

소피스트들

원리에 관한 탈레스와 엠페도클레스의 주장을 보게 되면, 그들은 철학자가 아니라고 느껴질지도 모른다. 왜냐하면 '사물의 원리는 무엇인가?', 다시 말하면 '사물은 궁극적으로는 무엇으로 이루어져 있는가?'라는 물음은 현대에 이르러서는 물리학자가 취급하는 물음이기 때문이다. 또한 많은 경우 아리스토텔레스는 그들을 철학자라고 부르지 않고 '자연에 대해 말하는 자'나 '자연에 관계하는 사람들'이라고 부른다. 그런 까닭에 현재도 그들은 철학자라 하더라도 자주 **자연** 철학자라고 불리는 경우가 많다.

하지만 이것은 그래도 괜찮은 편인지도 모른다. 어쩌면 그들의 생각을 어이없는 것으로 단정하고, 그들은 철학자도 과학자도 아니고 단순한 망상가라고 생각하는 사람도 있을 듯하다. 적어도 오늘날에는 수사적 표현을 굳이 선택하는 경우를 제외한다면 '모든 것은 물로 이루어져 있다'라든가 '세계는 불·공기·물·흙이라는 4개의 원소로 이루어져 있다'와 같은 주장을 진지하게 주장하는 사람은 없을 것이다.

초기 그리스 철학자는 어떠한 의미에서 철학자라고 할 수 있을까? 이러한 의구심을 발판으로 하면, 그들의 특색을 아리스토텔레스와는 다른 관점에서 파악할 수 있다. 그래서 '사물의 원리에 대해 무언가의 생각을 남겨두지 않으면, 그 사람은 철학자로 여겨질 수 없는가'라고 물음으로써 역사의 흐름을 거슬러 소크라테스에 가까운 시대로부터 검증해 나가기로 하자.

『소크라테스 이전 철학자 단편집』에는 수록되어 있지만, 앞의 아리스토텔레스의 『형이상학』 제1권에서는 거론되지 않는 집단이 있다. 그것은 프로타고라스(기원전 490년경~기원전 420년경)나 고르기아스(기원전 485년경~기원전 380년경)와 같은 변론가들 또는 소피스트들이다.

직업적 지식인·교사였던 소피스트는 종종 궤변을 농하고 그리스 사회를 타락시킨 자로서 그려지는 경우가 있다. 그와 같은 묘사를 낳은 원인 가운데 하나는 플라톤과 아리스토텔레스가 그들을 바로 그렇게 다룬다는 점에 놓여 있다. 플라톤은 『소피스테스』에서 일종의 허위를 말하는 자로서 소피스트를 정의하기까지 한다. 이와 같은 평가가 타당하다면, 소피스트는 소크라테스를 비롯한 스타들을 돋보이게 하기 위한 악역으로서만 철학의 역사에 등장하게 된다.

그러나 그들에게는 추상적이고 철학적이라고밖에 생각될 수 없는 논의도 남아 있다. 다음의 인용은 고르기아스의 『비존재'(없음, 아님)에 대하여 또는 자연에 대하여』라는 저작의 구절로서 전해지는 문장이다.

> 만약 무언가가 있다면, '있음'이 있든가 '없음'이 있든가 '있음'과
> 동시에 '없음'이 있든가 이다. '있음'이 없다는 것은 이로부터 증명
> 되며, '없음'이 없다는 것도 이로부터 정당화되고, 또한 '있음'과
> 동시에 '없음'도 없다는 것도 이로부터 증명된다. (DK 82B3)

고르기아스는 '있음'도 '없음'(아님)도 그리고 그 어느 쪽도
없다는 것을 증명한다고 선언한다. 그리고 이 인용에 이어지는
텍스트에서는 '있음'의 경우, '없음'의 경우, '있음'과 동시에 '없음'
의 경우 각각에 대해 실제로 증명이 주어진다.

프로타고라스의 이른바 인간척도론$^{homo\ mensura}$도 이 '있음'과
'없음'을 사용하여 표명된다.

> 인간은 모든 것의 척도이다. '있음'에 대해서는 있다는 것의,
> '없음'에 대해서는 없다는 것의 척도이다. (DK 80B1)

이처럼 '있음'과 '없음'의 개념은 소피스트들의 사유 내부에서
숨 쉬고 있다.

이 '있음'이나 '없음'을 '유'나 '무'로 번역해야 하는지, '존재'나
'비존재'로 번역해야 하는지는 논의의 여지가 있다. 그렇지만 추상
적 개념을 사용하고 논리적으로 정리하여 사유를 전개하는 능력이

소피스트에게 있고 그것이 실천되었다는 것은 사실일 것이다.

그런 한에서 탈레스를 비롯한 자연 철학자보다 소피스트들 쪽이 추상적 사유를 행했다는 점을 볼 수 있다는 이유로 훨씬 더 철학적이라고 간주하는 사람이 있더라도 이상하지 않다.

엘레아학파에 의한 전환

'있음'과 '없음'을 사용한 사유는 기원전 6세기의 그리스 철학자들에게서는 보이지 않는다. 다만 소피스트들이 이와 같은 사유를 홀로 창안한 것도 아니다. 이 개념들을 철학의 맥락으로 도입한 것은 남이탈리아에서 활약한 엘레아학파라고 불리는 철학자들이다.

엘레아학파라고 하면 낯설지도 모르지만, '아킬레우스와 거북이'의 역설을 아는 사람은 많을 것이다. 발 빠른 아킬레우스는 언제까지라도 거북이를 따라잡지 못한다. 왜냐하면 아킬레우스가 거북이를 따라잡기 위해서는 그는 거북이가 원래 있던 지점에까지 도달해야만 한다. 하지만 그가 그 지점에 이르렀을 때 거북이는 이미 조금 더 앞으로 나아가 있다. 그런 까닭에 아킬레우스는 거북이를 따라잡기 위해 또다시 거북이가 있던 지점에 도달해야만 한다. 그러나 그럼에도 아킬레우스가 거기에 이르렀을 때 거북이는 그만큼 더 앞에 있다. 그러므로 아킬레우스는 언제까지라도 거북이를 따라잡지 못한다.

이 역설을 제시한 것은 제논(기원전 494년경~기원전 430년경)이다. 스토아학파의 창시자인 제논과 구별하기 위해 엘레아의 제논이라 불린다. 이와 같은 역설을 그는 40개 이상 만들어냈다고 하는데, 그 목적은 플라톤『파르메니데스』첫머리의 분석을 신뢰한다면, 그의 스승 파르메니데스의 "'있음'은 하나다'라는 주장을 옹호하기 위해서이다.

'있음'과 '없음'을 그리스 철학에 도입한 것은 이 파르메니데스이다. 헥사메트로스(육각운)라는 시의 형태로 전해진 그의 사유는 극도로 난해하지만, 특히 주목받아온 것은 생성·변화에 대한 부정이다.

> 어떻게 해서 '있음'이 뒤에 소멸하는 것인가? 어떻게 해서 생기는 것인가? 만약 생긴 것이라면 그것은 있지 않다. 만약 언젠가 생기는 것으로 된다고 하더라도 그것은 있지 않다. 그러므로 생성은 제거되고, 소멸은 들을 수 없는 것이 되었다. (DK 18B8, 19~22)

'있음'은 생성도 소멸도 하지 않는다. 이 '있음'이 '존재'를 의미한다고 가정하면, 존재는 생성도 소멸도 하지 않는다는 것이 된다. 그 이유는 다음과 같다. 이 존재가 일찍이 생성한 것이라면, 존재 이외의 것, 즉 비존재로부터 생성하지 않으면 안 된다. 그러나 비존재란 아무것도 아닌 것인 한에서 비존재로부터 존재가 생겨날 근거도 필연성도 없다. 파르메니데스의 사유는 '있음'과 '없음'을 이용한 높은 추상성과 고도의 논리성을 지닌다.

파르메니데스 이후의 사유는 그의 주장과 논의에 대응하지 않을 수 없게 되었다. 왜냐하면 '있음'이 생성·변화하지 않았다고 한다면, 자연계에는 어떠한 생성·변화도 없다고 하는, 일상 경험에 반하는 것이 도출되기 때문이다. 엠페도클레스나 아낙사고라스가 사물의 원리를 여럿으로 한 것이나 데모크리토스 등의 고대 원자론 자들이 원자와 공허를 근저에 놓은 것 또는 아리스토텔레스가 질료와 형상이라는 유명한 개념을 제시한 것도 '있음'이 하나라는 파르메니데스 사유의 기반을 벗어나기 위해서이다.

다른 한편 파르메니데스가 자연계에 있는 것의 원리에 대해 어디까지 진지하게 생각했는지는 분명하지 않다. '있음, 없음'에 대해 그 생성·변화를 부정한 후에 파르메니데스는 '빛과 밤'을 원리로서 제시하고 있는 것으로 보이지만, 이것들은 자연계에서 볼 수 있는 생성·변화의 원리라기보다 우리가 어떻게 생성·변화에 관한 인식을 얻어내는가 하는 문제에 할당되어 있기 때문이다.

파르메니데스가 철학자로 여겨질 수 있는 것은 '사물은 궁극적으로 무엇으로 이루어져 있는가'에 대답하는 원리에 대해 발언한 것보다는 '있음'에 대해 논리적인 동시에 추상적으로 논의했기 때문이다. 그리고 만약 추상적으로 논의할 수 있는 능력을 철학자의 특성으로 보아야만 한다면, 파르메니데스를 철학의 조상으로 생각하는 것도 잘못이라고 할 수 없을 것이다.

3. 시에서 철학으로

시에서 철학으로?

파르메니데스의 영향을 받지 않은 초기 그리스 철학자들은 추상성이라는 점에서 보면 뒤떨어져 보인다. 그래서 만약 그들도 철학자라고 한다면 어떠한 의미에서 그렇게 말할 수 있는 것일까? 이 물음에 대답하기 위한 전 단계의 물음으로서 원리에 대해 무언가의 생각을 남기기만 한다면 그 사람을 철학자로 간주할 수 있는 것인지 물어보자.

앞에서 인용한 아리스토텔레스 『형이상학』의 이어지는 기술에서는 '처음으로 신들의 일을 이야기한 사람들'도 탈레스와 마찬가지로 생각했다고 보고되고 있다. 이 사람들이란 호메로스(기원전 8세기경)와 헤시오도스(기원전 700년경 활약)를 가리킨다고 생각된다. 하지만 그 생각 자체는 신화적으로 쓰여 있다. 즉, 오케아노스(신격화된 바다)와 테튀스(신격화된 강)가 만물의 부모라는 것이다. 조금 더 『형이상학』을 읽어나가면, '사물은 궁극적으로 무엇으로 이루어져 있는가'와는 다른 유형의 원리, 즉 사물을 움직이기 시작하게 하는 원리에 관해 탐구한 사람들의 견해가 소개된다. 그 첫머리에서 그것을 탐구한 최초의 인물은 헤시오도스가 아닐까 하고 말해지기도 한다.

그렇지만 그들은 시인이지 철학자로 간주하지 않는 것이 통례이다. 이 견해가 옳다면, 원리에 대해 생각을 남겼다 하더라도 그것이 철학자라는 자격을 부여하는 것은 아니라는 것이 된다. 그렇다면 '처음으로 신들의 일을 이야기한 사람들'과 철학자에게는 어떠한 차이가 있는 것일까?

종종 그리스 철학의 형성 경위는 '시에서 철학으로'라고 설명되는 경우가 있다. 그 밖에도 '이야기(뮈토스)에서 논리(로고스)로', 요컨대 이야기나 신화적 세계관으로부터 논리적이고 과학적인 세계관에로의 벗어남이라고 말해지기도 한다. 다만 철학의 탄생 경위가 이와 같은 형태로 단순화될 수 있을지를 둘러싸고서는 현재 많은 의문이 제기되고 있다. 이 자리에서는 그 상세한 내용을 소개하거나 그 옳고 그름을 검토할 수는 없지만, 몇 가지 주의해야 할 것들을 지적해두고자 한다.

첫째, 철학의 형성 경위는 서술 형식이 변화한 것이 아니다. 호메로스나 헤시오도스의 작품들은 운율을 갖춘 시들로 남아 있다. 그러나 철학적인 텍스트가 모두 시 이외의 형식, 즉 산문으로 쓰여 있는 것은 아니다. 파르메니데스도 엠페도클레스도 시의 형식으로 사유를 남기고 있기 때문이다. 그러므로 산문의 발명이 철학의 형성에 무엇인가 이바지했다고 하더라도, 반드시 표현 형식의 변화가 철학을 낳은 것은 아니다.

둘째, 철학의 형성 경위는 시에서 사용되고 있는 표현을 분명하고 명쾌하게 다시 표현한 것이 아니다. 물론 '신들의 일을 이야기한 사람들'의 표현은 신화적이고 시적이며, 호메로스의 『일리아스』에서 묘사된 오케아노스의 이미지는 대지가 물 위에 있다고 주창한 탈레스 속에 남아 있는 것으로 보인다. 그러나 그 후의 철학의 전개에서 시에서 전개되고 있는 모티브가 사용된 흔적은 많지 않다. 다시 말하면 시의 해석이 철학을 낳은 것은 아니라는 것이다.

셋째, 철학의 형성 경위는 신이나 정령과 같은 신적인 요소를 사유로부터 배제해 가는 과정이 아니다. 확실히 만물은 신들로 가득 차 있고 혼을 가지고 있다고 하는 탈레스의 생각으로부터 아낙사고라스의 '태양은 작열하는 쇳덩어리다'라는 표명에 이르는 과정은 신화적인 세계관으로부터 과학적이거나 유물론적인 세계관으로 빠져나온 변화의 좋은 예로 제시될 수 있다. 그러나 총괄적으로 보면 초기 그리스 철학자들은 신이나 신적인 사태에 대해 말하기를 그만두지 않는다. 파르메니데스의 시에서 '있음, 없음'의 엄밀한 논의를 말하는 것은 여신이다. 자신이 신이라는 것을 표명하려고 에트나산의 화구에 스스로 몸을 던졌다는 엠페도클레스의 유명한 일화는 조금은 희곡적이지만, 철학자와 신들의 관계가 단절되지 않았다는 것을 보여주는 에이기도 할 것이다. 그리고 소크라테스 이후의 플라톤이나 아리스토텔레스도 신에 대해 말한다. 애초에 철학(필로소피아)은 신이 가지는 완전한 지혜의 모습과 인간이 지니는 불완전한 지혜의 존재 방식과의 대비에 의해 설명되는 것이었다.

수학에서 철학으로라는 이야기

호메로스와 헤시오도스를 철학자에서 제외하고 초기 그리스 철학자들을 철학자로 간주하게 하는 이유는 무엇인가? 초기 그리스 철학자들의 공통점을 다른 측면에서 살펴보자.

그들의 주장에 주목하는 한, 그들이 말한 내용은 다양하고 탐구의 대상도 다양하다. 이 점을 보는 한에서는 그들이 공유하는 특정한 신념이 있는 것으로는 느껴지지 않는다. 그러나 그들의 전기에 수학이나 천문학상의 업적이 적지 않다는 점은 주목할 만하다. 예를 들어 탈레스에게는 '탈레스의 정리'라는 바로 그의 이름을 달고 있는 정리가 남아 있다. 아마도 실제로 발견한 이는 탈레스가 아니었겠지만, 피라미드의 높이를 측정한 일화나 천문 관찰을 하다가 우물에 빠진 일화는 그에게 수학과 천문학의 소양이 있었음을 보여준다. 그에 이어지는 밀레토스학파도 탈레스로부터 무언가의 가르침을 받았다면 그 안에 수학과 천문학이 있었다는 것은 상상하기 어렵지 않다. 실제로 탈레스의 제자로 여겨지는 아낙시만드로스는 해시계를 발명하여 하지와 동지, 춘분과 추분을 발견했다고 전해진다.

퓌타고라스와 퓌타고라스학파가 수학을 중시했다는 것은 말할 필요도 없다. 상징적인 것으로 '수학'을 의미하는 영어의 매스매틱스mathematics는 '배우다'를 의미하는 그리스어 동사 만타노에서 유래하는 '학식'이라는 말이며, 퓌타고라스를 계승한 일파는 마테

마티코이(학식파)라고 불리고 있었다.

또한 파르메니데스가 퓌타고라스학파의 인물과 친교가 있었다는 전승을 믿는다면, 그에게도 수학의 소양이 있었을 것이다. 그것을 보여주기라도 하듯이 그의 제자 제논이 제시한 역설은 무한 분할 등, 수학에 관련된다. 엠페도클레스도 퓌타고라스학파의 일원으로 여겨지며, 아낙사고라스도 옥중에서 원의 정방형화(원과 같은 면적의 정방형을 작도하는 것)를 달성했다는 일화가 전해진다.

물론 이 가운데는 신빙성이 희박한 보고도 있다. 또한 애초에 수학은 철학과 구분되어야 할 것이다. 그러나 수학이나 기하학의 실천을 통해 사유의 방법을 자기 것으로 하는 것은 철학자로 여겨지기 위한 필수적인 소양이었던 것이 아닐까? 이 점은 플라톤이 『폴리테이아(국가)』 제7권의 철학자 육성 커리큘럼을 수학적 학과로 구성하고 있는 것에서도 시사된다.

다만 철학자들에게 수학적 소양이라는 공통점이 있었다는 것만으로는 그리스 철학의 전개를 설명할 수 없을 것이다. 애초에 만약 수학이 철학의 기반이 되었던 것이라면, 그리스의 식민지보다 훨씬 더 발전했던 메소포타미아 지역이나 이집트에서 철학이 싹틀 수도 있었을 것이다. 사실 적잖은 초기 그리스 철학자들이 수학을 공부하기 위해 이집트로 갔다고 전해진다.

이 물음에 관해서는 이들 지역의 수학에는 증명이 없었던 것이 아닌가 하는 약간은 충격적인 사실이 실마리를 제공한다. 요컨대 이미 알려진 공리나 정리로부터 새로운 수학적 사실을 발견하는 영위는 고대 그리스에 독자적이었다고 하는 것이다. 이렇게 보면 철학자로서 지녀야 할 수학적 소양이란 단순한 전제로부터 다른 것을 도출하는 것이나 그 도출 과정을 검증한다고 하는 우리가 잘 아는 수학적 사유의 과정이었다고 생각된다.

시에서 철학으로라는 이야기

초기 그리스 철학자들이 수학적 소양을 공통의 기반으로 지니고 있었다는 것이 사실이라 하더라도, 그것이 그리스 철학의 전개를 설명하는 것은 아니다. 왜냐하면 수학적 사유로부터 얻어지는 귀결은 대체로 비슷하다고 생각되기 때문이다. 그럼에도 불구하고 이 정도로까지 초기 그리스 철학자들의 주장이 다양한 것은 왜일까?

이러한 주장의 다양성은 애초에 의심해서는 안 되는 특정한 교설이 그리스에 존재하지 않았다는 것을 의미한다. 물론 스승의 가르침을 관철하고 스승의 교설을 보존하려고 한 사람들은 있다. 예를 들어 제논은 스승인 파르메니데스의 '있음'의 교의를 옹호하고자 했으며, 퓌타고라스학파의 일파인 '청종파'는 '학식파'와는 달리 퓌타고라스의 종교적 교설을 보존하려고 했다. 그러나 그럼에도 불구하고 전체적으로 보면 초기 그리스 철학자들의 중심축이 되는 공통의 견해는 보이지 않는다.

호메로스와 헤시오도스도 마찬가지 취급을 받은 것으로 보인다.

그들의 시는 확실히 그리스인들이 공유하는 문화적 기반이다. 그러나 이 시들은 『베다』나 『성서』와는 달리 '성전'으로서 다루어지지 않았다. 시가 말하는 세계와 자신의 견해의 어긋남을 문제시한 흔적은 보이지 않으며, 자신의 견해가 옳다는 것에 대한 근거로서 호메로스의 말을 사용하는 것은 있어도 호메로스의 말을 절대시하려고 한 흔적도 남아 있지 않다. 오히려 크세노파네스(기원전 570년경~기원전 470년경)나 헤라클레이토스는 호메로스나 헤시오도스의 비판자로서 알려져 있을 정도이다. 요컨대 초기 그리스 철학자들에게 시로 말해지는 내용은 검증의 대상이 될 수도 있었고, 그것을 부정하는 것도 가능했다.

의거하는 권위의 부재는 수학에서 공리나 정리에 해당하는 것과 같은 고찰의 출발점이 되는 공통의 토대가 없었다는 뜻이다. 이러한 토대의 부재가 초기 그리스 철학의 다양성을 낳았을 것이다. 요컨대 고찰의 출발점이 되는 원리의 탐구가 이러한 조건에서 비로소 가능해진 것이다. 그리고 어떤 철학자의 탐구 성과는 여전히 권위가 되지 못하고, 그 성과 자체가 더 나아간 검증의 대상이 되었다. 밀레토스학파에서의 '물, 무한자, 공기'라는 '원리'의 대립은 그렇게 해서 생긴 것으로 생각된다. 그리고 그러한 검증은 파르메니데스에게서는 우리가 의식하지 못한 채 의거하고 있는 그러한 토대 그 자체에 대한 검증에까지 이르렀다.

이렇게 보면 파르메니데스 이전의 철학자들을 철학자라고 부를 수 있는 이유는 그들이 추상적인 논의를 전개했다는 것보다는 시가 말하는 내용이나 선행하는 견해들을 무비판적으로 권위로서 다루지 않고 오히려 그것을 검증하고 다른 가능성을 제시했다고 하는, 그들의 사유에 대한 태도에 있다고 말할 수도 있을 것이다.

4. '초기 그리스'의 딜레마

철학(필로소피아)이라는 말이 그리스에서 태어났다는 사실은 초기 그리스 철학자들에게 그 실천의 원형이 있을 것이라는 기대를 불러일으킨다. 그러나 이 장에서 지금까지 살펴보았듯이 그 내실과 우리가 생각하는 '철학'과는 어긋남이 있는 것으로 느껴질지도 모른다.

원래 초기 그리스 철학자에 관한 철학사는 우리가 철학을 어떻게 파악할 것인가 하는 문제를 내포한다. 아리스토텔레스의 기술을 출발점으로 삼는 것이 전통적이기는 하지만, 그것은 하나의 선택지에 지나지 않는다. 그를 따르기로 하는 바로 그 순간 우리는 필연적으로 '철학'에 대한 그의 이해에 동의하게 된다. 물론 그의 철학관이 완전히 잘못 짚은 것이라고는 할 수 없을 것이다. 원리의 탐구는 필시 철학 활동에 포함될 것이기 때문이다. 그러나 그가 제외하고 싶어 했던 소피스트도 어떤 시선에서 보면 정당하게 철학자로서 간주할 수 있으며, 초기 그리스로부터 소크라테스와 플라톤으로의 중개 역할을 한 한에서 철학의 역사에서 이야기하지 않을 수 없다.

더 나아가 그들에게 공통된 탐구 대상이나 주제를 확정하기도 어렵다. 확실히 적잖은 초기 그리스 철학자들은 '세계'의 원리를 탐구했다. 그러나 그것이 그들 모두의 주제는 아니며, 헤라클레이토스나 소피스트들은 오히려 '인간'의 원리를 탐구했다고 간주할 수도 있을 것이다. 그리고 원리를 탐구했다고 하더라도 탈레스나 헤라클레이토스, 엠페도클레스와 같이 '혼'을 전면에 내세우는 철학자도 있는가 하면, '혼'의 모티브가 희박하거나 거의 보이지 않는 철학자도 있다.

초기 그리스 철학에서 철학의 원형을 찾는 것은 철학의 이해가 의심스러움에도 불구하고 철학자의 자격심사를 하지 않을 수 없다는 딜레마를 안고 있다. 이 장에서 우리는 추상적 개념을 사용하여 사유하는 철학적 사유의 전형으로서 제시되는 이미지와는 다른 철학상을 떠올려 보고자 했다. 즉, 권위의 부재 속에서 수학적 사유를 하나의 발판으로 하는 가운데 기반이 되는 토대를 모색하는 활동으로서 앎을 희구하는 활동을 묘사하려고 했다. 하지만 이것도 하나의 철학관에 기초하여 도출된 견해에 지나지 않을 것이다.

그러나 그나마 확실히 말할 수 있는 것은 초기 그리스 철학자들이 진리를 말하는 권위로서 시를 다루지 않았다는 점이다. 시에 대한 유연하고 비판적인 태도가 이 시대에 철학을 낳기 위한 조건의 하나였던 것이다.

☞ 좀 더 자세히 알기 위한 참고 문헌

— 우치야마 가쓰토시內山勝利 편, 『소크라테스 이전 철학자 단편집ソクラテス
以前哲学者斷片集』 제1~5분책＋별책, 岩波書店, 1996~1998년. 딜스와 크란츠
에 의한 *Die Fragmente der Vorsokratiker*(제6판)의 일본어 역. 자료집이라
는 성질로 인해 하나의 이야기로서 통독하기는 어렵지만, 초기 그리스
철학자들을 이야기하기 위한 가장 중요한 문헌이다. 2016년에는 앙드레
락스와 글렌 모스트가 함께 편집한 『초기 그리스 철학』(로엡 고전 총서,
전 9권)이라는 새로운 자료집(영어 대역)이 간행되었으며, 그 이후에는
이것이 아울러 참조된다.

— 디오게네스 라에르티오스ティオゲネス·ラエルティオス, 『유명한 철학자들의
생애와 사상ギリシア哲学者列伝』 상·중·하권, 가쿠 아키토시加来彰俊 옮김,
岩波文庫, 1984~1994년. 기원후 3세기의 디오게네스 라에르티오스가 남긴,
고대 그리스로부터 로마에 이르는 철학자들의 학설과 생애를 모은 저작.
원제는 『철학에서 유명한 사람들의 생애와 학설』. 신빙성이 의심되는
우스운 일화도 많지만, 초기 그리스 철학자들을 알기 위한 자료의 하나이
다.

— 간자키 시게루神崎繁, 구마노 스미히코熊野純彦, 스즈키 이즈미鈴木泉 편,
『서양 철학사 I — '있음'의 충격에서 시작되다西洋哲学史 I — 'ある'の衝撃から
はじまる』, 講談社選書メチエ, 2011년. 통상적인 그리스 철학사와는 달리
탈레스가 아니라 파르메니데스에서 시작된다는 점에 가장 큰 특색이
있다. 부제 그대로 엘레아학파가 그 이후의 철학적 사유에 미치는 영향을
살펴보기 위해서는 중요한 저작.

— 히로카와 요이치廣川洋一, 『소크라테스 이전의 철학자ソクラテス以前の哲学

者』, 講談社, 1987년/講談社學術文庫, 1997년. 앞의 책과는 달리 철학의 선구자로서 헤시오도스로부터 이야기를 시작하며, 데모크리토스와 프로타고라스까지를 상세하게 다룬다. 아리스토텔레스에 의한 학설사의 전통, 즉 자연 철학자로서 초기 그리스 철학자들을 정리하는 관점으로부터 일정한 거리를 유지하려고 하는 자극적인 명저.

— G. S. 커크Geoffrey Stephen Kirk, J. E. 레이븐John Earle Raven, M. 스코필드Malcolm Schofield, 『소크라테스 이전의 철학자들 제2판ソクラテス以前の哲学者たち 第二版』, 우치야마 가쓰토시內山勝利·기하라 시노木原志乃 외 옮김, 京都大学学術出版会, 2006년. 1983년에 간행된 *The Presocratic Philosophers: A Critical History with Selection of Texts* (Second Edition)의 일본어 역. 난해한 기술에 분석적으로 따져 들어가는 자세는 초기 그리스 연구의 기반 가운데 하나가 되고 있다.

칼럼 2

블랙 아테나 논쟁

노토미 노부루納富信留

'블랙 아테나'란 그리스 신화에서 올림포스 12신으로 헤아려지는 여신 아테나가 아프리카 출신으로 검은 모습을 하고 있었다는 도발적인 논고와 그것이 일으킨 논쟁이다. 문제를 제기한 것은 영국인 역사학자 마틴 버날Martin Bernal(1937~2013). 1987년에 간행된『블랙 아테나 ─고대 그리스 문명의 아프로·아시아적 뿌리(1). 고대 그리스의 날조 (1785~1985)』(가타오카 유키히코片岡幸彦 감역, 新評論)에서 시작하여, 1991년에 간행된『블랙 아테나 ─ 고대 그리스 문명의 아프로·아시아적 뿌리(2). 고고학과 문서에서 보는 증거』(상·하, 가나이 가즈코金井和子 옮김, 藤原書店) 및 2006년에 간행된『'블랙 아테나' 비판에 답한다』(상·하, 가나이 가즈코 옮김, 藤原書店)로 이어지는 일련의 논고에 대해 많은 논자가 응전하여 활발한 논의가 전개되었다.

버날은 지금까지 '백인'의 것으로 여겨져 온 고대 그리스는 이집트·페니키아의 식민지이며, 그 기원은 인도·유럽이 아니라 아프리카·아시아에 있었다고 주장한다. 고대 그리스를 아리아인, 인도·유럽어족의 문명으로 본 것은 근대 유럽, 특히 18세기 말부터 독일 문헌학이 퍼뜨린 '아리아 모델'이라는 인종 차별적인 역사관이었다. 버날은 논쟁을 통해 고고학, 언어학, 역사학, 신화학 등의 식견을 원용하여 이 주장을 보강해 나갔다. 실제로 고대 그리스인들은 자기 문명의 기원이 이집트에 있다는 견해를 품고 있었으며, 철학의 시조 탈레스가 페니키아 출신이라고도 전해지는 등, 아시아·아프리카의 선진 문명과의 연속성은 당연시되고 있었다.

금발과 푸른 눈에 흰 피부라고 믿어진 여신상을 뒤집음으로써 유럽이 자기의 정체성을 추구하는 고대 그리스 문명의 이미지에 근본적인 변경이 강요되고 유럽 중심주의, 백인 우월주의가 비판에 노출되었다. 고대 아프리카에 문명이 있었다고 하는 주장도 문명사에 대한 도전이 되었다. 다른 한편 인종 차별을 고발하는 과격한 메시지 때문에 강력한 비판과 반론도 생겨났다. 실제로 버날의 논의에 대해서는 억지스러운 논증이나 증거의 불충분함도 지적되고, 그의 결론이 일반적으로 받아들여졌다고는 말하기 어렵다. 하지만 서양 문명의 기원을 자명한 것으로 간주하는 것을 근본적으로 의심하는 중요한 계기가 되었다는 점은 의심할 수 없다.

여러 방면에서 가해진 비판들 가운데 예를 들어 이집트 학자 얀 아스만은 1997년에 간행된 『이집트인 모세 ― 어떤 기억 흔적의 해독』(야스가와 하루키安川晴基 옮김, 藤原書店)에서 '기억사와 사실사의 구별'로부터 본질적인 문제를 제기했다(31~34쪽). 『블랙 아테나』 제1권은 '아리아 모델'을 기억사적으로 훌륭하게 탈구축했지만, 제2권에서 갑자기 사실사의 작업으로 이행해버렸다고 아스만은 지적한다. 양자의 상이성에 대한 몰이해가 상기想起의 역사에 대한 안이한 역사 비판을 낳았다는 것이다. 도발적인 논쟁이 가져다준 암시는 풍부하다.

제7장

소크라테스와 그리스 문화

구리하라 유지栗原裕次

1. 세계에서 혼으로

원류 사상의 동시성

기원전 6-5세기경, 세계 각지에서 오늘날 '원류 사상'이라 불리는 지적 활동이 활발하게 펼쳐졌다. 그것은 인간의 생존을 위협하는 환경 세계의 변화에 기술적으로 대응해 나가기보다는 실용에서 벗어나 세계 그 자체의 근원적인 모습을 원리적으로 탐구하는 운동이며, 그 후 다양하게 분기하여 현대 사상에 이르는 끝없는 원천이 되었다. 원류 사상 가운데는 세계의 근원(아르케)을 물을 뿐만 아니라 묻는 주체 자신의 지적인 존재 방식을 문제 삼는 것도 있었다. 예를 들어 고대 중국의 사상가 공자의 '아는 것을 안다고 하고 모르는 것을 모른다고 하는 것, 이것이 아는 것이다(『논어』, 「위정편」, 岩波文庫, 가나야 오사무金谷治 역주)라는 말은 대상에 대한 앎과 모름이 아니라 자신이 알고 있는지 아닌지를 분명히 변별할 수 있는 자기에 대한 앎을 주제화하고 있다. 고대 인도의 경우 가우타마 붓다는 세계의 진리(연기의 법)에 대해 우리가 알지 못하는(무명) 까닭에 괴로워하고 있다는 점을 지적하고, 이 알지 못함을 알아차리고 연기의 법을 올바르게 앎으로써 깨달음의 경지에 이를 수 있다고 설파했다. 세계에 관한 알지 못함을 극복하는 계기로서 자기에 대한 눈길을 중요시하는 가르침이다.

또한 고대 그리스에서는 헤라클레이토스가 세계 — '만유'(토판) — 를 아름다운 질서와 조화를 지니는 코스모스로 파악하는 한편, 미크로코스모스로서의 '자기 자신을 탐구했다.'(단편 101 DK) 그리고 자기를 '혼'으로서 다시 파악하고, '너는 혼의 맨 끝을 발견할 수 없을 것이다, 모든 길을 따라 여행했다 하더라도 혼은 그만큼이나 깊은 로고스를 갖고 있다'(단편 45 DK)라고 말하여, 자기와 혼의 존재 방식에 대해서는 단조로운 세계 파악과는 다른, 깊이의 차원을 지니는 입체적인 앎의 형태를 시사하고 있다.

고대 선철들의 관심이 거의 같은 시기에 세계로부터 자기·혼으로 향한 것은 '세계철학사'의 불가사의 가운데 하나이지만, 이러한 원류 사상의 동시성synchronicity을 이해하기 위해서는 무엇보다도 우선 각각의 사상의 배경이 되는 풍토나 사회체제의 차이를 인정한 다음, 서로 다른 환경 세계에서 왜 유사한 움직임이 생겨날 수 있었는지 물어야 할 것이다. 하나하나의 개별 사례를 수집하고 각 사례의 독자적인 유래와 본성을 세심하게 분석하는 이러한 작업을 쌓아나가는 가운데 복수의 사례를 동일성, 차이성, 유사성이라는 점에서 서로 비교함으로써 모든 것에 공통된 무언가 하나의 사유 '형태·패턴'을 발견할 수 있을지도 모른다. '세계철학사'에 도전하는 묘미이다.

이 장에서 다루는 사례는 고대 그리스의 철학자 소크라테스(기원전 469년경~기원전 399)이다. 소크라테스가 살아간 환경 세계는 기원전 5세기의 민주정 폴리스 아테나이(현재의 아테네)였다. 세계사의 일대 사건이라고도 말해야 할 민주정의 발흥을 눈앞에서 보면서 그는 민주주의(데모크라티아)와 대결하는 가운데 철학적인 삶의 방식을 확립하고 관철했다. 이 장에서는 지적 활동의 원류에서 인간이 세계와 혼·자기를 어떻게 대했는지를 생각하는 모범적 경우로서 아테나이의 민주정과 대치하는 소크라테스의 철학에 다가가 보고사 한다.

민주정 폴리스·아테나이의 이념과 현실

그리스 철학의 계보에서 말하면 소크라테스는 자기 탐구라는 측면에서 헤라클레이토스의 진정한 후계자이지만, 세계를 '만물의 근원'이나 만물 유전과 같은 자연학적 관점에서 바라보지 않고, 그에게 돌려지는 '자연에서 인간으로'라는 표어가 보여주듯이,

인간들의 결합으로 이루어진 폴리스 공동체로서 파악하고 있었다. 그에게 세계는 지식의 객관적 대상으로서 마주하는 측에 놓여 관찰·분석되는 자연이 아니라 거기서 타자와 함께 살며 자신들의 행복을 실현해 가는 생활 공동체였다. 그런 의미에서 소크라테스는 자연 세계에서 벗어나 철저히 폴리스라는 인간 세계와 함께 자신의 혼을 탐구했다고 말할 수 있다.

그러면 소크라테스의 인간 세계인 아테나이란 어떤 사회였을까? 기원전 6세기 말의 클레이스테네스 개혁으로 민주정을 성립시킨 아테나이는 기원전 5세기에 페르시아 전쟁과 펠로폰네소스 전쟁을 거쳐 독자적인 민주정을 성숙하게 만들었다. 민주정을 뒷받침하는 원리는 자유와 평등이다. 성인 남성 시민은 누구나 평등하게 정치에 참여할 수 있는 자유를 지니고 있었다. 이웃 나라 페르시아의 대왕에 의한 전제 체제와도 다르고 같은 그리스의 스파르타와 같은 집단 통제와도 다른 인류 역사상 최초의 직접 민주정의 시도가 이 시대 아테나이의 가장 커다란 특징이라고 할 수 있다.

그러나 아테나이의 자유와 평등 이념은 실제로는 그 내부에 커다란 균열을 안고 있었다. 그것은 여성과 어린이, 외국인과 노예가 비–시민으로서 참정권을 지니지 않는다는 제도상의 이야기가 아니라 평등해야 할 시민들 사이에 정치에 관여하는 능력의 차이가 엄연히 존재했다는 사실의 문제이다. 이 점을 정치 내부로 눈을 돌려 확인해보자.

당시의 아테나이 사회는 각각 '남자의 세계, 여자의 세계'라고 불리는 공적 세계와 사적 세계가 명확히 나뉘어 있었다. 정치를 관장하는 공적 세계의 중심에는 민회, 극장, 법정이라는 세 개의 공간이 있고, 거기에서는 다수결의 원칙에서 말로써 많은 사람을 설득하는 것이 무엇보다도 중시되었다. 폴리스의 정책을 결정하는 최고 기관인 민회에서는 희망하면 누구라도 등단하여 의견을 표명할 수 있지만, 시민의 설득 없이는 군사나 외교 등의 결정에 참여할 수 없다. 연설로써 사람들에게 자신의 의견을 인정하게 하고 정책을 밀고 나갈 수 있는 변론가가 '정치가'로 여겨졌다. 또한 설득의 말이 옳음과 그름을 판가름하는 법정에서 중요한 것은 말할 필요도 없지만, 아테나이에서는 극장이야말로 그러한 말의 경연장이었다. 특히 대-디오뉘시아 축제에서는 매회 세 명의 비극 시인이 작품의 상연을 통해 관객에게 설득의 말을 던지며 우승을 목표로 서로 경쟁했다.

그런데 설득이란 사람들에게 의견을 인정하도록 하는 것이고, 사항에 대해 알고 있다고 생각하게 하는 것이다. 실제로 알지 못하더라도 앎의 평판이야말로 중요하다. 그리스어에는 '의견, 생각, 평판'을 한 단어로 나타내는 편리한 말이 있다. 영어의 오소독스나 패러독스의 어원 일부가 되는 '독사doxa'이다. 그렇다면 자유와 평등을 취지로 하는 아테나이 정치의 중심에서 독사를 둘러싼 설득의 말을 가졌는지 아닌지에 따라 두 종류의 시민이 구별되게 된다. 공적 세계에서 말을 교묘하게 다루어 폴리스에 자신의 의견

(독사)을 인정하게 함으로써 높은 평판(독사)을 얻어내는 정치가
(변론가)·시인과 자기 스스로는 설득의 말을 산출하지 못하지만,
정치가나 시인의 의견을 듣고 판정하는 대다수 사람, 즉 대중이
그들이다. 소크라테스가 살아간 공적 세계는 사실은 시민의 정치적
격차에 뿌리내린 이중 구조 사회였다.

지혜의 교사와 파이데이아

당연히 민회, 법정, 극장과 같은 공적 세계에서 오고 가는 설득의
말이나 독사는 습속, 도덕, 종교를 포함한 폴리스 문화 전체를
반영한다. 민회에서는 폴리스에 대한 이익(선)과 손해(악)가 논의
되고, 법정에서는 법과 관습에 비추어 정의의 판정이 내려진다.
시인은 영웅이나 코로스(합창단)의 언동을 통해 인간의 행위나
삶의 방식의 아름다움과 추함을 표현한다. 신들도 등장하는 비극의
축제는 국가적 종교 행사였다. 공적으로 활약하는 정치가나 시인들
은 '폴리스 문화의 담지자'로서 인간에게 중요한 선·미·정의가
무엇인지 알고 있을 것이다. 대중의 생각(독사)에서는 그들이야말
로 중요한 것에 관한 지혜의 소유자이며, 전문적 지식이나 기술을
지니는 '전문가'와는 구별되는 단적인 의미에서의 '지자'(현자)이
다. 아테나이의 공적 세계는 '지자知者'인 문화의 담지자들이 수많
은 지혜의 언어를 구사하며 대중을 교육하는 공간이었다.

폴리스의 중심에서 문화의 담지자들이 활약하며 명성이 높아지

자 부유한 상층 시민의 자제들이 그들을 동경하게 된다. 당시 어린이와 젊은이의 교육 현장은 '집'(오이코스oikos)을 중심으로 한 사적 세계였다. 아테나이 시민의 아이들은 어릴 적에는 부모와 유모로부터 옳음과 그름, 아름다움과 추함, 경건과 불경에 관해 '이건 좋아', '이건 안 돼'라고 명시적이고 지시적인 교육을 받았으며, 따르지 않을 때는 질책과 체벌로 교정되었다. 학교에 다니기 시작하면, 읽고 쓰기의 교사로부터 뛰어난 시인의 작품 암송을 강요받는데, 그것은 등장인물인 영웅처럼 되기 위해서이다. 음악이나 체육 교육도 절제와 용기의 덕을 익히기 위해 부과되었다(플라톤, 『프로타고라스』, 325C~326C를 참조).

시민에게 필요한 덕은 그렇게 교육되었지만, 재산가의 자제들 가운데는 장차 정치에 나서기 위해 재력에 기대어 가정 교사를 고용하고 문화의 담지자가 지닌 지혜를 획득하려고 하는 자도 있었다. 가정 교사는 강국이 된 아테나이에 그리스 각지에서 모여든 소피스트들이다(이 책 제6장 및 제8장을 참조). 프로타고라스나 고르기아스와 같은 '지혜의 교사'인 소피스트는 '집'이라는 사적 세계에서 선·미·정의의 교육으로부터 시작하여 젊은이가 최고도의 덕인 정치술을 몸에 익히게 될 것을 약속하지만, 그 내실은 주로 설득의 언어를 사용하는 방법인 변론술을 가르치는 데 있다. 소피스트로부터 교육을 받은 젊은이는 '지혜'를 갖춘 정치적 지도자가 되어 이번에는 폴리스의 공적 세계에서 대중의 설득과 교육에 종사했다.

그리스어의 '파이데이아'는 교육과 교양에 더하여 문화도 의미한다. 소크라테스가 살고 있던 기원전 5세기의 아테나이에서는 공과 사에 걸쳐 문화의 담지자와 대중, 어린이와 젊은이가 선·미·정의나 덕을 둘러싼 파이데이아 내부에서 강고하게 결합해 있었다고 말할 수 있을 것이다. 파이데이아는 그것 없이는 살아갈 수 없지만, 평상시에는 그 존재를 의식하지 않는 공기와 같이 나날의 생활 속에서 사람들의 혼을 감싸고 양육·교육하면서 폴리스에 있어 유능한 시민을 만들어나간다. 세계와 혼의 관계에 대해 말하자면, 폴리스라는 인간 세계가 파이데이아를 통해 공과 사 모두에 걸쳐 시민의 영혼을 형성하는 그러한 시대였다.

2. 민주정 폴리스의 철학자 소크라테스

소크라테스의 반半-공적인 삶의 방식

이 장의 주인공인 소크라테스는 그러한 시대에 살았다. 석공인 아버지와 산파인 어머니의 아들이라고 전해지는 소크라테스는 가난 때문에 친구들의 신세를 지면서도 상층 시민으로서 일단은 먹고살기에 어렵지 않은 생활을 하고 있었던 것으로 보인다. 정치적으로 그는 장년기에 세 번 중장보병으로서 국외로 출정한 일과, 기원전 406/5년에 딱 한 번 민회의 준비 기관인 평의회 의원을 맡은 것 이외에는 공적인 일에 적극적인 자세를 보이지 않았다. 그렇지만 정치를 싫어하는 사람에게서 볼 수 있듯이 사적 세계인 자신의 '집'을 풍요롭게 하려고 경제 활동에 정성을 기울인 것도 아니다. 그는 자신이 고소당한 재판의 서두에서 변론하고 있듯이 정치적인 공적 공간도 경제적인 사적 공간도 아닌 반^半–공적인, 요컨대 '세미 퍼블릭'이라고도 말해야 할 공공 광장인 '아고라'에서 오로지 이야기를 하며 시간을 보냈다(플라톤, 『소크라테스의 변론』, 17C, 이하 『변론』이라 약칭). 소크라테스는 보통 이분법적으로 이해되는 공과 사 사이에 정치와 생활이 접하고 서로 섞이는 임계 공간을 찾아내고 그곳을 철학의 무대로 삼았다고 할 수 있다.

그러면 소크라테스가 살았던 반–공적인 세계·아고라는 어떤 공간이었던가? 아크로폴리스 기슭에 있는 아고라는 사람들이 모여 거래를 하거나 논의를 벌이거나 하는 열린 세계였다. 소크라테스는 거기서 '나이가 적든 많든, 외국인이든 동네 사람이든', '부자든 가난한 사람이든' 상관하지 않고 '한 사람 대 한 사람'으로 대화를 펼친다. 이러한 일대일 대화 활동이 대단히 정치적인 의미를 지닌다는 것은 분명할 것이다. 한 사람이 많은 사람을 향해 설득을 시도하는 민회·법정·극장이라고 하는 공적 세계에서는 시민이라면 누구나 자유롭게 등단해 말을 하는 평등이 유지되고 있다 할지라도, 현실적으로는 설득의 말을 갖고 있는가 아닌가에 따라 능력의 차이가 존재하고 설득력이 없는 의견은 받아들여지지 않는다. 문화의 담지자라는 '지자'가 대중에게 가르침을 내리는 일대다의 인간관계가 지배하는 세계였다.

그에 반해 아고라에서는 나이도 국적도 경제 상태도 문제가 되지 않는다. 거기에서는 상품이 통화와 교환되듯이 본인에게 갖추어진 속성과는 무관계하게 교환되는 말과 의견(독사)의 교환에만 가치가 놓여 있으며, 일방적으로 주입하는 것이 아닌 말·의견의 주고받음이 새롭게 자유와 평등을 정의한다. 소크라테스가 만들어내는 일대일의 인간관계는 대화자의 신분이나 속성을 참가 자격으로 하지 않는다는 의미에서 평등하며, 자신의 의견과 사상, 즉 독사의 표명에 제한이 없다는 의미에서 자유(파레시아parrhesia)인 것이다. 민주정의 원리인 자유와 평등은 아고라라는 정치 공간에서 참으로 실현된다.

하지만 왜 소크라테스는 자유롭고 평등한 대화를 실천했던 것일까? 그는 정치가로서 폴리스의 변혁을 기도했던 것이 결코 아니다. 아니, 철학에 투철했던 것이 그를 민주정의 철학자인 동시에 정치가로 만든 것이다. 기원전 399년에 신에 대한 불경의 죄목으로 기소된 재판에서 그가 하는 말에 귀를 기울임으로써 그 내력을 분명히 해보자.

'델포이 신탁 사건'과 무지의 자각

플라톤이 소크라테스 재판을 주제로 하여 저술한 『소크라테스의 변론』의 기술(20C~23C)에 따르고자 한다. 소크라테스 자신은 아무것도 쓰지 않았고, 제자들의 작품으로 그의 언행이 전해지기 때문이다.

아고라에서의 소크라테스의 대화는 웬일인지 그에게 '지자'라는 평판을 가져다주었다. 친구의 한 사람인 카이레폰이 그 진위를 확인하기 위해 델포이로 가서 그곳에 모셔져 있는 신 아폴론으로부터 '소크라테스보다 지혜 있는 사람은 없다'라는 신탁을 받자, 소크라테스는 그것에 놀라 의아해하며 신의 말을 '수수께끼'로서 받아들인다. 신탁에 따르면 소크라테스는 사람들 사이에서 최고의 지자가 되지만, 그는 자신이 지혜를 가지고 있다고는 조금도 생각하지 않기 때문이다. 지자가 아니라고 자각하는 그가 신뢰하는 신으로부터 지자라고 인정된다. 여기서 자기의 정체성을 둘러싼 물음이 생겨난다. '나는 누구인가? 지자인가 지자가 아닌가?' — 이 물음과의 격투가 그를 철학자로 만든다. '너 자신을 알라'라는 잠언과 통하는 델포이 신탁과의 만남은 그에게 있어 결정적인 '사건'이 되었다.

소크라테스의 경우 '나는 누구인가'라는 물음은 결코 인간에게 갖추어진 나이, 국적, 경제 상태 등을 문제로 하지 않는다. 디오티마나 아스파시아와 같은 여성에게서 배우는 그는 성적 차이에도 구애받지 않는다. 자유와 평등의 세계 아고라에서의 대화는 그러한 속성을 모두 무효화한다. 오히려 여러 속성이 갖추어진 자기 자신, 즉 혼에서 '나란 본래 누구인가'가 지혜를 둘러싸고서 물어지고 있다. 혼의 동일성을 보장하고 '내가 나다'라고 말할 수 있는 근거가 되는 지혜란 무엇인가?

소크라테스는 지자를 찾아 아테나이를 돌아다닌다. 지혜가 있다고 자타가 모두 인정하는 사람들과 대화를 나누고 좀 더 지혜가 있는 사람을 발견할 수 있다면, 신에게 반례를 들이대고서 자신이 최고의 지자는 아니라고 대답할 수 있다고 생각했기 때문이다. 하지만 지자란 도대체 누구인가? 그는 공적인 독사의 세계에서 지자라는 평판을 얻고 있는 정치가와 비극 시인을 반-공적인 세계로 끌어들여 일대일의 대화를 시도한다. 밝혀진 것은 얄궂게도 신탁이 옳다는 것이었다.

문화의 담지자가 지자라고 생각되는 이유는 좋음이나 아름다움과 같은 중요한 것에 대해 알고 있기 때문일 것이다. 알고 있다면 좋음이란 무엇인지, 아름다움이란 무엇인지에 대해 설명할 수 있을 것이다. 그러나 어떠했던가? 정치가는 폴리스를 위한 좋음인 국익을 말하고, 시인은 아름다운 시구를 지어내지만, 그 어느 쪽도 그 정책이 왜 좋은지, 그 시구가 왜 아름다운지를 좋음과 아름다움의 정의까지 덧붙여 설명할 수 없었고, 처음부터 끝까지 자신의 모순된 신념(독사)을 드러낼 뿐이었다. 좋음이나 아름다움에 대해 그들은 공적 세계에서는 대중을 설득하고 의견을 주입함으로써 지자의 평판을 얻고 있었지만, 소크라테스의 음미로 인해 자신의 무지를 속속들이 드러내게 되었다.

다른 한편 소크라테스는 어떠한가? 그 자신도 좋음과 아름다움에 대해 모른다는 것을 인정하고 있고, 무지라는 점에서 문화의 담지자들과 큰 차이가 없다. 그러나 중대한 다름이 존재한다. 문화의 담지자는 모름에도 불구하고 알고 있다고 생각하는 데 반해, 소크라테스 자신은 모르기 때문에 그대로 모른다고 생각한다. 다시 말하면, 자기의 존재 모습에 대해 그들은 지자가 아님에도 불구하고 지자라고 잘못된 생각을 지니는 데 반해, 소크라테스는 자신이 지자가 아니기 때문에 지자가 아니라고 올바른 생각을 하고 있다는 한 가지 점에서 크게 다른 것이다. 소크라테스는 '무지의 자각'(일반적으로 '무지의 지'라는 표현이 유포되어 있지만 잘못이다), 좀 더 엄밀하게는 '지자가 아니다'라는 올바른 자기 이해를 가진다는 점에서 누구보다도 지혜가 있다고 말할 수 있는 것이다.

지혜와 철학(앎의 사랑)

소크라테스는 좋음과 아름다움에 대한 앎, 요컨대 참된 의미에서의 '지혜'를 신에게만 가능한 것으로 하는 한편, 지자가 아니라는 자기 이해를 '인간적인 지혜'라고 부른다. 이리하여 그의 정체성을 둘러싼 수수께끼는 참된 지혜와 관련해서는 '지자가 아니'지만, 인간적인 지혜와 관련해서는 '지자이다'라고 모순이 없는 형태로 풀렸다. 확실히 이 세상에 전문가는 수많이 존재하고 전문 영역에 속하는 중요한 것을 알고 있지만, 좋음과 아름다움이라는 중대사를 아는 사람은 누구 한 사람도 없으며, 여론 주도자와 대중에게 인기가 있는 문화의 담지자라고 해서 그 예외가 아니다. 사람은 모두 다 신의 지혜를 지니지 못한다는 점에서 평등하다. 아고라에서의 대화의 평등성은 신의 지혜라는 절대적 기준과 비교하면 인간의 의견·독사란 지혜가 아니라는 점에서 아무런 차이도 없다는 사실에 근거한다. 좋음과 아름다움의 대화를 둘러싸고서는 말하는 자의 속성이 어떠하든 의견의 다양성이 존중되어야만 한다.

그러나 이것은 앎과 관련해 인간의 삶의 방식에 차이가 없다는 것을 의미하지 않는다. '지자이다/아니다'라는 자기 이해는 혼의 존재 방식으로서 언제나 인생 전체에 따라붙는다. 지자가 아님에도 불구하고 지자라고 잘못 생각하고 사는 사람은 분명히 인간적인 지혜의 관점에서 지자가 아니라는 것을 자각하고 있는 사람보다 열등한 삶의 방식을 취하고 있다. 스스로가 지자라고 잘못된 생각 (독사)을 지닌 문화의 담지자는 그 생각이 방해하여 참된 지혜를 사랑하고 추구하지 않으며, 지혜에 등을 돌린 배움이 없는 인생을 보낼 것이다. 배움이 없는 상태를 단순한 알지 못함과 구별되는 의미에서 '무지'라고 부른다면, 무지로부터의 해방이 불러일으키는 배움은 참된 지혜에 접근하는 만큼 인생의 가치를 실제로 높여 간다. 그리고 신과 같은 지자는 아니라 하더라도 무지도 아닌, 즉 지혜와 무지의 중간에 있는 사람이야말로 아는 것을 사랑하고 추구하는 앎을 사랑하는 자(애지자), 요컨대 철학자가 되어 배우기 위해 살아가는 길을 계속해서 걸어간다.

소크라테스가 몸소 보여준 철학자의 삶은 많은 젊은이를 사로잡았다. 그에 대한 고소장의 일부에 '젊은이들을 타락시켰다'라고 되어 있지만, 이는 종종 지적되듯이 젊었을 때 그와 사귀며 정치가로 성장한 크리티아스와 알키비아데스가 폴리스를 몰락 직전으로 이끌었기 때문일 것이다. 유감스럽게도 그들은 소크라테스와 철학에서 벗어나 무지로 점철된 인생을 보냈지만, 아테나이의 공적 세계에서 문화의 담지자와 대중이 연출하는 독사의 잔재주에 싫증이 난 젊은이들이 개방된 아고라에서 신이 아닌 인간의 자각을 가지고 좋음이란 무엇인가, 아름다움이란 무엇인가와 같은 중요한 것을 자유롭게 서로 이야기하는 삶의 방식에 신선한 매력을 느낀 것은 충분히 있을 수 있는 일일 것이다. 지식을 주입하는 것이 아닌 무언가 새로운 교육과 문화(파이데이아)의 향기가 나기 때문이다. 상식(독사) 있는 어른들로부터는 정치를 경시한 '타락'한 삶의 방식으로 단죄되었지만, 철학은 소크라테스의 삶과 죽음을 통해 민주정 하에서의 인간의 하나의 삶의 방식으로서 탄생했다.

3. 혼에 대한 배려

행복주의의 공리

소크라테스는 신과 같은 '지자'의 모습을 내보이는 문화의 담지자와 그 지혜에 참여하는 대중이 파이데이아를 통해 형성하는 시민 사회 내부에서 철학이라는 새로운 파이데이아를 실천하고 그 결과로서 시민에게 신이 아닌 '인간의 자각'을 불러일으키게 되었다. 하지만 철학의 최종 목표는 인간의 자각에 놓여 있는 것이 아니다. 소크라테스의 경우 그의 인생을 결정한 신탁이 '그보다 지혜 있는 자는 없다'라는 비교 표현을 포함하는 한, 철학은 세계의 다종다양한 구체적 타자들과 어울리면서 '이 나는 누구인가?', '자기의 혼은 어떠한가?'를 개별적으로 물어가는 공동의 탐구이다. 그러므로 그의 일대일의 철학적 대화는 타자도 탐구에 끌어들이는 '자기와 타자의 음미'(『변론』, 28E)의 형태를 취하여 대화에 관련되는 개인 한 사람 한 사람의 영혼의 본연의 모습을 따져나간다. 그러면 그러한 자기 탐구는 참된 지혜를 사랑하고 추구하는 활동과 어떻게 관계되는 것일까?

플라톤이 그리는 소크라테스는 대개 덕 등의 중요한 것에 대해 알고 있다고 표명하는 '지자'의 생각(독사)을 음미한다. 그 생각은 좋음·아름다움·정의와 같은 가치를 둘러싼 그 사람의 인생관과 윤리관을 표현하기 때문에, 음미를 받은 대화자는 자신의 인생과 혼을 반성하기 시작한다. '음미하지 않는 삶은 살 만한 가치가 없다'(『변론』, 38A)라고 하는 가운데, 특히 좋음의 생각에 대한 음미는 절실해진다. 왜냐하면 사람이 모든 행위를 자신에게 '좋다'고 생각하는 한, 좋음의 생각은 확실히 행위들이 구성하는 인생 전체에 널리 침투하고 있기 때문이다. 실제로 '좋은' 행위란 다름 아닌 자신의 인생을 좋게 하는, 즉 행복하게 하는 행위이기 때문에, 각각의 개별적인 '좋다'는 생각은 '자신은 누구인가'와 같은 자기 이해나 '자신의 행복은 무엇인가'와 같은 행복관과 밀접하게 결부된다. 따라서 자기나 행복에 대해 오해하고 살아간다면, 많은 경우 개개의 행위를 선택하는 데서 잘못을 범하고 자신에게 '나쁜' 행위를 행하여 불행해질 것이다.

소크라테스의 철학은 생각과 사실의 괴리라는 인간의 현실을 응시하고, 그 출발점에 하나의 공리를 둔다. '사람은 모두 행복하기를 원한다'라는 행복주의의 공리이다(플라톤, 『에우튀데모스』, 278E, 『향연』, 205A, 『메논』, 78A 참조). 이 주장은 증명이 필요하지 않은, 누구나 인정하는 '공리'이자 대화의 절대적인 전제이다. 예를 들어 극악한 사람들조차 자신의 행복을 바란다는 것을 서로 인정하는 것이 철학적 대화의 확고한 기반을 이룬다.

행복주의의 공리에서 생각하면, 사람은 누구나 불행해지고 싶어 하지 않기 때문에 자기의 모습을 잘못 생각하고 싶어 하지 않으며, 각가의 행위의 좋음과 자신의 행복관의 올바름을 판정하는 참된 지혜를 사랑하고 추구할 것이다. '행복해지고 싶으므로 알고 싶다'라는 것은 소망의 자연스러운 연쇄이다. 자기의 본연의 모습을 알기 위해서는 영혼을 만들어내는 '좋다'는 생각의 네트워크, 요컨대 신념(독사) 체계에 대한 해명이 필요하지만, '좋음'을 둘러싼 그 해명을 위해서는 선善이란 본래 무엇인가를 아는 참된 지혜를 참조할 것이 요구된다. 자기 탐구로서의 철학이 참된 지혜를 사랑하고 추구하는 활동인 까닭이다. 이리하여 철학은 혼의 개별성과 참된 지혜의 보편성 사이를 오가는 왕복운동으로서 특징지어진다.

행복과 덕 있는 혼

개별과 보편의 왕복운동인 철학은 혼의 현 상태를 음미하고 부정할 뿐만 아니라 혼을 새롭게 변화시키는 일에도 도전한다. 철학은 인간임을 자각시키는 것에서 더 나아가 지금 여기서 살아가는 개인, 요컨대 '이 나'를 창조하는 것이다. 자기 탐구는 혼으로서의 '이 나'가 보편과 서로 접하는 배움 속에서 잘사는 것을 가능하게 한다. 소크라테스가 법정에서 '혼을 배려하라'라고 마지막 호소를 시도한 것은 그 때문이었다. 대화에 평생을 바쳐온 그가 많은 사람을 향해 던지는 설득의 말은 아테나이 시민뿐만 아니라 우리 인류 전체에 대한 유언이 되었다.

참으로 뛰어난 사람이여, 그대는 지혜와 힘에서 가장 위대하고 가장 이름 높은 폴리스인 아테나이 사람이면서 부끄럽지 않은가? 돈과 평판과 명예가 자신에게 가능한 한 많이 생기도록 배려하면서, 다른 한편으로 사려와 진리와 영혼이 가능한 한 좋아지도록 배려하지 않고 고려하지도 않다니 말이오. (…) 돈에서 덕이 생기는 것이 아니라 덕으로부터 돈이나 그 밖의 것 모두가 사적으로나 공적으로 인간에게 좋은 것이 되는 것이라네. (『변론』, 29D~30B)

소크라테스가 따로 언급하는 예도 포함하면, 그가 배려를 금지하는 대상은 ① 돈·평판·명예·육체이며, 배려를 권고하는 것은 ② 사려·진리·혼·덕이다. 이 대비는 무엇을 의미하는 것일까?

이러한 호소에서 소크라테스가 '배려'를 우리의 행복관과 결부시키는 것은 분명하다. 그는 '평소 무엇을 돌보며 살아가는가'라고 묻고서는 돈이나 평판에 마음 쓰며 생활하는 우리를 비난한다. 아무리 부자라도, 아무리 주위의 칭찬을 받더라도 자신에게 덕이 갖추어지지 않는 한, 돈도 명성도 결코 '좋은' 것이 되지 못하고 행복한 인생을 구성하지 못하기 때문이다. 하지만 본래 돈이나 명성을 인생의 중대사라고 믿는 것이 어째서 잘못된 것인가? 우리는 돈 없이는 살 수 없고, 다른 사람으로부터 인정받는 삶은 외롭지도 않고 자랑스러운 것이기도 한 것이 아닌가?

두 그룹 간의 관계가 중요하다. ②의 중심에는 '혼'이 놓여 있다. 사람은 육체에 혼이 깃듦으로써 살아가게 된다—이 원초적 사실을 인정하자. 그렇다면 육체가 아니라 혼이야말로 사람을 살리는 '삶의 원리'이다. 혼의 활동을 잘하는 것이 덕인 까닭에, 덕에 의해 혼은 삶을 잘 작용하게 하는바, 요컨대 사람은 잘살아가게 된다. 사람의 삶이 좋다는 것, 행복하다는 것을 결정하는 것은 혼을 좋은 것으로 만드는 덕이다. 이것은 '행복과 덕의 일치'라는 생각이다. 확실히 사람은 육체 없이는 살 수 없으며, 타자와 함께 생활하는 한, 돈도 평판도 명예도 살아가는 데 필요하다.

하지만 ①의 요소는 그것 없이는 인간이 살아갈 수 없는 필요조건에 지나지 않는다. 돈 등은 인생 전체의 부분으로서 중요할 뿐이며, 부분을 인생 전체의 좋음으로 잘못 생각해서는 안 된다(『변론』, 36C). 소크라테스는 말한다. '가장 중요하게 생각해야 하는 것은 사는 것이 아니라 잘사는 것이다.'(플라톤, 『크리톤』, 48B) 인생 전체를 짊어지는 것은 혼이며, ①의 요소를 잘사는 것, 요컨대 '행복'에 이바지하게 하는 것은 어디까지나 혼의 덕이다. 우리가 참으로 행복을 원한다면 ①이 아니라 무엇보다도 혼을 배려하고 덕의 획득을 목표로 하여 살아가야 한다.

사려와 진리

그러면 ②의 사려(프로네시스)와 진리를 배려해야 할 이유는 무엇일까? 무지의 자각과 함께 작용하는 사려에 대해 생각해보자. 지자가 아니라고 의식하는 사람은 사려 깊게 지금 여기에서의 행위를 자신은 누구인가, 행복이란 무엇인가를 깊이 생각하면서 선택한다. 그런 까닭에 사려 있는 사람은 행위를 둘러싼 현 상황뿐만 아니라 인생 전체를 응시하며, 자신이 어떠한 인생을 소망하고 있는지 미래를 전망하면서 지금 여기서 살아가는 현재의 혼의 모습이 어떻게 형성되었는지 과거를 돌아보며 숙고한다. 과거로 되돌아가는 것은 공과 사의 두 세계를 지배하는 파이데이아(문화·교육)가 어떻게 자신의 혼을 형성했는지 자신의 내력을 반성하는 작업이 된다. 그때 사려 있는 사람은 자신이 얼마나 세계의 독사(상식·통념)에 물들어 있는지 깨닫고, 문화의 담지자를 필두로 한 온 세계가 일방적으로 자신의 혼을 조형해온 현실에 어지러움을 느낄지도 모른다.

그러나 사려는 한 사람 한 사람의 독사를 분석하는 철학의 도움을 받는다. 기존의 파이데이아가 서로 다른 역사·배경을 지니는 개인을 한데 묶어 다루면서 폴리스에 쓸모 있는 시민으로 만들어내는 것과는 달리, 소크라테스의 철학적 파이데이아는 개인을 개인으로서 마음 쓰고, 혼의 실질인 신념 체계 내의 모순과 대립을 지적한다. 같은 행위가 어떤 장면에서는 '좋다'고 생각될지라도 다른 장면에서는 '좋다'고 생각되지 않는다면, 확실히 그 사람의 좋음에 대한 이해는 보편성을 지니지 못하고 설명력도 충분하지 않지만, 만약 각각의 판단이 틀리지 않다면 거기에는 한 조각의 진리가 포함되어 있다. 폴리스로부터 교육받은 판단 기준으로서의 독사(상식·통념)도 원래 대개는이라는 한정을 붙여 적용 가능한 개연적인 것이었다. 어떤 장면에서 독사를 배웠는지 상기하고 그 한계를 확실히 의식하여 왜 다른 장면에 적용할 수 없는지, 적용하기 위해서는 어떻게 해야 하는지를 좋음을 둘러싼 참된 지혜를 참조하면서 신중하게 고려한다면, 새로운 배움이 생겨나고 적용 범위도 확대될 것이다. 사려에 대해 배려해야 할 이유의 일단이 바로 여기에 놓여 있다.

사려의 작용은 개인의 삶에 대한 반성으로만 제한되지 않는다.

사려는 타자와 더불어 살아가는 현실 세계를 풍요롭게 한다. 타자와의 의견 대립이나 충돌이야말로 왜 그렇게 판단했는지를 제대로 자신의 말로써 서로 설명하기만 한다면 개별 상황과 보편적 기준을 넘나드는 철학적 사려가 발동하여 상호 간의 좀 더 깊은 현상 파악과 보편의 이해에 이르는 계기가 될 수 있는 것이다. '진리'에 대응하는 그리스어 '알레테이아'는 독사에 지배되어 '깨닫지 못하고 있는'(레테) 혼의 상태가 탐구해 가는 도중에 갑자기 부정되는 ─ 부정의 접두사인 '아ª'의 경험 ─ 이중 부정적인 깨달음의 경험을 가리키는 말이다. 폴리스로부터 주입된 독사를 마음속 깊이 그대로 받아들이고 깨닫지 못한 채 독사로 가득 찬 세계에서 시민으로서 시민과 더불어 살아가고 있던 사람에게 갑자기 진리가 도래한다. 그것은 다시 말하면 앎을 사랑하는 자들이 서로의 독사가 대립하는 이유를 대화로써 사려 깊게 해명하고 독사의 지배로부터 해방되어 각각 '이 나'인 복수의 혼이 함께 살아갈 수 있는 세계의 진상을 깨닫는 순간이다. 진리에 대한 배려란 독사의 세계가 서로 함께 배우는 세계로 전환하는 순간을 소중히 여기는 태도 이외에 다른 것이 아니다.

소크라테스 철학에 대한 응답 가능성

그런데 소크라테스의 부름에 응하여 우리가 혼에 대한 배려를 시작한다면, 그것은 곧 철학자의 삶으로 첫걸음을 내디딘다는 것을 의미할 것이다. 전통적인 문화(파이데이아)에 둘러싸여 자라온 우리는 상식이나 통념과 같은 사회규범을 의심하기 어려운 일상을 보내면서도 의견 대립이나 충돌을 수없이 경험한다. 그러한 기회를 사회에서 우세를 차지하고 있는 의견에 동조 내지 순응하지 않고서 자신의 좁은 견해와 사고방식을 확장하는 계기로 삼아 대화 속에서 자기와 타자를 좀 더 좋은 모습으로 창조해 나가는 것이 소크라테스의 마지막 메시지에 대한 응답이 될 것이다. 그것이 가능하지 않다면, 지자가 아님에도 불구하고 지자로 생각하고 있거나 소크라테스의 문답법 기술을 갖고 있지 못하거나 둘 가운데 한쪽(또는 양쪽 다)일 것이다. 역으로 인간적인 지혜를 지니고서 사려 깊게 문답법을 구사한다면, 그것이야말로 인간으로서의 덕을 발휘하는 것임이 틀림없다. 이것은 '덕은 앎이다'라는 말로 표현되는 지덕합일의 이상이다.

이 장에서 살펴보았듯이 소크라테스의 철학이 기원전 5세기의 민주정 아테나이에 고유한 풍토와 사회체제를 배경으로 하여 탄생한 것은 틀림없지만, 그럼에도 그의 사상은 세계와 혼의 관계 일반에 대해 어떤 중요한 시사를 던져 준다. 즉, 우리의 혼은 기존의 세계에 의해 수동적으로 형성되지만, 철학의 도움을 받아 인간적인 지혜와 사려를 능동적으로 발휘함으로써 우리는 공동체의 일원에 머무르지 않고 인간인 동시에 '이 나'가 되어 복수의 혼으로 이루어진 좀 더 좋은 세계를 새롭게 다시 구축할 수 있다는 가르침이다.

따라서 시간적으로나 공간적으로 멀리 떨어진 우리가 소크라테스에게 배운다면, 우리 자신이 실제로 살아가는 풍토와 사회 배경을 주의 깊게 검토하면서 그의 철학을 살리는 길을 모색해야만 한다. 예를 들어 그의 철학적 기획은 오늘날 식으로 하자면 '급진적 민주주의'의 하나의 형태일지도 모른다. 열린 공공의 공간에서 시민이나 국민 한 사람 한 사람이 신분이나 입장과는 관계없이 평등하고도 자유롭게 정치 이슈를 논의하고 공동체의 존재 방식을 좋은 방향으로 이끌려고 하는 상향식 풀뿌리 운동과 비슷하기 때문이다. 하지만 소크라테스가 어디까지나 반-공적인 세계에서의 대화 그 자체를 인생의 중대사로 하고 공적 활동에서 적극적인 가치를 찾아내지 않았다는 점은 마음에 새겨 두자. 마치 신체와 돈을 배려하면 혼이나 덕에 마음 쓰지 않게 되듯이, 우리의 삶을 위해 공적인 세계의 개선에 열중하느라 일대일의 대화를 소홀히 한다면, 그것은 본말이 전도된 것이다.

그렇다면 소크라테스의 대화를 직접적인 원천으로 하는 '철학 카페' 쪽이 일대일의 주고받음을 포함하는 등의 노력 여하에 따라 그의 철학의 뛰어난 응용이 될 가능성이 크다. 철학 카페에서는 참가 자격을 묻지 않고, 인생이나 세계의 중요한 것을 둘러싸고서 자유와 평등 그리고 무엇보다도 우선 즐기는 것을 규칙으로 하여 대화를 나눈다. 서로 다른 의견의 존중, 다양성의 존중은 당연하다고 하더라도, 철학의 가능성을 믿는 한에서 결코 상대주의에 빠질 일은 없다. 왜냐하면 참가자에게 의견의 대립이나 해결하기 어려운 문제가 생겼을 때야말로 보편을 배울 기회이고, 각자는 무지를 자각하고서 참된 지혜를 지향하는 동시에 참조하려고 하기 때문이다. 철학 카페는 소피스트 식의 '만물의 척도는 인간'이나 '힘이야말로 정의'라는 발상에서 가장 멀리 떨어진 모임이라고 할 수 있다. 이 밖에도 서로 이야기를 나누는 장으로서 문화 센터, 독서 모임, 우물가의 쑥덕공론 등이 있다. 다양한 반-공적인 세계에서 우리가 크게 배움을 향유하고 혼의 영양을 보급한 다음, 각각의 공적 세계와 사적 세계로 되돌아가 세계와 인생 전체를 철학적으로 다시 파악하고자 한다면, 소크라테스적인 '앎의 사랑'의 정신은 지금도 여전히 확실하게 살아 숨 쉬고 있다.

☞ 좀 더 자세히 알기 위한 참고 문헌

— 가토 신로加藤信朗, 『초기 플라톤 철학初期プラトン哲学』, 東京大学出版会, 1988
년. 소크라테스의 삶과 죽음은 플라톤 철학의 출발점일 뿐만 아니라
그 모든 것이었다고 할 수 있을 것이다. 이러한 관점에서 소크라테스
철학의 근본 사상으로 생각되는 '무지의 자각', '덕은 앎이다', '행복과
덕의 일치' 등을 주제로 한 네 개의 대화편을 고찰한다.

— 가와시마 시게나리川島重成·다카다 야스나리高田康成 편, 『무사여, 말하라
ムーサよ, 語れ』, 三陸書房, 2003년. 소크라테스의 철학은 그리스의 문화·파이
데이아의 중층적이고 다양한 전개 안에서 파악되어야만 한다. 서사시,
비극, 역사 등 여덟 개의 장르와 영향사라는 모습으로부터 논의한 그리스
문학의 입문서.

— 노토미 노부루納富信留, 『철학의 탄생 ― 소크라테스는 누구인가?哲学の誕
生― ソクラテスとは何者か』, ちくま学芸文庫, 2017년. 소크라테스는 아무것도
쓰지 않고 죽었다. 이 책은 철학자 소크라테스의 탄생을 그와 주위
사람들의 영향 관계를 소상히 밝히면서 그려 내고 있다. 또한 이 장이
다루지 못한 소피스트 문제에 대해서는 같은 저자의 『소피스트란 누구인
가?ソフィストとは誰か?』, ちくま学芸文庫, 2015년도 참조할 수 있을 것이다.

— 사쿠라이 마리코櫻井万里子, 『소크라테스의 이웃들ソクラテスの隣人たち』, 山川
出版社, 1997년. 아테나이의 시민과 비시민의 관계에 대해 구체적인
예를 다루어 사료를 주의 깊게 분석함으로써 밝혀 나가면서 역사학의
입장에서 당시의 공과 사에 대한 파악 방식과 소크라테스 철학의 연관을
해설한다.

— 한나 아렌트, 『정치의 약속』, 제롬 콘 편, 다카하시 이사오高橋勇夫 옮김,

筑摩書房, 2008년. 아렌트에게 소크라테스라는 존재가 철학과 정치의 관계를 생각할 때 출발점이 된 것은 틀림없다. 독사와 진리의 관계, 복수성의 문제, 플라톤 철학과의 긴장 관계 등 소크라테스 철학이 지니는 현재성에 대해 영감을 주는 통찰이 전개된다.

제8장

플라톤과 아리스토텔레스

이나무라 가즈타카稻村一隆

1. 고전기 그리스의 유산

철학과 민주정

폭넓게 인류사의 관점에서 바라보았을 때, 고전기(기원전 5세기~기원전 4세기경) 그리스의 중요한 유산에는 건축과 조각과 비극과 희극 등 여러 가지가 있는데, '필로소피아'라고 불린 철학(앎의 사랑)을 포함한 학문도 그 가운데 하나이다. 그 철학은 소크라테스의 뒤를 이어 플라톤과 아리스토텔레스라는 두 사람의 지적 거인에 의해 특징지어진다.

물론 유명한 사람을 중심으로 철학사를 그리는 것에 대해서는 비판도 많다. 고전기는 소피스트라고 불리는 지식인들이 활약했던 시대이며, 플라톤과 아리스토텔레스도 그러한 지적 문화의 영향을 받았다. 플라톤은 그 자신의 이해에 근거하여 소크라테스를 해석한 사람에 지나지 않는다. 그 밖에 아리스토파네스의 『구름』이나 크세노폰의 『소크라테스 회상』 등은 다른 소크라테스 상을 전하고 있다. 플라톤과 아리스토텔레스는 각각의 방식으로 그 시대의 지적 문화를 표현했을 뿐이다. 그 당시의 상황에 주목하여 그들을 다시 이해하고 상대화하는 것이 현재 연구자들의 과제가 되고 있다.

그러나 플라톤과 아리스토텔레스가 인류사에 크고 많은 영향을 미친 것 또한 사실이며, 그들을 중심으로 다루는 것에도 이유가 있다. 플라톤은 아카데메이아라는 학원을 열었고, 거기서 공부한 아리스토텔레스는 뒤에 뤼케이온이라는 학원을 열었다. 그들의 지적 대결의 산물은 철학뿐만 아니라 현대의 학문에도 영향을 미치고 있다.

또한 고대 그리스의 유산에는 앞 장에서 설명했듯이 민주정이라는 정치제도가 있다. 고전기는 델로스 동맹의 맹주인 아테나이에서 페리클레스와 같은 정치인들이 활약한 시대이다. 아테나이의 해양 제국은 좋든 나쁘든 근현대 제국의 모델이 된 적도 있다. 극히 적은 시기를 제외하고 고전기의 아테나이에서는 민주정에 의해 정치가 행해졌다. 노예 제도는 당연하다는 듯이 존재했지만, 시민들 사이에는 비교적 평등한 관계가 구축되었고 언론의 공간이 열렸다.

그러나 플라톤과 아리스토텔레스는 민주정에 대해 비판적이다.

그들이 중요하게 여기는 것은 아마추어가 아닌 전문가, 숙련, 고차적인 지식, 학문이다. 예를 들어 의사는 오랜 시간을 들여 공부하고 충분한 훈련을 거친 후에야 사람의 병을 고칠 수 있게 된다. 마찬가지로 정치가는 신체의 건강보다 더 어려운 인간의 행복을 배려하는 것이기 때문에 그에 상응하는 학습과 훈련이 필요하지 않을까?

본래 고도의 문명 생활을 영위하기 위해서는 반드시 분업이 요구된다. 각자 자신의 특성을 살려 특정한 직업에 종사하고 서로의 산물이나 서비스를 교환함으로써 사람들은 더 나은 삶을 살 수 있다. 한 사람의 인간이 농사꾼도 되고 목수도 되고 요리사도 되고 정치가도 될 수 있는 능력을 지닐 수 없을 뿐만 아니라 그럴 시간도 없다. 각자 자신의 전문적인 영역으로 특화함으로써 고도의 기술을 몸에 익힐 수 있을 것이다(플라톤, 『폴리테이아[국가]』, 368B~374D). 따라서 고도의 문명사회에서 정치는 정치에 정통한 전문가가 수행해야 하며, 민주정은 당치 않은 광기의 사태이다. 소크라테스는 아마추어의 민중 재판으로 사형에 처해졌다. 지식을 중요시하면, 필연적으로 민주정과 긴장 관계에 빠질 수밖에 없다. 플라톤과 아리스토텔레스의 철학을 이해하기 위해서는 현대에도 공통된 이러한 배경을 확인해둘 필요가 있다.

그들의 철학 체계 전체를 해설하기는 어려우므로 이 장에서는 지성이나 혼과 같은 주제를 그들이 철학에 몰두하는 배경과 서술 형식을 중심으로 다루고자 한다. 여기서 초점은 민주정적인 언론 공간을 배경으로 발전한 반민주정적인 앎에 맞추어진다. 역설적일지도 모르지만 참된 언론 공간은 앎에 대한 그들의 이해에 기초하여 성립한다.

고전의 공통 텍스트

현재의 중요한 문화로서 자료 인용에 관해 한 가지 보충해야 할 것이 있다. 플라톤의 저작을 인용할 때는 1578년에 간행된 스테파누스판 플라톤 전집의 쪽과 A로부터 E까지의 단락을 나타내는 것이 관례가 되어 있다. 아리스토텔레스를 참조할 때는 1831년에 간행된 베커판 아리스토텔레스 저작집의 쪽, 난(좌측란이면 a, 우측란이면 b) 그리고 행을 적는 것이 관례이다. 예를 들어 플라톤, 『폴리테이아』, 327A라고 쓰여 있으면 스테파누스판 327쪽의 A라는 단락을 참조한다는 것이고, 아리스토텔레스, 『형이상학』, 980a21이라고 적혀 있으면 베커판의 980쪽 좌측란의 21행을 참조한다는 것이다. 이것은 플라톤과 아리스토텔레스의 텍스트에 대해 논의할 때 대단히 편리한 관습이다. 현대에는 대부분의 번역서나 연구서에 이러한 기호가 적혀 있다.

일본어 번역으로 한정하더라도 그들의 하나의 저작에 여러 개의 번역이 있다. 그래서 특정한 사람의 번역서 쪽을 제시하게 되면, 다른 번역서를 참조하는 사람은 그 인용 부분을 찾아가기가 상당히 어려워진다. 외국어 번역도 많이 있고, 그리스어 텍스트도 여러 가지가 있다. 애초에 참조해야 할 하나의 '원본'이 남아 있지 않다. 2,000년 이상 전에 저술된 플라톤과 아리스토텔레스의 저작을 인쇄 기술이 없었던 시절에는 인류는 베껴 씀으로써 전해왔다.

그러한 텍스트를 둘러싸고 논의할 때 스테파누스판이나 베커판이라는 공통의 참조점을 가짐으로써 곧바로 같은 텍스트에 다다를 수 있다. 세계 속의 사람들이 특정한 하나의 문장, 하나의 단어, 심지어 하나의 문자를 둘러싸고 해석을 주고받을 수 있다. 대학 수업이나 시민 강좌에서 논의할 때도 인터넷에서 무언가를 조사할 때도 그리고 SNS에서 발신할 때도 같은 텍스트에 관계할 수 있다.

이것은 공통의 소재를 바탕으로 사람들이 교류하는 하나의 문화이다. 하루하루의 구체적인 사건이라면 몰라도 조금 추상적인 관념이 문제가 되면 전혀 모르는 사람과 대화하기가 어려워진다. 그러나 플라톤이나 아리스토텔레스를 매개로 하면, 조금이라도 그들에게서 영향을 받은 문화를 대화의 실마리로 이용할 수 있게 된다. 이 장도 이러한 문화에 입각해 있다.

고대에는 책을 묵독하는 습관이 드물었다고 한다. 책은 여러 사람 앞에서 읽히는 것이었다. 또한 플라톤 『프로타고라스』, 347B~348A에서 소크라테스는 다른 사람의 말의 의미를 해석하는 것만으로는 꿈속에서 헤매게 된다고 지적하고, 자기 자신의 말로 대화하도록 촉구하고 있다. 본래 쓰인 말은 비망록 정도의 것이다. 어떤 책에 대해 의문이 솟아나더라도 그 자리에서 집필자에게 질문할 수 없다. 집필자 입장에서 보면, 때와 장소를 가려 읽히도록 할 수도 없다. 책은 탐구하는 사람을 위한 각서이다(플라톤, 『파이도로스』, 274B~277A). 고전을 읽는 것도 사유의 대화로서 실천해야 할 일이다. 플라톤과 아리스토텔레스는 독자가 스스로 생각할 때 탁월한 대화 상대가 된다.

2. 플라톤

대화편이라는 형식

플라톤의 작품들은 일부의 예외를 제외하고 대화편이라는 형식을 취하고 있다. 대화편에서는 많은 등장인물이 다양한 관점에서 논의를 주고받는다. 플라톤 자신이 대화의 담지자로서 등장하지는 않는다. 따라서 현대의 논문과 같은 형식과는 달리 대화편은 플라톤의 사상을 직접적으로 표명하고 있는 것이 아니다. 아마도 플라톤은 등장인물인 소크라테스(그 밖에 『소피스테스』나 『폴리티코스[정치가]』와 같은 작품에서는 엘레아에서 온 손님, 『법률』에서는 아테나이에서 온 손님)와 가까운 입장에 서 있는 것이 틀림없겠지만, 완전히 동일시할 수는 없다. 플라톤은 대화편에서 각각의 등장인물이 일정한 역할을 떠맡도록 할 것을 의도했을 것이며, 독자들에게는 그러한 의도를 읽어낼 것도 요구된다.

구체적인 예로서 플라톤의 주저인 『폴리테이아(국가)』를 살펴보자. 이 대화편의 주제는 정의인데, 이 주제가 도입되는 것은 소크라테스와 케팔로스가 이야기를 주고받는 것으로 이루어진다. 소크라테스는 케팔로스의 아들 폴레마르코스에게 거의 강제로 설득당하는 형태로 자산가인 케팔로스의 집에 온다. 노년의 케팔로스가 정의에 관심을 가지는 것은 사후 세계의 일이 마음에 걸리기 때문이다. 이 세상에서 부정을 범한 사람은 사후에 벌을 받는다는 이야기에 두려움을 지니는 케팔로스는 올바르고 경건하게 사는 것을 중요하게 생각한다. 노년에 돈이 중요해지는 것도 신에게 제물을 바치기 위해서나 또한 거짓말을 하거나 빌린 돈을 떼어먹는 것과 같은 부정을 저지르지 않기 위해서이다. 소크라테스는 이러한 말을 이어받아 — 다만 신에게 제물을 바치는 것은 다루지 않는 형태로 — '진실을 말하고, 맡은 것을 돌려주는' 것은 정의의 규정으로서 옳은 것인가 하는 물음을 던진다. 『폴리테이아』는 전통적인 정의에 대한 견해를 검토하는 것으로 시작하는 것이다. 그러나 노인 케팔로스는 소크라테스와 논의를 나누지 않고, 신에게 제물을 바친다고 말하며 장면에서 사라진다.

논의의 상속자는 아들 폴레마르코스이다. 왜 논의의 상속자라는 것이 강조되는 것일까? 폴레마르코스 자신이 이러한 정의에 대한 견해를 옹호하기를 마음 깊은 곳으로부터 열망하지 않는다는 것을 암시하기 위해서이다. 상속자의 특징에 대해서는 이미 케팔로스와의 대화에서 제시되었다. 일반적으로 자기가 벌어들인 돈에 대한 태도이든 시인의 작품에 대한 태도이든 또는 부모의 자식에 대한 태도이든 자신의 노력을 들인 것에 대해 사람들은 강한 애착을 보인다. 역으로 물려받은 것에 대해서는 그다지 강한 집착을 보이지 않는 것이 인지상정이다. 폴레마르코스는 시모니데스의 말 '각자에게 빌린 것을 돌려주는 것이 정의이다'라는 말을 제시하고, 전통적인 그리스인의 정의에 대한 견해인 '친구를 도와주고 적을 해롭게 하는 것'이 소크라테스로부터 반박당하자마자 곧바로 소크라테스에게 동의한다. 이에 반해 세 번째 대화 상대인 트라쉬마코스는 '정의란 강자의 이익이다'라는 견해를 옹호하는 데 열심이다. 그 자신이 이러한 견해를 생각해 냈기 때문이다.

정의를 둘러싼 이 논의는 제2권 이후에 본격화되어 '혼'의 존재 방식을 둘러싼 고찰에 이른다. 『폴리테이아』에서 정의는 혼의 존재 방식을 결정하는 탁월성의 일종으로서 이해하게 된다. 통상적인 견해에서 정의는 '빌린 것을 돌려주는 것이 정의이다'와 같은 견해처럼 장사나 계약이나 전쟁 등의 외면적인 행위에 관계되는 것으로 생각된다. 그리고 사람들은 단지 자신이 올바른 사람이라고 다른 사람들에게 생각되는 것에 따른 평판이나 보수를 위해 정의를 존중하는 데 지나지 않는다. 이에 반해 플라톤이 검토하고 싶어 하는 것은 정의가 혼 안에 있을 때 그것 자체로서 어떠한 의의를 지니는가 하는 점이다. 『폴리테이아』 353D에서 혼의 기능은 살아가는 것의 측면에서 이해되고 있지만, 혼의 특징적인 기능으로서는 보살피는 것, 다스리는 것, 심사숙고하는 것 등이 거론되고 있다. 혼에 주목하는 것은 삶의 방식에 대한 음미를 과제로 하기 때문이다.

이처럼 플라톤은 등장인물의 성격이나 대화의 주고받음에 의해 다양한 포석을 두는데, 한 구절도 놓치지 않고 읽어내면서 플라톤의 의도를 독해하는 것은 독자의 과제이다. 소크라테스의 말을 액면 그대로 받아들이는 것만으로는 플라톤의 의도가 드러나지 않는다. 무언가 논의가 있다면, 그것을 특정한 대화의 맥락 속에서 특정한 성격을 갖춘 등장인물의 발언으로서 이해할 필요가 있다. 물론 그러한 특정한 맥락에 의존한 대화로부터 보편적인 함축적 의미를 끌어내는 것도 독자의 몫이다. 플라톤은 때때로 독자를 놀리기도 한다. 플라톤을 읽는 데는 인간적인 폭넓음이 요구된다.

독자도 등장인물들의 논의에 마치 직접 참여하고 있는 것처럼 플라톤과도 마음속으로 대화할 필요가 있다. 왜냐하면 그와 같은 마음속에서의 대화야말로 주위의 잡음이나 나쁜 관습으로부터 자유로워지는 방책이기 때문이다(『테아이테토스』, 189E ~190A).

이데아

혼 안에서 지성을 활동시켜 파악해야 할 것은 플라톤에 의해 이데아로 정식화되어 있다. 이데아의 다른 호칭으로서 '에이도스eidos'와 '실체'(우시아ousia), '실재'와 '무엇 그 자체' 그리고 '범형'(파라데이그마paradeigma) 등이 있다. 이데아에는 하나의 이데아, 같음의 이데아, 큼과 작음의 이데아 등의 수학적 대상과 좋음이나 아름다움이나 정의와 같은 가치의 이데아 등이 있다. 인간이나 불 또는 물의 이데아가 있는지 없는지는 소크라테스 자신도 결정을 내리지 못한다. 그리고 머리털이나 진흙이나 오물과 같은 가치가 없는 것에 대해서는 이데아는 존재하지 않는다고 생각되지만(『파르메니데스』, 130A~D), 침대나 책상의 이데아는 존재한다고 상정되고 있다.

이데아는 감각으로 포착되는 것이 아니다. 예를 들어 아름다움의 이데아에 대해서는 다음과 같은 것이 말해지고 있다(『향연』, 211A~B). 아름다움 그 자체, 요컨대 아름다움의 이데아는 언제나 있는 것인바, 생겨나는 것도 소멸하는 것도 아니고, 증대하는 것도 감소하는 것도 아니며, 어떤 면에서는 아름답지만 다른 면에서는 추한 것도 아니다. 시간에도 장소에도 의존하지 않는다. 특정한 관계에서만 아름다운 것도 아니고, 어떤 사람들에게는 아름답지만 다른 사람들에게는 그렇지 않은 것도 아니다. 아름다움의 이데아는 특정한 사람으로나 얼굴로, 생물로나 물체로 나타나는 것이 아니다. 무언가 어떤 말이나 지식으로서 나타나는 것도 아니다. 앎을 사랑하는 철학자가 알고 싶어 하는 대상은 이러한 이데아이다.

소크라테스가 하는 말에서 철학자는 다음과 같이 표현되고 있다.

그렇다면 우리가 이렇게 변명하는 게 적절하지 않겠는가? 참으로 배움을 좋아하는 사람은 천성으로 실재에 이르려 열심이고, 존재하는 것으로 생각되는 많은 각각의 것에 머물지 아니하고 나아가되, 각각인 것 자체의 본성을, 그런 것을 포착하기에 적합한 혼의 부분으로써 — 그것은 동류의 것에 적합할 것이기에 — 마침내 포착하게 되기까지는, 그것에 대한 사랑에서 무디어지거나 그 사랑을 그만두는 일은 없을 것이라고 말일세. 혼의 그 부분에 의해서 참으로 있는 것에 접근하여 그것과 교합하여 지성과 진리를 낳고, 앎에 이르게 되어 진실하게 살며 양육되는데, 그 진통이 그치는 것은 이렇게 해서이니, 그러기 전에는 이 진통은 그치지 않는다고 말일세. (『폴리테이아』, 490A~B, 후지사와 노리오藤澤令夫 옮김[여기서는 박종현의 국역본에 따라 옮겼다 — 옮긴이])

반대로 철학자와 대비되는 소피스트란 많은 사람에게 그렇게 생각되는 통념을 표현하고 있는 데에 지나지 않는 사람들을 가리킨다. 그리고 대중의 마음에 들도록 능숙하게 표현할 수 있는 능력을 '지혜'라고 칭하며, 자신들은 '지혜'를 전수할 수 있다고 호언장담하며 수업료를 받고서 '교육'한다. 실제로 그러한지 아닌지는 문제가 아니며, 항상 변화하는 현상을 솜씨 좋게 받아들여 제시할 수 있는 사람들이다.

그러면 왜 이데아를 알 필요가 있는 것일까? 그때그때 그 장에서 아름다운 것을 딱 들어맞게 판단할 수 있다면 그것으로 충분하지 않을까? 첫째, 그와 같은 절대적인 척도가 없으면, 개개의 아름답게 보이는 것이 정말로 아름다운지 아닌지 알 수 없다. 감각을 통해 얻어지는 정보는 그때그때 변화하며, 현재의 자신에게 특정한 때와 장소에 따라 전달되는 제한된 것일 뿐이다. 그것이 다른 사람에게도 실제로 아름다운지 어떤지 알 수 없으며, 현재를 넘어서 미래에 타당한 정보인지 아닌지도 알 수 없다. 사실을 모르고 희미해진 척도밖에 갖고 있지 않다면, 어떻게 딱 들어맞게 판단할 수 있겠는가? 시간과 장소, 관계와 관점에 의존하는 것이 아닌 완전한 척도를 알고 있어야 비로소 정말로 그러한지 아닌지 판단할 수 있게 될 것이다(『폴리테이아』, 504C).

둘째, 이데아는 그것을 인식함으로써 실제로 그렇게 될 수 있게 되는 근거와 같은 것이다. 정말로 아름답고 좋은 것을 인식하고 있다는 바로 그 까닭에 실제로 아름답고 좋은 것이 될 수 있다. 역으로 그러한 인식을 지니지 못하면, 특정한 방식으로 우연히 아름다운 것은 있을지도 모르지만, 조건 없이 아름다운 것은 있을 수 없다. 물론 이데아는 이 세계 속에서 특정한 사람이나 사물로 나타나는 것이 아니라 이상으로서 있는 그러한 것이다. 그러한 이상이 있다고 상정하고 그것을 분명히 알려고 전진해 나가는 것이 이데아의 탐구이다.

다만 이런저런 이데아가 모두 동렬로 다루어지는 것은 아니다. 배워야 할 가장 큰 것은 선의 이데아라고 생각된다(『폴리테이아』, 505A). 올바른 것이나 다른 것들은 선의 이데아가 덧붙여짐으로써 유용한 것이 된다. 반대로 다른 것을 알고 있다고 하더라도 선의 이데아를 알지 못한다면 아무 소용도 없다. 정의의 이데아를 알고 있다고 하더라도 그 이데아가 어떠한 방식으로 좋은지 알지 못한다면, 그러한 앎에 무슨 가치가 있겠는가? 선의 이데아란 가치를 부여하는 것이다.

나아가 선에 대해서는 단지 그렇게 **생각되는** 것만으로는 만족할 수 없다. 아름다운 것이나 옳은 것에 관해 말하자면, 실제로 그렇지 않더라도 아름답게 보인다든지 사람들에게 올바른 것으로 생각된 다든지 하는 것만으로 만족할 수 있을지도 모른다. 그러나 선에 관해서는 우연히 좋아 보인다는 것만으로는 납득할 수 없다. 요컨 대 선의 이데아는 전면적인 완전 긍정이다. 평상시의 생활에서는 지금의 욕구를 충족시킴으로써 긍정적인 감정을 지닐 수 있다. 그러나 자신의 인생 전체가 겉보기에는 좋아도 실제로는 좋지 않을 때, 마음속으로 잘 생각해보면 그것에 만족할 수 없을 것이다.

혼의 삼분설과 교육

그러면 최종적으로 선의 이데아에 도달하기 위해 어떠한 훈련을 쌓아가야 할 것인가? 플라톤은 『폴리테이아』 제2~3권과 제7권에 서 상세한 교육 프로그램을 제공한다. 우선 젊은이들은 음악과 체육을 통해 감정이 지성에 따르도록 교육될 필요가 있다. 그 후에 사회의 실제적인 용무에 종사하며 경험을 쌓는다. 그것은 혼의 세 부분 가운데 '욕망'과 '기개'를 '지성'에 따르게 하는 훈련이다.

『폴리테이아』에서 혼은 폴리스의 세 개의 사회계층에 대응하는 형태로 세 부분으로 분할되어 있다. 폴리스에는 정치와 재판에 종사하는 수호자 계층, 수호자를 도와 나라의 방위에 종사하는 전사 계층, 농민이나 직인 등의 생산자 계층이라는 세 개의 계층이 있다. 그것과의 유비에 따라서 혼 안에는 지성과 기개와 욕망이라는 세 개의 부분이 있다. 지성은 도리를 파악하고, 기개는 욕망이 지성에 반할 때 분개한다든지 지성을 편들어 영혼을 북돋아 준다든지 하는 부분이다.

지혜와 용기와 절제와 정의라는 네 가지 탁월성의 역할도 혼의 삼분설에 대응하여 자리매김한다. 지혜가 있는 사람이란 지성이 혼 전체를 배려하고 지배하는 활동에서 뛰어난 사람이다. 용기가 있는 사람이란 지성의 명령에 따라 심의된 것을 수행할 수 있는 사람이다. 절제가 있는 사람이란 지성이 다른 두 부분을 지배해야 한다는 것을 납득하고 세 부분이 협조하고 있는 사람을 말한다. 그리고 정의가 있는 사람이란 영혼의 세 부분이 자기에게 고유한 역할을 실행하고 다른 부분의 일에 쓸데없이 관여하지 않는 사람이다. 이처럼 지성뿐만 아니라 기개나 욕망을 관장하는 부분도 인간의 삶의 방식에 밀접하게 관계되는 까닭에, 그러한 부분에 관한 탁월성의 함양과 교육이 중요시된다. 지성을 연마하는 것만으로는 인간 혼의 교육 프로그램으로서 불충분한 것이다.

그 이후의 교육 단계에서는 수학적인 학문이 중요시된다. 수학적인 학문으로서는 수와 계산, 평면기하학, 입체기하학, 천문학, 음계 이론이 있다. 수학은 감각이 아니라 지성을 통해 인식하게 되는 방향 전환에 대단히 도움이 된다. 인식의 방향성을 생성 변화하는 세계로부터 참으로 실재하는 이데아 쪽으로 전환해야만 한다. 소피스트에게서처럼 교육이란 지식이 없는 사람에게 외부에서 지식을 제공하는 것이 아니다. 사람들은 이미 이데아를 인식하는 기능을 갖추고 있으며, 단지 방향만 잘못 잡고 있을 뿐이다.

마지막으로 철학적인 대화 문답을 통해 선의 이데아에 대한 인식으로 방향을 잡아야만 한다. 대화 문답은 인생의 후반에 이루어져야 한다. 왜냐하면 우리가 젊어서부터 언론에 열중하고 상대를 논파하는 것에 심취하게 되면 선의 이데아를 인식하기는커녕 무법자가 되어버리기 때문이다(『폴리테이아』, 539A D). 선의 이데아는 일시적으로 마음을 돌리면 도달할 수 있는 휴식처가 아니라 오랜 시간을 들인 단련 끝에도 아직 도달할 수 없는 이상으로서 놓여 있다.

3. 아리스토텔레스

모든 학문의 아버지

아리스토텔레스는 플라톤의 이데아론을 비판했다. 선의 이데아 따위를 인식하지 않더라도 실제로 사람들은 각자의 학문을 자립적으로 수행한다. 아카데메이아에서는 스승과 친구를 비판하는 것이

권장되고 있었던 듯하다. 다만 현재에는 아리스토텔레스와 플라톤의 차이점을 부각하기보다는 아리스토텔레스가 얼마나 플라톤으로부터 영향을 받았는가 하는 것이 더 많이 연구되고 있다. 아리스토텔레스는 플라톤을 비판할 때만 플라톤의 이름을 내놓으며, 하지만 플라톤의 생각을 참고할 때는 플라톤의 이름을 내세우지 않는다.

아리스토텔레스는 여러 가지 지성의 종류를 나눈 것으로 유명하다. 『니코마코스 윤리학』 제6권에 따르면, 우선 다른 방식으로는 있을 수 없는 필연성의 영역과 다른 방식으로도 있을 수 있는 행위의 영역을 나눈 다음, 전자에는 제1원리를 파악하는 직관지(누스)와 원리로부터 논증하는 학문(에피스테메)과 그 양쪽으로 이루어지는 지혜(소피아)를 할당하고, 후자에는 특정한 목적의 실현을 도모하는 기술(테크네)과 인생 전반의 선을 배려하는 사려(프로네시스)를 할당했다. 학문도 세 가지로 구분하여 이론학과 실천학과 제작학으로 나누었다(『형이상학』, 1,025b18~28). 다만 학문을 세 가지로 구분하는 것 자체는 아카데메이아에서 이미 말해졌던 듯하며, 플라톤에게서도 지성의 구별에 관한 표현을 볼 수 있다(『폴리티코스』, 259C~D).

아리스토텔레스에게서 학문과 사려 등의 지성으로서의 탁월성을 발휘하는 것은 인간에게 있어 행복이다. 그의 혼론에 따르면 인간의 혼은 도리를 지니는 부분과 도리를 지니지 않는 부분으로 이루어져 있다. 지성은 도리를 가지는 부분의 탁월성으로서 자리매김한다. 이에 반해 용기나 절제나 기질의 좋음과 같은 성격의 탁월성은 도리를 지니지 않는 부분이 도리를 지니는 부분에 순종하는 것으로서 파악된다. 이러한 탁월성에 기반하여 혼이 활동하는 것이 행복이라고 정의된다(『니코마코스 윤리학』, 제1권 제13장). 도리를 지니지 않는 부분의 활동에는 영양을 섭취하여 생물로서 성장하는 식물적인 활동도 포함된다. 아리스토텔레스는 동물에 한정하지 않고 식물도 포함하는 방식으로 혼의 작용을 이해하고 있다. 이러한 혼을 하나의 주제로 하여 본격적인 연구를 시작한 것이 아리스토텔레스의 『혼에 대하여』라는 저작이다.

아리스토텔레스는 각각의 학문마다 그 기초가 되는 원리와 대상의 독립성을 인정하고, 서로 자율적인 학문으로서 다룬다. 그가 몰두한 학문은 넓은 범위에 걸쳐 있으며, 예를 들어 논리학, 생물학, 자연학, 천체론, 정치학, 윤리학, 시학, 변론술 등이 있다. 물론 생물학이나 천체론이 자연학과 맺고 있는 관계처럼 어떤 학문이 다른 학문의 원리를 이용하고 있는 경우에는 지식의 계층 관계가 있지만, 하나하나의 영역마다 정보를 집적하고 체계화한 것은 그의 공적에 의한 바가 크다. 이러한 학문 분류 자체가 아리스토텔레스가 세계를 어떻게 보고 있었는지를 보여준다.

선행자의 견해에 대한 존중

현대의 학문 세계에서는 선행 연구를 조사할 것이 요구된다.

자신이 탐구하고 있는 주제에 대해 이미 행해진 연구는 어떠한 것인지를 조사한 다음, 새로운 자신의 연구 성과를 덧붙이는 것이 추구된다. 선행 연구에 문제가 있으면 그것을 지적하고 비판하는 것도 학문의 중요한 관례이다. 현대에는 당연한 것이 된 이러한 실천도 인류의 오랜 역사 속에서 서서히 확립되어 온 습관이다.

이 점에서 아리스토텔레스가 수행한 역할은 크다. 그는 거의 모든 학문에서 선행 연구를 조사했다(또한 이러한 조사가 고대 그리스 사람들의 견해를 밝히는 데서 귀중한 자료가 되었다). 그리고 선행 연구의 문제점과 서로의 모순점을 정리하여 자신의 탐구 과제로서 정립한다. 예를 들어 『자연학』 제1권에서는 '자연'에 관해, 『혼에 대하여』 제1권에서는 '혼'에 대해 선행자들이 어떠한 견해를 제시하고 있는지 조사하고 있다. 『정치학』 제2권에서는 플라톤 등 선행자들의 논의뿐만 아니라 평판이 높은 기존의 정치 시스템도 조사한다. 아리스토텔레스의 학원 뤼케이온에서는 158개에 이르는 당시의 국가 체제를 조사한 듯하다. 선행 연구의 조사는 반드시 맨 처음에 행하고 있는 것은 아니며, 때로는 아리스토텔레스 자신의 견해를 확립한 후에 자신의 학설을 검증하기 위해 선행 연구와의 정합성을 조사하는 예도 있다. 예를 들어 『니코마코스 윤리학』 제1권 제8장에서는 '행복'에 관해 자신의 견해를 제시한 후에 다른 사람의 학설을 조사한다.

왜 선행 연구를 조사하고 문제점을 파악할 필요가 있을까?

『형이상학』 제3권 제1장에 따르면 첫째, 문제점을 먼저 해소해두면 그 후의 연구를 순조롭게 진행해 나갈 수 있다. 둘째, 문제점을 파악해두지 않으면 탐구의 목표를 인식할 수 없으며, 더욱이 탐구하고 있는 대상을 발견했는지 아닌지조차 인식할 수 없다. 셋째, 재판에서 원고와 피고 양쪽의 주장을 들을 필요가 있듯이, 대립하는 양쪽의 견해를 들은 사람은 공평하게 판단할 수 있다.

아리스토텔레스가 선행 연구를 조사하는 데서 전제하고 있는 것은 대체로 인간은 진실한 견해를 손에 넣을 수 있으며, 실제로 세계를 올바르게 파악하고 있다는 인간의 인식에 대한 신뢰이다. 사람들의 견해에는 무언가 올바른 지적이 포함되어 있으며, 전적으로 잘못된 것은 거의 있을 수 없다(『형이상학』, 993a30~b19 외). 문제점도 대립점도 없이 모든 사람이 같은 의견을 지닐 때는 실제로도 그렇다고 인정할 수밖에 없다고까지 아리스토텔레스는 말하고 있다(『니코마코스 윤리학』, 1,172b36~1,173a2). 이것은 전원이 찬성할 때는 부결된 것으로 간주한다는 태도가 아니다. 학문의 과제란 적어도 무언가의 점에서는 올바른 견해들을 모으고 문제점을 해소하며 하나의 정합적인 인식을 확립하는 것이다. 학문이란 여러 가지 정보를 집약한 결과로 생겨나는 지식의 체계화이다.

이러한 태도를 표현하는 텍스트를 『정치학』에서 인용해보자. 아래 텍스트의 맥락에서는 플라톤 『폴리테이아』의 재산 공유제라는 방책을 비판하고 있다.

또한 다음의 점도 간과해서는 안 된다. 요컨대 상당히 오랜 시간과 세월에 걸쳐 그러한 방책은 햇빛을 볼 수 없었다는 점도 고려해야 한다. 만약 그것이 훌륭한 것이었다면, 이렇게 오랫동안 아무도 그것을 눈치채지 못했을 리가 없다. 왜냐하면 거의 모든 방책이 이미 발견되었기 때문이다. 하지만 그 가운데는 자료로서 수집되어 있지 않은 것도 있고, 알려지기는 했지만 활용되지 않는 것도 있다. (『정치학』, 1,264a1~5. 간자키 시게루^{神崎繁}·아이자와 야스타카^{相澤康隆}·세구치 마사히사^{瀬口昌久} 옮김)

지식의 발전

그러면 경험을 겹쳐 쌓아 자료를 집적하면 학문을 한 것이 될까? 아리스토텔레스의 틀에서는 그것만으로는 학문이 되지 않는다. 학문의 요건에는 원인의 파악이라는 점도 포함된다.

한편으로 아리스토텔레스는 학문적 지식의 기초로서 감각을 통한 정보 취득과 그 정보의 집적으로서의 기억과 경험을 존중한다. 『형이상학』 제1권 제1장에서는 감각으로부터 학문적 지식에 이르기까지 지식의 발전을 기술하고 있다. '모든 인간은 본성적으로 알기를 원한다'라는 서두의 유명한 말은 보는 것에 대한 애호를 증거로 하여 근거 지어지고 있다. 감각만으로는 세계의 상황을 그 장에 한정하여 전달할 뿐이지만, 몇몇 동물은 기억력을 갖추고 있고 감각 정보를 축적할 수 있다. 나아가 청각이 뛰어난 동물이라면, 다른 동물로부터 가르침을 받아 배울 수 있다. 동일한 사항에 대해 많은 기억이 쌓이면 경험이 된다.

더 나아가 인간과 같은 동물이 되면, 추론함으로써 기술을 몸에 익힐 수 있다. 아리스토텔레스에게서 '기술'이란 보편적인 판단을 포함하는 것이다. 예를 들어 당시의 그리스에서 비교적 발전한 기술인 의술의 경우, 경험의 단계에서는 소크라테스가 이러한 병을 앓았을 때는 이러한 처치가 유효하며, 플라톤이나 이소크라테스나 다른 사람의 경우에 대해서도 마찬가지였다고 하는 지식을 가지고 있는 데에 지나지 않는다. 그러나 기술을 획득하면, 일정한 체질의 사람 모두에 대해 열병을 앓을 때는 이러한 처치가 유효하다고 보편적인 판단을 내릴 수 있다.

일본의 장인 기질을 지닌 사람은 경험가에 가까울지도 모른다. 요리 기법은 언어를 통해 배우고 학습해야 하는 것이라기보다는 실제로 하는 일을 '눈으로 보고 훔치는' 것으로 여겨진다. 노하우는 강의를 통해 학습할 수 있는 것이 아니라 실제로 다양한 사례를 많이 경험해봄으로써만 몸에 익힐 수 있을지도 모른다. 아리스토텔레스도 우리가 실제로 행위할 때에는 어디까지나 개별적인 사항에 대처하는 것이 주안점이기 때문에 경험이 대단히 유용하다고 인정한다. 다만 보편적인 판단을 갖추지 않으면, 다른 사람에게 말을 통해 설명하고 가르치기가 어렵다.

원인의 파악

『형이상학』제1권 제1장에서 학문은 이러한 기술의 연장선상에 놓여 있으며, 원인의 파악을 중요한 요건으로 하고 있다. 단적인 사실로서 사물이 실제로 그렇게 되어 있다 — 예를 들어 '소크라테스가 병에 걸렸다' — 는 점을 파악할 뿐만 아니라 무엇 때문에 그러한지 원인을 파악했을 때 학문적 지식을 지닌다. 아리스토텔레스가 감각에 의한 정보 파악을 지식과 동일시하지 않는 것도 감각은 사실을 알게 해줄 뿐 원인을 파악할 수 없기 때문이다. 예를 들어 촉각은 불이 뜨겁다는 사실을 알려주기는 하지만, 무엇 때문에 불이 뜨거운지를 설명하지 않는다. 조금 이야기가 복잡해지지만, 앞에서도 말했듯이 『니코마코스 윤리학』제6권에서는 기술과 학문은 전혀 다른 영역에 있는 것으로서 명확히 구별되고 있다. 그러나 일반적으로 고대 그리스에서는 '기술, 학문'이라는 용어가 명확히 구별되었던 것은 아니다. 『형이상학』제1권에서도 기술과 학문은 가까운 관계로서 파악되고 있다.

지적 탐구에 필수 불가결한 '놀라움'의 관점에서 보편적 판단과 원인의 관계를 살펴보자. 놀라움에는 보편적 판단이 포함되어 있다. 예를 들어 일반적으로 달의 참과 이지러짐에 관한 규칙성 인식이 없다면, 월식이라는 현상에 놀라지 않을 것이다. 날마다 달을 관찰하고 초승달, 상현, 보름달, 하현의 규칙적인 이행이라고 하는 보편적 판단이 있는 까닭에, 극히 드물게 달에 가림이 생기면 불가사의로 생각하고, 왜 월식이 생기는지 의문스럽게 생각한다. 태양과 달 사이에 지구가 있고 지구가 태양의 빛을 차단하기 때문이라는 원인을 파악함으로써 의문을 해소한다. 원인을 파악하면 월식을 당연한 것으로 여기게 된다. 역으로 태양과 달 사이에 지구가 있음에도 불구하고 월식이 생기지 않는다면, 이번에는 이 사태가 놀라움을 불러일으키고, 또다시 원인의 탐구가 시작될 것이다.

『형이상학』 제1권에서는 기술과 학문의 차이를 생활상의 유익함에 관한 관심의 있고 없음에 따라 설명한다. 의술이라면 인간의 건강을 회복시킨다는 생활에 유익한 목적이 있고, 건축술이라면 집의 건설이라는 목적이 있다. 그러나 그러한 인간적 관심사에서 벗어나 지식 그 자체를 위한 지식을 추구한 사람이야말로 지혜가 있는 사람이라고 당시의 그리스 사람들은 생각했다. 아리스토텔레스는 이집트에서 한가한 사제 계급의 존재가 수학적 학문을 산출했다고 이해한다.

조금 바꿔 말하면, 인간이 이 세계를 인식할 때는 어디까지나 인간의 관심에 이끌린다든지 인간의 감각 능력으로 파악하기 쉽도록 이해한다든지 한다. 겉보기의 유사성에 따라 고래를 물고기로 판단하더라도, 그저 잡아먹는 것뿐이라면 고래와 참치를 마찬가지 것으로 분류하고 다 같이 그물로 잡는 것이라고 보편적인 판단을 내리더라도 문제는 없다. 또한 음료로 적합한지 아닌지를 판단하기 위해 물을 이해하게 되면, 일단 인간이 찾아내기 쉽도록 투명하고 냄새가 없는 액체로 파악하더라도 그렇게 잘못된 것이 아니다. 때로는 배탈이 나는 일이 있을지도 모르지만, 당장은 그것으로 잘 생활해나갈 수 있을 것이다.

그러나 이러한 이해 방식은 인간에게 편리한 방식으로 세계를 파악하고 있을 뿐이며, 인간의 감각 기관에 의해 파악되는 정보도 한정된 까닭에 이 세계의 참된 모습을 파악하고 있다고는 말하기 어렵다. 오히려 실제로 존재하는 것을 알고 싶다면, 인간의 감각 정보에만 의존하지 말고 인간의 관심을 넘어설 필요가 있다. 그리고 이 세계를 그 자체로서 파악하는 쪽이 인간에게 나타나는 범위 내의 것을 이해하는 것보다 더 진정한 의미에서 '알고 있다'라고 말할 수 있다. 인간의 감각과 관심에서 출발하면서도 그것을 서서히 제거하여 지식의 순수성을 높이는 것, 이것이 학문의 중요한 특징이다.

아리스토텔레스는 이러한 순수하게 앎을 추구하는 학문을 '자유로운 학문'이라고 부른다(『형이상학』, 982b24~28). 여기서 '자유'란 '생활의 속박에서 벗어나 자신을 위해 살아나가는 것'이라는 의미이다. 자유와 대비되는 노예 상태에서는 생활의 필요를 충족하기 위해 다른 선택지가 없는 상태에서 다른 사람을 위해 노동하지 않을 수 없다. 또한 아리스토텔레스는 생활에 유용한 것을 판단할 수 있는 사려란 다른 동물에게서도 보이는 특징이고, 인간에게 유용한 것과 다른 동물에게 유용한 것이 반드시 일치하지는 않지만, 원리나 원인을 파악하는 지혜의 대상 — 예를 들어 월식이 생기는 것이나 직선인 것 — 은 인간에게 의존하지 않는 것이라고 한다 (『니코마코스 윤리학』, 1,141a22~28).

앞에서도 말했듯이 지성을 발휘하는 것은 인간의 행복으로 이해되지만, 지성 사이에도 차이가 있다. 『니코마코스 윤리학』 제10권 제7장에 따르면, 정치나 군사와 같은 실천적인 활동보다 순수한 앎의 활동이 행복으로 여겨진다. 특히 제1원리를 파악하는 직관지나 지혜의 활동이야말로 본인 혼자서 활동할 수 있다는 점에서 자족적이며, 한가한 틈에 걸맞고 그 자체로 목적이 되는 활동이다. 이에 반해 실천적 활동은 좋은 생활을 위해 정치나 전쟁을 하는 한에서 다른 목적을 실현하기 위해 종사하는 영위이다. 따라서 인간적인 관심사에서 벗어나 신과 같이 순수하게 지혜를 발휘하는 것이 인간에게 가장 행복한 생활이라고 생각된다.

☞ 좀 더 자세히 알기 위한 참고 문헌

— 우치야마 가쓰토시內山勝利 책임 편집, 『철학의 역사 1. 철학의 탄생.
고대 I 哲学の歴史 1 哲学誕生 古代 I』, 中央公論新社, 2008년. 플라톤과 아리스토
텔레스의 철학에 관한 개설서이다. 각각의 생애와 저작의 전승 과정도
다루며, 대단히 충실한 내용을 보여준다.

— 노토미 노부루納富信留, 『플라톤과의 철학 — 대화편을 읽다プラトンとの哲学
—對話篇をよむ』, 岩波新書, 2015년; 야마구치 요시히사山口義久, 『아리스토텔
레스 입문アリストテレス入門』, ちくま新書, 2001년. 플라톤과 아리스토텔레
스 각각에 초점을 맞추어 그 철학을 전반적으로 다루는 저작으로서
이 신서들을 참조. 전자는 플라톤의 대화편마다, 후자는 아리스토텔레스
의 주제마다 철학의 문제가 된다는 점을 그려 낸다.

— 이노우에 다다시井上忠·야마모토 다카시山本巍 편, 『그리스 철학의 최전선
ギリシア哲学の最前線』, 東京大学出版会, 1986년. 조금 오래되었지만, 고대 철학
에 관해 해외의 중요한 논문이 번역되어 있다. 지금까지도 언급되는
유명한 논문들이 수록되어 있다. (1)과 (2)의 두 권으로 이루어져 있다.

— 사사키 다케시佐々木毅, 『플라톤의 속박プラトンの呪縛』, 講談社学術文庫, 2000
년. 플라톤과 아리스토텔레스에 관해 현대와의 관련을 알고 싶은 사람은
참조할 수 있을 것이다. 정치사상으로서 플라톤과 아리스토텔레스를
다루는 위험성과 현대적 의의를 고찰하는 실마리가 된다.

— 플라톤과 아리스토텔레스의 저작과 관련해서는 우치야마 가쓰토시內山
勝利·간자키 시게루神崎繁·나카하타 마사시中畑正志 편, 『아리스토텔레스
전집アリストテレス全集』(岩波書店)뿐만 아니라 교토대학학술출판회와 고분
샤光文社와 고단샤講談社에서 새로운 번역이 계속 잇따라 출판되고 있으며,

거기에 붙어 있는 해설을 참조하면 최근의 연구 상황을 파악할 수
있다.

칼럼 3

그리스 과학

사이토 겐齋藤 憲

그리스 과학(자연학이라고 부르는 것이 적절하다)은 파르메니데스의 '있는 것은 있고, 없는 것은 없다', 즉 변화를 부정하는 요청을 받아들인 다음, 끊임없이 변전하는 자연 현상을 설명하는 난제에 대한 답을 찾는 영위였다. 아낙사고라스의 '모든 것이 모든 것 속에 있다'라는 불가사의한 학설도 파르메니데스에 대한 응답이라고 생각하면 이해될 수 있다.

에피쿠로스학파의 원자론과 아리스토텔레스학파의 4원소론은 뜨거움·차가움·건조함·습함 등의 '질'이 궁극적 실재인가를 둘러싼 문제에서는 대립하지만, 불변하는 것으로 변화를 설명한다는 점에서는 공통된다. 궁극의 실재는 이데아라고 하는 플라톤학파, 자연 현상은 프네우마의 긴장과 이완에 의한다고 주장한 스토아학파도 파르메니데스의 요청을 만족시키는 설명을 제공한다. 이들 아테나이의 학파들은 각각의 제1원리로부터 철학과 그 한 부분인 자연학을 전개했다. 근세에 이르기까지 커다란 영향력을 지닌 것은 페리파토스학파의 4원소설이었는데, 그것은 아리스토텔레스의 생물학 저작에서 보이는 구체적인 조사 연구에 의해서도 뒷받침되고 있었다.

다른 한편 알렉산드리아에서 발전한 과학은 다른 조류로 생각해야 한다고 과학사가 플로리스 코헨Hendrik Floris Cohen은 지적한다. 에우클레

이데스(기원전 3세기 전반)의 『원론』으로 체현되는 엄밀한 증명을
수반하는 수학이 성립하고, 그것이 자연 현상의 정식화에 이용되었다.
멀리 있는 것이 작아 보이는 시각 문제나 거울에 의한 보기는 기하학적
으로 분석되었다(에우클레이데스 『광학』, 『반사』). 알렉산드리아에
반복해서 자기의 저술을 보낸 아르키메데스(기원전 287경~기원전 212)
는 지레의 원리(받침점으로부터의 거리에 반비례하는 무게가 균형을
이룬다), 부력의 원리(액체 속의 물체는 밀어낸 액체의 무게만큼 가벼워
진다)로 알려졌지만, 이것들은 사실은 '원리'가 아니라 '같은 거리에서
같은 무게가 균형을 이룬다'와 같은 단순한 가정으로부터 증명된다(사
이토 겐齋藤憲, 『아르키메데스 『방법』의 수수께끼를 풀다^{アルキメデス『方}
^{法』の謎を解く}』, 岩波書店, 2014년).

　행성 운동을 원운동의 교묘한 조합으로 근사치로 계산하는 모델은
프톨레마이오스(2세기 전반)가 집대성하여 근세까지 계산 천문학의
기초가 되었다. 시대적으로는 이것들에 선행하지만, 음정을 수의 비례
로 나타내는 음계론(하르모니케)은 아르퀴타스에게 그 중요한 업적이
돌려지며, 에우클레이데스의 이름으로 『음계 분할』이 전해진다. 다만
각각의 이론은 특정 현상에 한정되며, 자연계 전체를 수학적으로 파악
하려는 야심은 보이지 않는다.

　이러한 한정을 넘어서서 수학이 제1원리로 인정받게 된 것이 근대
과학의 성립이라는 사건이었다. 아테나이와 알렉산드리아의 융합이라
고 할 수 있다. 그것이 그리스나 아라비아에서가 아니라 17세기 서유럽
에서만 일어난 원인은 과학사의 최대 주제이다.

제9장

헬레니즘의 철학

오기하라 사토시荻原 理

1. 헬레니즘 철학의 이미지

헬레니즘 철학과 세계철학사

헬레니즘 시기란 그리스 고전기와 로마 시기 사이의 기원전 322년경~기원전 30년경을 가리킨다. 철학사에서의 시기일 뿐만 아니라 정치사에서의 시기이기도 하다. 철학사에서는 고전기 최후의 철학자 아리스토텔레스가 사망한 해가 기원전 322년이었다. 이어지는 헬레니즘 시기의 철학을 대표하는 것은 스토아학파, 에피쿠로스학파, 회의학파이다. 고전기·헬레니즘 시기에 지중해 세계에서 철학이 영위되는 주된 언어는 그리스어였지만, 로마 시기가 되면 그리스어와 나란히 라틴어도 철학의 주요한 언어가

된다.

정치사도 살펴두자. 기원전 323년에 알렉산드로스 대왕이 사망한 후, 그 제국은 후계자들 사이에 분할되었다. 대왕과 후계자는 그리스 문명의 담지자였다. 이윽고 로마가 세력을 확장하고, 마침내 기원전 30년, 지중해 세계의 패권을 그리스 세력으로부터 완전히 빼앗아버렸다.

이하에서는 헬레니즘 철학의 대표적인 세 학파 가운데 주로 스토아학파와 에피쿠로스학파를 다룬다.

그런데 세계철학사라고 이름을 내거는 이상, 통상적인 철학사에서는 그다지 볼 수 없는 세계성을 보여주고자 한다. 그렇다면 헬레니즘 철학의 기술은 어떠한 세계성을 보여줄 수 있을까?

지중해 세계와 다른 지역의 교류라는 의미에서 세계성을 보여주는 것은 무리이다. 헬레니즘 철학의 주된 무대는 지중해 세계에 한정되어 있었다(중심은 아테나이). 알렉산드로스의 동방 원정을 수행한 회의학파의 시조 퓌론(기원전 365년경~기원전 270년경)이 인도의 행자나 신관과 만났다고 하는 일화 정도로는 세계성이 도입되지 않는다.

그러면 헬레니즘 철학의 기술은 철학과 다른 영역(다른 문화적 영역이나 정치적·경제적 등의 요인)의 상호 영향을 시야에 넣음으로써 세계적일 수 있을까? 이것도 어렵다. 그러한 상호 영향에 대해서는 공상이나 독단에 빠지지 않고 이야기할 수 있을 것

같지 않다. 중요하고도 커다란 영향 관계가 무엇인가 있었을 것으로 생각되지만 말이다.

헤겔과 맑스 그리고 첼러Eduard Zeller가 헬레니즘 철학을 현실로부터 관념으로의 도피로서 규정한 것은 매우 흥미로운데, 그것은 헬레니즘 철학의 본질을 포착하고 있기 때문이라기보다는 어떤 철학에 대해 품을 수 있는 이미지는 그것 자체로서 재미있기 때문이다(이 점에 대해서는 곧 논의하게 될 것이다).

그래서 우리는 헬레니즘 철학에 관한 기술의 세계성을 다음과 같이 확보하고자 한다. 그것은 그 철학이 세계에서 무엇이었는지에 눈을 돌리는 것이다. 스토아학파와 에피쿠로스학파의 철학이 세계에서 무엇이었는지를 파악하기 위해서는 다음의 두 가지 작업이 동시에 필요하다. 첫째, 그 철학들을 내재적으로 이해하기. 둘째, 그 철학들이 외부자의 눈에 어떻게 비쳤는지 기록하기. 어떤 철학에 대해 외부자가 지니는 이미지는 자주 왜곡된다. 하지만 그러한 오해에 노출된 것도 그 철학이 세계에서 지니게 되는 경력의 한 부분이다. 헬레니즘 철학의 실상과 세상에 유통되는 이미지라는 양쪽에 눈을 돌림으로써 세계철학사라는 이름에 걸맞은 관점을 확보하고자 하는 것이다.

이하에서는 우선 헬레니즘 철학을 둘러싼 약간의 부정적인 이미지를 소개하고, 다음으로는 스토아학파와 에피쿠로스학파의 실상으로 필자가 해석하는 것을 제시하고자 한다.

헬레니즘 철학의 부정적 이미지

헬레니즘 철학에 대해서는 다음과 같은 이미지가 있다. 그것은 ㉠ 대수로운 것이 아니다, ㉡ 어느 것 하나 만족스럽지 않다, ㉢ 어떻게 해도 구제할 방법이 없다는 이미지이다.

필자로서는 헬레니즘 철학에 대한 이러한 특징 부여에 반대한다. 하지만 여기서 나는 그러한 파악 방식들에 대해 굳이 반론을 제기하고자 하지 않는다. 오히려 아니 땐 굴뚝에 연기 나겠느냐고 말하려는 듯이 각각의 이미지 형성에 이바지했다고 생각되는 요인을 지적해 보이고자 한다.

㉠의 이미지 형성에 이바지한 것으로 보이는 요인. 헬레니즘 시기란 고전기의 뒤를 잇는 시기이며, 고전기란 소크라테스, 플라톤, 아리스토텔레스와 같은 거인이 활약한 황금시대이다. 그렇다면 헬레니즘 시기의 철학자들은 고전기의 거인들보다 한 수 아래라는 말이 되기 쉽다.

㉡의 이미지 형성에 이바지한 것으로 보이는 요인. 헬레니즘 철학자들의 문서는 조금밖에 남아 있지 않다. 플라톤이나 아리스토텔레스의 경우에는 대부분의 저작집이 전해지고 있으며, 이것을 펴서 읽는 사람은 한편에서의 텍스트 개별적인 부분과 다른 한편에서의 철학 체계 전체상 — 또는 체계의 변동하는 상 — 사이를 몇백 번이라도 왕복하는 기쁨을 맛볼 수 있다. 하지만 스토아학파의 크뤼시포스나 에피쿠로스의 대부분 저작은 역시 단편적으로밖

에 남아 있지 않기 때문에 어찌할 도리가 없다.

ⓒ의 이미지 형성에 이바지한 것으로 보이는 요인. 서양 철학의 담론에 대해 그리스도교적인 것이 휘두르는 형성력은 강하다. 그리스도교에 있어 고대 그리스 철학자는 오만하다. 신의 구원 없이 인간의 이성만으로 행복을 실현할 수 있다고 생각했기 때문이다. 하지만 고대의 이교도들 가운데 플라톤과 아리스토텔레스는 그런대로 낫다. 물체적인 차원을 넘어선 정신적 차원으로 눈을 돌렸기 때문이다. 그에 반해 스토아학파나 에피쿠로스학파처럼 신과 혼까지 물체로서 파악하는 무리는 어떻게 해도 구제할 방법이 없다고 생각된다.

지금 필자는 ⓐ에서 ⓒ까지의 파악 방식에 반론을 제기하지 않을 뿐만 아니라 그러한 이미지의 형성에 이바지한 이러한 요인들이 정말로 그러한 파악 방식을 정당화하는가 하는 문제에도 들어가지 않는다. 다만 헬레니즘 철학이 그처럼 부정적으로 비칠 수 있었다는 사실을 적어두는 데 그칠 뿐이다.

지금의 기술은 난폭하다고 생각될지도 모른다. 하지만 문제가 되는 것은 세계철학사이다. 어떤 철학에 대해 그것을 호의적으로 이해하려고 하지 않는 사람이 얼마든지 있는 장소, 그것이 세계가 아니던가? 세상에 통용되는 이미지의 이러한 쓴맛, 군맛이야말로 세계성의 맛이다.

이하에서는 입가심은 아니지만, 스토아학파와 에피쿠로스학파의 실상을 그려내 보이고자 한다. 어떤 철학이 그 자체로 어떠했는가 하는 것도 그것이 세계에서 무엇이었는가 하는 것의 일부이기 때문이다.

그렇게 함에 있어 스토아학파와 에피쿠로스학파가 세계 또는 우주를 어떻게 파악했는가 하는 점을 기술의 실마리로 삼고자 한다. 세계에 대한 철학적 파악을 '세계철학'이라고 부른다면, 스토아학파와 에피쿠로스학파는 세계철학 역사의 흥미로운 두 절을 이룬다. 회의학파에 대해서는 마지막으로 간단히 언급한다.

2. 스토아학파

스토아학파의 철학자들

스토아학파의 창시자는 키티온의 제논(기원전 333/332~기원전 262/261)이다. 그는 기원전 300년경, 아테나이의 채색 주랑(스토아 포이킬레)에서 가르치기 시작했다. 제2대 학당장은 클레안테스(기원전 232 사망). 그는 '제우스 찬가'를 저술했다. 3대째는 크뤼시포스(기원전 208/204 사망). 그는 논리적 세련에 뛰어나고 많은 저작을 지었으며 권위를 지녔다. 그들은 초기 스토아학파라고 불린다. 파나이티오스(기원전 2세기), 포세이도니오스(기원전 2세기~기원전 1세기)는 중기 스토아학파. 로마 시기의 세네카, 에픽테토스,

마르쿠스 아우렐리우스 등은 후기 스토아학파라고 불린다.

스토아학파에게 세계란 어떤 곳인가?

스토아학파에 따르면 세계 전체는 로고스(이법, 이성)에 의해 지배되고 있다. 로고스는 신이라고도, 자연(퓌시스)이라고도 바꿔 불린다. 다만 스토아학파의 신은 인간의 행위에 감정이나 생각이나 행동으로 반응하는 신이 아니다. 오히려 세계의 전개 프로그램과 같은 것이라 말할 수 있을 것이다.

세계의 어떠한 것도 세계의 이성적 구조의 한 부분을 차지하며, 세계의 이성적 전개에 일역을 담당한다. 인간도 그렇다. 하지만 인간은 그 자신이 이성(로고스)을 가짐으로써 세계 속에서 특별한 위치를 차지한다. 인간의 이성은 세계 전체를 지배하는 로고스의 한 부분이다. 자기의 이성을 좋은 상태에 두고 이것을 잘 작용하게 하는 것은 로고스에 의한 세계 지배에 적극적으로 참여하는 것을 의미한다. 이성적으로 인식하고 행위하며 살아가는 것이 인간의 과제이다. 그렇게 살아가는 것이 인생의 목적, 행복이다(스토아학파의 행복관에 대해서는 뒤에서도 조금 언급한다).

스토아학파의 존재론은 물체주의이다. 자립적으로 존재하는 것과 이러한 존재자에게 의존하여 존재하는 것을 구별하면, 스토아학파에 있어 자립적으로 존재하는 것은 물체, 요컨대 외부로부터의 압력에 저항하는 3차원으로 확대된 것뿐이다. 신으로서의 로고스는 자립적으로 존재한다. 그러므로 물체이다. 물체인 세계 전체 속에 물체인 로고스가 서로 섞여 널리 퍼져 있다. 세계에 대한 로고스로부터의 작용은 물체들 사이의 작용이다.

또한 생물의 혼과 혼의 덕이나 악덕도 물체이다. 혼을 물체로 파악하는 점은 에피쿠로스학파도 마찬가지이다. 요컨대 두 학파에 있어 생물이란 신체라는 둔중한 물체 속에 영혼이라는 경쾌한 물체가 고루 퍼진 것이다. 그리고 혼으로부터 신체에 대한, 신체로부터 혼에 대한 작용은 두 물체 사이의 작용이다. 이리하여 두 학파는 데카르트적인 심신 이원론의 아포리아를 사전에 회피했다.

스토아학파는 자연과 질료라는 두 원리를 내세운다. 자연이 그 자신은 성질이 없는 질료에 작용한 결과 구체적인 물체가 성립한다.

그리스의 통례대로 스토아학파도 흙과 물, 불과 공기에 관해 이야기한다. 그리고 헤라클레이토스를 따라서 불에 특별한 지위를 인정한다. 하지만 불의 자리매김은 스토아학파 내에서 한 가지가 아니었다. 세계를 지배하는 로고스가 불과 동일시되는 일도 있었다. 하지만 다음과 같이 파악되는 예도 있었다. 흙과 물, 불과 공기는 질료가 취하는 네 가지 기본적 형태이며, 그 가운데서 불은 특별하다. 첫째, 불만은 그 어떤 때에도 세계로부터 사라지는 법이 없다. 일정 기간마다 세계 전체가 불타올라 불로만 되고, 다시 새로운 주기가 시작된다는 스토아학파의 가르침이

염두에 놓여 있는 것이다. 둘째, 불은 흙과 물과 공기를 낳을 수 있다. 세계가 불타오른 후 얼마 안 되어 흙과 물, 불과 공기가 빠짐없이 나온다고 생각되지만, 불만 존재할 때 흙과 물과 공기를 낳는 것이 있다면, 그것은 불 이외에는 없다는 것이다.

이야기는 더욱 복잡해진다. 불은 스스로가 낳은 공기와 혼합되어 숨(프네우마pneuma)이 된다. 로고스란 사실은 이 숨이다. 숨은 거시적인 수준에서 세계 전체에 고루 퍼지고, 미시적인 수준에서 개개의 물체 속에 고루 퍼진다. 그야 어쨌든 경쾌하고 활발한 숨은 둔중한 물이나 흙 속에 섞여 들어간다. 숨은 이것이 미치는 것에 긴장을 초래하여 이것을 조직화한다. 그때 뜨거운 불은 팽창을, 찬 공기는 수축을 적절히 초래한다. 각각의 물체는 그 기능이 고도하면 할수록 더욱더 고도한 긴장을 초래한다. 생물의 기능은 무생물보다 고차적이며, 식물보다 동물, 다른 동물보다 인간의 기능이 더 고차적이다. 혼이란 생물에 고루 퍼져 이것을 조직화하는 숨 이외에 다른 것이 아니다.

판단과 행위를 표상에 대한 동의를 통해 설명함

스토아학파는 판단과 행위를 모두 '혼의 통합하는 부분(헤게모니콘)이 자신에게 주어진 표상(판타시아)에 동의를 주는 것'에 의해 설명했다.

혼에는 여덟 가지 부분 또는 능력이 있다. 오감, 생식 능력,

발화 능력, 통합하는 부분이다. 통합하는 부분은 심장에 위치하며, 혼의 나머지 부분을 신체 속으로 보낸다.

판단은 다음과 같이 설명된다. 사람의 앞에 있는 것으로부터 사람의 혼의 통합하는 부분이 "이것은 삼나무다"라는 내용의 표상을 받아들인다고 하자. 이것은 요컨대 사람이 "삼나무 같구나"라고 일단 생각한다는 것을 의미한다. 통합하는 부분이 이 표상에 동의를 주게 되면, 사람은 '그것은 삼나무다'라는 판단을 내리게 된다. 동의를 보류하게 되면, '삼나무로 보이지만, 알 수 없다'라고 판단을 유보하게 된다. 덧붙이자면, 표상의 명료성과 확실성에 정도의 차이가 있다. 확실한 표상에만 동의하는 것이 안전하다. 현자는 그러한 신중함을 지닌다.

행위는 다음과 같이 설명된다. 사람의 눈앞에 놓인 다른 사람의 지갑으로부터 사람의 혼의 통합하는 부분이 "이것을 훔치고 싶다"라는 내용의 표상을 받아들인다고 하자. 이것은 요컨대 그 지갑을 훔치고 싶은 유혹을 받는다는 것을 의미한다. 이처럼 행위를 촉구하는 표상은 '충동적' 표상이라고 불린다. 이 표상에 동의를 주게 되면, 사람은 그 지갑을 훔친다. 동의를 보류하게 되면, 도둑질은 그만두게 된다. 스토아학파가 말하는 표상에 동의를 주는 능력은 후대의 의지 개념의 선구자라고 할 수 있다.

아마도 스토아학파는 같은 상황에 놓이더라도, 사람에 따라 받아들이는 표상이 다를 수 있다는 것을 인정할 것이다. "삼나무 같구나"라고 일단 생각하는, 요컨대 "이것은 삼나무다"라는 표상을 받아들이기 위해서는 어느 정도의 시력이 필요할 뿐만 아니라 또한 삼나무에 대해 알고 있지 않으면 안 된다. 윤리적으로 성실한 사람은 애초에 다른 사람의 지갑을 훔치고 싶은 유혹에 사로잡히지 않을 것이다. 요컨대 그는 같은 상황에 놓이더라도 "이것을 훔치고 싶다"라는 표상을 받아들이지 않을 것이다.

숙명론

스토아학파에 따르면 세계에서 일어나는 일은 모두 인간의 사고, 결심, 행위도 포함하여 세부적인 것들에 이르기까지 미리 완전히 결정된 방식으로 생겨난다.

지금 내가 어떤 상황에 놓여 어떻게 할까 생각하고 '이렇게 하자'고 결심하고서 그렇게 했다고 해보자. 스토아학파에 따르면 그때 내가 그 상황에 놓이는 것은 사전에 결정되어 있었다. 그뿐만 아니라 어떻게 할까 생각하는 것이나 '이렇게 하자'고 결심하는 것도, 결국은 그렇게 행동하는 것도 미리 결정되어 있었다.

세계의 완전한 질서에 대한 신뢰와 결부되어 있을 이러한 결정론적 입장을 스토아학파는 모든 원인이 숙명(헤이마르메네)에 의해 결부되어 있다고 표현한다.

스토아학파의 숙명론에 대한 하나의 오해를 다루어보자. 내가 병에 걸려 살아나고 싶어서 의사를 부르려고 한다. 스토아학파에 따르면 내가 살아날지 아닐지는 이미 결정되어 있을 것이고, 그렇다면 스토아학파는 다음과 같이 주장할 것이라고 오해될지도 모른다. 즉, 나는 의사를 굳이 부를 필요가 없다. 왜냐하면 의사를 부르든지 부르지 않든지 간에 살아날 것으로 결정되어 있다면 살아날 것이고, 살아나지 못할 것으로 결정되어 있다면 살아나지 못할 것이기 때문이라고 말이다.

그러나 실제로 스토아학파는 내가 살아나기로 결정되어 있다고 해서 의사를 부르든지 부르지 않든지 간에 살아날 것이라는 따위로 주장하지 않는다. 사건들 사이에는 'A가 일어나지 않는 한 B도 일어나지 않는다'와 같은 '함께 숙명 지어져 있다'라고 하는 연관이 있다. 의사를 부르지 않는 한 살아나지 못할지도 모르며, 만약 그렇다면 나는 의사를 불러야 한다. 그런데도 살아나지 못한다면 숙명으로서 받아들이라고 하는 것이다.

스토아학파의 숙명론에 대해서는 또한 다음과 같은 의문도 제기되었다. 어떤 사람이 나쁜 짓을 했다고 하자. 만약 스토아학파가 말하듯이 사람들이 무엇을 행할지가 미리 정해져 있었다면, 그 나쁜 짓 때문에 그 사람을 책망하는 것은 불합리하지 않은가? 그 사람은 그렇게 할 수밖에 없었으니까 말이다.

이 의문에 대한 스토아학파의 대답은 다음과 같다. 아니, 그 사람을 책망하는 것은 불합리하지 않다. 그 사람이 죄를 지은 주요한 원인은 그 자신의 열등한 윤리적 성격이기 때문이라는 것이다.

이 점을 조금 자세히 살펴보자. 어떤 사람이 다른 사람의 지갑을 훔쳤다고 하자. 그 원인으로 부를 수 있는 것을 두 가지 지적할 수 있다. 첫째, '다른 사람의 지갑이 가까이에 있다'라는 상황에 그 사람이 놓인 것. 둘째, 그 사람의 윤리적으로 열등한 성격이다. 바로 열등한 성격이기 때문에, 그때 "이것을 훔치고 싶다"라는 표상을 받아들였던 것이고, 동시에 이 표상에 동의를 해버렸다는 것이다. 하지만 스토아학파에 따르면, '그 사람이 그 지갑을 훔쳤다'라는 좋지 않은 사건을 낳은 주요한 원인은 그 사람의 좋지 않은 윤리적 성격이다. 이것과 비교하면, 그 사람이 그 상황에 놓인 것은 보조적인 원인에 지나지 않는다.

확실히 그때 그 사람의 성격이 열등하다는 것도 미리 결정되어 있었다. 그것은 다음의 것을 의미한다. '그때 그 사람이 주요하게는 자신의 성격 때문에 나쁜 짓을 행하고, 따라서 그 나쁜 짓에 대한 책임을 진다'라는 것이 미리 결정되어 있었다는 것이다.

자유와 필연성 문제에 대한 하나의 일관된 관점이 스토아학파에 의해 제시되었다고 할 수 있을 것이다.

스토아학파의 가치론과 윤리학

개개의 사물에는 그 본래의 모습, 자연 본성(퓌시스)이 있다. 각각의 사물은 자기의 자연 본성에 따르는 한에서 세계 전체를 지배하는 자연과도 일치한다.

인간의 경우, 성장 단계에 따라 '자연 본성에 맞는 것'의 내용이 변용해 간다. 유아는 다른 동물과 마찬가지로 굶주림이나 갈증을 채우려고 하는 등, 자기 보존에 노력하지만, 이것은 그 단계에서 자연 본성에 적합한 것이다. 자기 보존 욕구는 자신에게 친밀한 것에 끌린다(오이케이오시스^{oikeiosis})고 하는 일반적 현상의 하나의 나타남이다. 인간이 이성을 획득하고 이것을 발전시켜 감에 따라 자신에게 친밀한 것의 내용이 풍부해지고 범위가 넓어져 간다. 한편으로는 자신이 속하는 공동체와 동일시하게 된다. 나아가서는 자기를 '세계 시민'으로 간주하게 될 수도 있다.

조금 전에 언급했지만, 행복이란 자연에 따라 살아가는 것 — 시노페의 디오게네스를 이어받는다 —, 세계 전체를 지배하는 로고스에 합치해서 살아가는 것이다. 그렇게 해서 살아갈 수 있는 삶은 일관성을 보여준다.

행복하기 위한 필요충분조건은 덕이 있다는 것이다. 그리고 덕과 지혜는 동일하다. 덕 즉 지혜만 있으면, 노예의 몸이건 격렬한 고통에 사로잡혀 있건 행복하다. 행복을 타인에게 빼앗길 염려는 없다.

참된 의미에서 '좋은' 것은 덕뿐이며, 참으로 '나쁜' 것은 악덕 즉 어리석음뿐이다. 그 이외의 것은 건강과 병도 재산과 빈곤도 미모도 추함도 좋지도 나쁘지도 않다.

하지만 좋은 것도 나쁜 것도 아닌 것들 사이에는 좀 더 넓은 의미에서의 가치에 관한 구별이 있다. 건강 등은 '선호되는 것', 병 등은 '기피되는 것'이다. 행위의 선택지가 여럿이 있고 좋고 나쁨이라는 점에서 동등한 경우, 선호되는 행위를 하는 것이 자연에 적합하다.

그때그때의 '사정에 알맞은 행위'가 있다. 정치 참여나 자살이나 근친상간도 상황에 따라서는 그때그때의 사정에 적합하다.

정념(파토스), 요컨대 슬픔, 분노, 질투, 동정, 즐거움과 괴로움 등은 모두 불합리하다. 모든 정념으로부터 자유로운 상태(아파테이아, 부동심)가 이상이고, 현자는 이 이상을 체현한다. 다만 현자도 환희와 같은 '좋은 감정'은 지닌다. 평정한 마음으로 세계의 모습을 인식하는 기쁨은 근세의 스피노자도 이야기한 것이다.

3. 에피쿠로스학파

에피쿠로스학파의 철학자들

사모스의 에피쿠로스(기원전 341~기원전 271)는 기원전 307/306년에 아테나이 교외에 '정원'이라고 불리는 학원을 열었다. 에피쿠로스학파에서는 창시자 바로 그 사람이 권위로 여겨졌다. 에피쿠로스의 저술에는 『규준론』(인식론적인 저술), 『자연에 대하여』, 서간 등이 있다. 그 가운데 전체가 전해지는 것은 세 통의 서간뿐이다. 같은 학파에 필로데모스(기원전 1세기), 루크레티우스(기원전 94년경~기원전 55)가 있으며, 후자는 『사물의 본성에 대하여』를 시 형식의 라틴어로 썼다. 로마 시기에 오이노안다의 디오게네스(기원후 200년경)는 에피쿠로스학파의 가르침을 거대한 비석에 새겨 내걸었다.

에피쿠로스학파에게 우주란, 그리고 세계란 어떤 곳인가?

에피쿠로스학파에서는 우주와 세계가 구분된다. 우주 전체 속에 세계라고 불리는 덩어리가 다수 있다고 여겨진다. 덧붙이자면, 스토아학파에 있어서는 세계가 하나뿐인 까닭에 세계와 우주를 구별할 필요가 없다.

에피쿠로스학파의 우주론을 간단히 그려 보이자면 다음과 같다.

우주 안에서 자립적으로 존재하는 것은 원자와 공허뿐이다. 원자는 물체이다.

우주는 무한대다. 우주 안에 무한개의 원자가 있다.

우주는 영원한 옛날부터 영원한 미래에 걸쳐 계속해서 존재한다. 개개의 원자도 불생불멸이다.

원자에는 모양과 크기가 있으며, 이것들은 절대로 변하지 않는다. 같은 모양과 같은 크기를 가지는 원자가 우주에 무한개 있다. 개개의 원자에는 무게가 있다. 원자의 무게는 그 크기에 비례한다. 하지만 개개의 원자에는 색도 냄새도 없으며 소리도 나지 않는다.

원자는 운동한다. 원자끼리 충돌, 반발, 접착한다. 원자가 무리를 이룰 수 있다.

우리가 볼 수 있는 물체는 원자 무리이다. 우리가 고체로 파악하는 것은 밀집된 원자 무리이며, 기체는 드문드문한 원자 무리이다.

앞에서 언급했지만, 생물의 신체인 원자 무리 속에 혼인 원자 무리가 널리 퍼져 있다. 같은 장소를 여럿의 원자가 차지할 수는 없지만, 신체인 원자 무리도 혼인 원자 무리도 빈틈투성이이므로 같은 장소를 공유할 수 있다.

원자 무리는 생겨나고 소멸한다. 원자 무리의 일부 원자가 튀어나오기도 하고 새로운 원자가 더해지기도 한다. 생물의 신체에서도 혼에서도 구성 원자는 교체된다. 생물이 잠들 때, 신체를 채우고 있던 혼은 대부분이 신체를 빠져나간다. 깨어날 때, 남아 있던 혼은 신체 주변의 적절한 원자를 즉각적으로 불러 모아 본래의 크기를 되찾고 다시 신체를 채운다. 생물이 죽으면 혼은 해체된다. 요컨대 내가 죽으면 나는 소멸한다.

세계도 일종의 원자 무리이다. 무한대의 우주 속에 무한개의 세계가 있다. 일반적으로 각 세계의 중심에 지구가 있으며, 그 주위를 여러 천체가 회전하고 있다. 하지만 세계의 크기나 형태는 무한히 다양하다. 생물이 있는 세계도 있고 없는 세계도 있으며, 있는 경우 어떠한 생물이 있는가는 다양하다. 같은 모양을 한 세계가 무한개 있다.

세계와 세계 사이의 영역은 세계 내부와 비교하여 대체로 원자가 드문드문하다.

원자 운동의 법칙성과 이것을 깨뜨리는 요인

에피쿠로스는 원자의 원칙적인 운동 법칙이라고도 부를 수 있는 것을 생각했던 듯하다. 그것은 다음과 같이 표현할 수 있을 것이다.

첫째, 원자는 외부로부터 힘을 가하지 않는 한, 원칙적으로 수직으로 낙하한다. 둘째, 원자들의 충돌 결과 어떻게 되는지와 관련해서는 다음과 같은 형태의 법칙적인 기술이 원리상 가능하다. 즉, 어떤 방향에서 어떤 속도로 온 어떤 크기와 어떤 모양을 한 원자와 어떤 방향에서 어떤 속도로 온 어떤 크기와 어떤 모양을 한 원자가 충돌하면, 원칙적으로 이러이러한 결과가 된다고 하는 형태이다.

'원칙'에 대한 예외로 두 가지가 있다. 첫째, 의지라는 혼의 작용에서 혼을 구성하는 원자의 운동은 이러한 원칙적인 운동 법칙에 반드시 따르는 것이 아니다. 둘째, 의지의 작용을 도외시하더라도, 원자는 어느 때 갑자기 원자의 원칙적인 운동 법칙이 예상하게 하는 궤도에서 벗어나는 일이 있다고 생각된다.

에피쿠로스는 왜 첫 번째 예외를 인정할까? 사람이 무엇을 의지하는가는 미리 결정되어 있지 않으며, 바로 의지의 활동에서 결정된다고 생각하기 때문이다. 하지만 만약 혼을 구성하는 원자가 원자의 운동 법칙에 따라 완전히 결정된 방식으로 운동한다면, 사람이 무엇을 의지할 것인지가 미리 결정되어 있게 된다. 의지를 포함하는 혼의 활동은 혼을 구성하는 원자의 운동에 완전히 맡겨진 형태로 생겨나기 때문이다. 하지만 혼은 자신을 구성하는 원자를 의지 작용의 수행에 필요한 방식으로 움직일 수 있는 것이다.

에피쿠로스는 왜 원칙적인 운동 법칙에 대한 두 번째 예외로서 원자의 갑작스러운 벗어남을 인정했다고 생각하는 것일까? 그것은 아마도 에피쿠로스가 설령 우주에 의지를 가진 생명체가 없다 하더라도 원자들의 충돌은 일어나야 할 것으로 생각했을 것이기 때문이다. 하지만 만약 벗어남이 일어나지 않는다면, 모든 원자가 같은 일정한 속도로 수직으로 낙하할 뿐, 서로 접촉하지 않았을 것이다.

영상

에피쿠로스에 따르면, 사람에게 물체가 보이는 것은 어떠한 것일까? 그에 따르면 물체의 표면에서 영상(에이돌론^eidolon)이라고 불리는 얇은 막이 끊임없이 떨어져 나와 모든 방향으로 날아가고 있다. 어떤 물체에서 온 영상이 내 눈을 통과함으로써 그 물체가 나에게 보인다는 것이다.

시각에 대한 이러한 설명은 다음의 의문에 답할 수 있다. '촉각이나 미각의 경우라면 감각 대상과 감각 기관이 접촉하기 때문에, 감각자가 대상의 모양을 인식할 수 있다는 것이 이해된다. 하지만 시각의 경우에는 대상과 눈이 떨어져 있음에도 불구하고 어떻게 대상의 모양을 인식할 수 있는가'라는 의문이다. 에피쿠로스는 다음과 같이 대답할 수 있다. 한 물체의 표면에서 떨어져 나간 영상은 그 물체의 사본으로서 그 모양을 전달한다. 이것이 시각 기관이 있는 곳까지 오기 때문에, 대상의 모양을 인식할 수 있는 것이라고 말이다.

멀리 있는 네모난 탑이 둥글게 보이는 것은 영상이 장거리를 날아오는 사이에 일부가 긁혀 오기 때문이라고 한다.

에피쿠로스는 시각뿐만 아니라 청각과 후각도 영상에 의해 설명한다. 물체에서 떨어져 나온 청각을 위한 영상이 귀를 통과함으로써 소리가 들린다고 한다.

감각뿐만 아니라 상상도 영상에 의해 설명된다. 사람이 반인반수인 생물의 이미지를 가지는 것은 인간으로부터 날아온 영상과 짐승으로부터 날아온 영상이 부딪혀서 만들어진 영상이 사람의 몸에 들어오기 때문이다. 사람들이 그것이 무엇이든 바라는 것을 마음속에 떠올릴 수 있는 것은 어째서인가? 사람의 주위에는 모든 것으로부터 온 영상이 북적거리고, 사람은 의지로써 그러한 영상들 가운데 적절한 것을 몸 안으로 가져올 수 있기 때문이다.

가치론

에피쿠로스에 따르면 좋다는 것은 즐겁거나 즐거움을 낳을 수 있는 것, 나쁘다는 것은 고통이거나 괴로움을 낳을 수 있는 것이다.

즐거움은 여러 가지 관점에서 구별된다. 첫째, 음식의 즐거움 등의 '몸의 즐거움'과 철학의 즐거움 등의 '혼의 즐거움'이 구별된다. 혼의 즐거움 쪽이 즐거운 것으로 생각된다.

둘째, 괴로움을 제거하는 과정에서 생기는 즐거움인 '동적인 즐거움'과 제거해야 할 괴로움이 애초에 없는 것의 즐거움인 '정적인 즐거움'이 구별된다. 배가 고플 때 먹는 즐거움은 동적이고, 본래 배가 고프지 않은 것의 즐거움은 정적이다. 정적인 즐거움 쪽이 즐거운 것으로 생각된다.

또한 '불필요한 욕구'와 '필요한 욕구'가 구별된다. 건강 유지에 필요한 먹을거리에 대한 욕구는 필요하지만, 맛있는 음식에 집착하는 욕구는 불필요하다. 명예에 대한 욕구도 불필요하다. 필요 없는 욕구는 갖지 않는 것이 좋다. 필요한 욕구를 충족하는 것은 사실 그렇게 어렵지 않다.

행복이란 아타락시아(동요 없음, 평정심), 즉 몸과 마음이 고통으로 어지럽혀지지 않은 정적인 즐거움의 상태이다.

혼이 어지럽혀지는 까닭에 정치에는 관여하지 않아야 한다. '숨어 살아라.'

철학에 의한 아타락시아의 촉진

에피쿠로스에 따르면 철학은 아타락시아를 실현하는 열쇠이다. 왜냐하면 인간을 아타락시아에서 멀어지게 하는 주된 요인은 두 가지가 있는데, 그 가운데 어느 것이든 철학적 인식으로 제거할 수 있기 때문이다. 그 두 가지 요인이란 첫째, 신으로부터 벌을 받지 않을까 하는 두려움, 둘째, 죽음에 대한 두려움이다.

첫 번째의 신이 주는 벌에 대한 두려움은 신이 인간을 벌한다든지 하지 않는다는 것을 인식함으로써 제거할 수 있다. 신이란 완전한 존재이고 자기의 상태에 만족하고 있으며 이미 아무것도 할 필요가 없다. 따라서 인간의 일에 개입할 이유가 없다는 것이다. 이러한 이야기 방식은 에피쿠로스가 신을 만족감과 같은 생각을 품는 자립적 존재자로 파악하고 있다고 생각하게 할지도 모르지만, 이 점에 대해서는 뒤에서 이야기한다.

신의 벌에 대한 두려움을 제거하기 위해 에피쿠로스는 또한 일반적으로 신이 하는 일로 여겨지는 여러 현상, 예를 들어 번개를 원자론적인 자연학으로써 설명해 보인다.

에피쿠로스는 종교를 비난한다. 종교는 신의 벌에 대한 두려움을 인간의 혼에 심기 때문이다.

인간을 아타락시아로부터 멀어지게 하는 두 번째 주된 요인인 죽음에 대한 두려움은 에피쿠로스에 따르면 다음과 같은 논의로써 제거할 수 있다. 사람이 무엇인가를 두려워하는 것이 이치에 합당한 것은 그것이 사람에게 해, 요컨대 고통을 초래하는 경우로 한정된다. 하지만 사람이 죽는 것은 사람에게 아무런 해도 가져오지 않는다. 살아 있는 동안 죽음은 해를 끼치지 않는다. 죽음이 아직 오지 않았기 때문이다. 죽고 나서도 죽음은 해를 끼치지 않는다. 그 사람은 이미 없기 때문이라는 것이다.

신

에피쿠로스는 신들의 존재 신분을 어떻게 파악했던가? 두 가지
해석이 있다.

첫 번째 해석에 따르면 신들은 세계와 세계 사이의 영역에서
경쾌하게 떠다니는 원자 무리이다. 이러한 경쾌함이 신의 불멸성을
가능하게 한다. 물체로서 신의 표면으로부터도 영상이 떨어져
나와 날아간다. 그 가운데 어떤 것은 우리가 사는 세계에 이르러
안으로 들어온다. 우리의 몸은 자고 있을 때 신의 영상을 특히
받아들이기 쉬워진다. 이렇게 해서 우리는 꿈에서 신의 모습을
보고 신의 관념을 형성한다.

신을 파악하는 에피쿠로스의 방식에 대한 두 번째 해석에 따르
면, 우리 인간은 행복이란 무엇인가에 대한 이해를 지니며, 그
이상적 상태를 시각화하려고 그 이해 내용을 무의식적으로 우리
앞에 투영하여 행복한 존재, 요컨대 신들의 영상을 만들어낸다.
이렇게 해서 신들의 모습을 보고서 우리는 신들이 자립적으로
존재한다고 생각한다. 포이어바흐를 떠올리게 하는 생각이다.

확실히 에피쿠로스학파의 문서 가운데 첫 번째 해석을 지지하는
것 같은 어구가 있지만, 그것은 이 두 번째 해석에 따르면 신의
자립적 존재를 부정하는 것이 위험한 시대와 사회에서 에피쿠로스
가 자신의 진정한 생각을 에둘러 표현한다든지 통념에 타협한다든

지 해서 말한 결과라고 한다.

　에피쿠로스학파에 관한 기술을 마무리하며 원자론에 대해 한 마디 덧붙이고자 한다. 근대 과학은 원자론적인 틀을 채택했다는 점에서 데모크리토스와 에피쿠로스의 자연학과 통한다. 다만 근대 과학이 물체의 운동 법칙을 수학적으로 정식화하는 것에 대해서는 이들 고대인은 전혀 생각지도 못했을 것이다.

4. 회의학파

　헬레니즘의 회의학파로는 퓌론학파와 아카데메이아학파가 있다.

　퓌론을 시조로 하고 아이네시데모스(기원전 1세기)가 부흥시킨 퓌론학파에서는 각 문제에 관해 판단 유보에 이르기 위해 다음의 방법을 취했다. 어떤 학설에서 설득력이 인정될 때, 이것과 반대되는 학설에 대해서도 동등한 설득력을 인정하고 두 학설 사이에 균형을 가져오는 방법이다.

　플라톤이 아테나이에서 연 아카데메이아는 시기에 따라 다른 학풍을 보였지만, 아르케실라오스(기원전 265년경 학원장), 카르네아데스(기원전 129년 사망)가 학원장이었던 시기에는 회의학파의 입장을 보였다.

　회의학파에 있어 세계는 다음과 같은 장소일 것이다. 첫째,

논쟁하면서 회의적 탐구를 계속해 나가는 장소. 둘째, 그것에 대해 확실한 것은 아무것도 알 수 없음에도 불구하고, 그때마다 그 자리에서의 판단을 내리고 행위를 해나가지 않으면 안 되는 장소이다.

스토아학파와 아카데메이아학파가 주고받은 것 가운데 하나를 소개하고자 한다. 외계에 대해 확실히 알 가능성을 확보하려고 스토아학파는 '파악적' 표상이라고 부르는 것을 도입했다. 실로 명료한 까닭에, 이에 동의하더라도 그르칠 염려가 없는 표상이다. 이를 카르네아데스는 다음과 같이 비판했다. 설령 그와 같은 표상이 존재한다고 하더라도 자신이 지금 확실하다, 요컨대 파악적이라고 생각하고 동의를 한 표상이 정말로 파악적인지 아닌지를 확인할 방법은 없는 것이 아니냐고 말이다. 근대 인식론의 아포리아로 이어지는 관점이 여기에 놓여 있다.

☞ 좀 더 자세히 알기 위한 참고 문헌

— A. A. 롱Anthony Arthur Long, 『헬레니즘 철학』, 가나야마 야스히라金山弥平
옮김, 京都大学学術出版会, 2003년. 헬레니즘 철학 교과서의 결정판. 세계적
권위가 균형 있게 두루 잘 살피고서 명확하고도 주의 깊게 서술했다.
— 우치야마 가쓰토시內山勝利 책임 편집, 『철학의 역사 2. 고대 Ⅱ. 제국과
현자哲学の歴史 2 古代 Ⅱ 帝国と賢者』, 中央公論新社, 2007년. 헬레니즘·로마의
철학, 신플라톤주의 등을 다룬다. 집필자들(고이케 스미오小池澄夫·간자
키 시게루神崎繁·가나야마 야스히라金山弥平·구니카타 에이지国方栄二·오
기노 히로유키荻野弘之 등)의 개성을 보여주는 깊이 있는 기술을 담고
있다. 서지 정보, 칼럼, 도상 등도 충실하다.
— 간자키 시게루神崎繁·구마노 스미히코熊野純彦·스즈키 이즈미鈴木泉 책임
편집, 『서양 철학사 Ⅱ — '앎'의 변모, '믿음'의 단계西洋哲学史 Ⅱ — '知'の変
貌, '信'の階梯』, 講談社選書メチエ, 2011년. 「1. 헬레니즘 철학」(곤도 도모히코
近藤智彦)의 서술은 짧지만 견실하고 훌륭하다. 연구사와 연구 상황에
대해서도 언급하며 서지 정보도 충실하다.

제10장

그리스와 인도의 만남과 교류

가나자와 오사무金澤 修

1. 이문화 교류가 실현된 역사적 배경

두 문화 접촉의 발단

고대 문명이 번성했던 그리스와 인도. 서로 다른 문화적 전통 아래 발전한 두 사상의 만남은 역사적으로는 우연적 요인이 쌓인 결과라고도 할 수 있다. 하지만 그것을 출발점으로 하여 후에 일어난 두 사상의 교류는 어떤 의미에서는 필연이었다. 이 장에서는 먼저 이 두 사상이 만나게 된 경위를 개관해보자.

아케메네스 왕조 페르시아를 기원전 330년에 멸망시킨 마케도니아의 알렉산드로스 대왕은 기원전 326년, 다시 인더스강을 건너 인도의 펀자브 지방에까지 도달했다. 그 후 갠지스강까지 가려고 한 그는 부하들의 반대로 마케도니아로의 귀국길에 오르지만, 뜻을 이루지 못한 채 기원전 323년에 사망한다. 아리아노스의 『알렉산드로스 대왕 원정기』(제7권 제1절)와 플루타르코스의 『영웅전』 「알렉산드로스 전」(제65장 제1절 이하), 그리고 스트라본의 『지리지』(제15권 제1장 제63절 이하) 등의 자료에 따르면, 알렉산드로스는 원정 한가운데서 인도의 '현자'들을 만나 여러 통역자를 통해 문답을 나누었다고 한다. 그에 더하여 탁실라 근처에서는 '벌거벗은 현자'를 발견하고, 그 가운데 한 사람, 브라만이라는 추정이 유력한 카라노스라는 인물을 동행하게 했다고 한다. 그는 후에 페르시아 부근에서 몸이 안 좋아져 산 채로 화장할 것을 제안해 결행했다고 한다. 아마도 이것이 그리스 사상과 인도 사상의 직접적인 만남 가운데 하나라고 생각된다.

전쟁과 강화 그리고 그리스인의 식민

대왕의 사후에 박트리아라는 옛 이름으로 알려진 아프가니스탄 주변을 둘러싸고 후계자 다툼, 통칭 '디아도코스 전쟁'이 휘하의 장군들 사이에서 발생했다. 그 결과로 구 페르시아 제국의 영토를 계승한 셀레우코스에 의해 셀레우코스 왕조 쉬리아가 세워지게 된다. 다른 한편 기원전 330년경에 인도에서는 난다 왕조를 무너뜨린 찬드라굽타에 의해 최초의 통일 왕조 마우리아 왕조가 성립하고, 이전에 알렉산드로스가 점유하고 있던 지역을 되찾기 위해서쪽으로 나아간다. 기원전 306년 이후 셀레우코스 왕조와 마우리아 왕조는 자주 싸우게 된다. 하지만 전황은 교착되고, 이윽고 강화를 선택하게 되었다.

조금 시대가 내려가지만, 박트리아의 지방 총독을 맡고 있던 셀레우코스 왕조의 디오도토스는 자신의 왕국을 기원전 255년 전후에 세운다. 이 이후 박트리아와 그 주변에는 그리스인에 의한 왕조들이 건국되고, 그 지배는 얼마 안 되어 펀자브 지방에까지 미친다.

그리스 사상과 인도 사상의 만남은 이와 같은 배경에서 이루어졌다. 물론 그 이전에도 그리스에는 인도에 대한 정보가 전해지고 있었다. 그러나 양자의 매개가 되고 있던 페르시아 제국이 동방 원정으로 와해함으로써 의도하지 않게도 그리스 문화는 인도 문화와 직접 접촉하게 된다. 박트리아 주변 지역에서 양자의 접촉이 시작된 것은 그 후의 '동양·서양'의 철학사적인 경계선이 처음으로 없어졌다는 것을 의미한다.

2. 퓌론에게서 인도 사상과의 접촉

회의주의자 퓌론과 동방 원정 부대

알렉산드로스 대왕의 일행에는 아리스토텔레스의 조카 카리스

알렉산드로스 대왕의 제국(기원전 336~기원전 323)

테네스와 후에 회의주의의 시조로 자리매김한 퓌론(제9장 참조)
및 그의 스승인 아낙사르코스가 참여하며, 거기서 동방 사상과의
접촉 및 대화가 이루어졌다고 추측하는 것은 불가능하지 않다.

아랄해

야크사르테스강

아무다리야

소그디아나

옥수스강

마라칸다(사마르칸트)

알렉산드레이아 에스카테

알렉산드레이아 마르기아나

박트라

박트리아

파르파미소스산맥

파르티아

니카이아

포로스 왕국

아라코시아

펀자부

인더스강

히파시스강

알렉산드레이아 아라코시오룸

프로프타시아

페르세폴리스

카르마니아

게드로시아

인 도

하르모세이아

파타라

이러한 경위로부터 퓌론과 인도 사상을 관계짓는 연구자도 있다. 실제로 이것을 둘러싸고서는 기원후 3세기의 철학사가 디오게네스 라에르티오스의 『유명한 철학자들의 생애와 사상』에 다음과 같이 보고되고 있다.

　　퓌론은 (…) 아낙사르코스에게 배웠다. 이 사람이 가는 곳이면
어디든 따라갔기 때문에, 인도의 '벌거벗은 현자'나 '마고스 승려'
와도 교류가 있었다고 한다. 이러한 일로 인해 가장 고귀한 방식으
로 철학 활동을 한 것으로 보인다. 요컨대 '(사물의 그 자체로서의
존재 방식에 대한) 파악 불가능성·아카탈렙시아acatalepsia'와 '(그
사물의 존재 방식에 대한) 판단 유보·에포케epoche'라는 논의의
종류를 [철학으로] 가지고 들어왔기 때문인데, 이것은 압데라의
아스카니오스가 주장한 것이다. 왜냐하면 그는 이렇게 말하고
있었기 때문이다. 무엇 하나 아름다운 것도 추한 것도 옳은 것도
옳지 않은 것도 없다. 마찬가지로 모든 사항에 대해 진실로 '있는'
(그러한 것인) 것은 없고, 모든 것은 법률에 따라서, 또한 관습에
의해서 '그러한 것이다'라고 인간들이 말하고 있을 뿐이기 때문이
다. (디오게네스 라에르티오스, 『유명한 철학자들의 생애와 사상』,
제9권 제11장 61절)

　　이 기술에서는 인도인이나 페르시아인과의 만남 후 '이러한
일로 인해'라는 인과 관계를 나타내는 접속사가 사용되며, 퓌론은
'파악 불가능성'과 '판단 유보'에 이르렀다고도 읽을 수 있다. 그렇
다면 무언가 영향 관계가 인정되는 것일까? 본래 퓌론과 비슷한
사상이 있는 것일까? 인도 사상을 퓌론주의와 비교해보자.

산자야의 회의주의와 퓌론주의

불교가 융성한 시대는 그때까지의 권위였던 브라만교에 대해 몇 개의 반권위주의적인 사상이 성립한 때이기도 했다. 그 가운데 하나인 산자야 벨랏티풋타(기원전 5세기경?)가 이끄는 학파는 주목할 만하다. 『디가 니카야』중의 한 편, 『사문과경沙門果經·사만냐팔라 숫타』에는 내세에 대해서 질문을 받은 산자야가 그 존재는 물론 선악의 업보 등과 같은 일상생활을 떠난 문제에 대해 어느 쪽이라고도 단정하지 않고 자신의 확정적인 주장을 하지 않는 등의 대답을 했다고 한다. 이는 인도에서의 회의주의라고도 할 수 있는 태도이며, 퓌론의 '파악 불가능성'이나 '판단 유보'와 유사한 것으로도 받아들여질 수 있을 것이다. 하지만 이 학파의 알렉산드로스 시대의 실제 모습은 분명하지 않으며, 퓌론과의 접촉과 그로 인한 영향 관계를 인정하는 것에는 부정적이지 않을 수 없다.

불교와 퓌론주의

일상의 수행 실천과는 관계가 없는 문제에 대해 자신의 주장을 보류하는 산자야와 같은 태도는 불교에서는 '무기無記'라고 일컬어진다. 『맛지마 니카야』의 '독화살의 비유'에서는 '세계는 영원한가, 아닌가, 유한한가, 무한한가, 생명과 신체는 같은가, 다른가' 등, 그리스 철학에서도 물어진 일련의 의문을 품은 말룬키아 풋타에 대해 가우타마 싯다르타, 이른바 깨달은 자 붓다(기원전 5세기경)는 대답하지 않는다. 왜냐하면 이러한 물음들은 괴로움을 없애고 마음의 평안을 가져온다는 불교의 목적에 맞지 않기 때문이다. 이것은 궁극적으로 '마음의 평온·아타락시아'를 추구했던 퓌론의 입장을 방불케 한다.

또한 불교에는 모든 존재는 무언가 하나의 '아我'(산스크리트어로 '아트만', 팔리어로 '아탄')라고 불리는 실체를 중심으로 성립하는 것이 아니라(제법무아諸法無我), 많은 요소가 모여 그것을 구성하고(연기緣起), 게다가 그 요소는 부단히 변화해 간다(제행무상諸行無常)고 하는 생각이 있다. 삶에서의 모든 고뇌는 제법무아하고 제행무상하며 모든 것은 연기에 의한다는 사실을 받아들이지 못하고서 대상이 보여주는 일시적인 '모습'에 집착하는 것에 원인이 있다는 것이다. 요컨대 '대상 X는 A이다'라고 개개의 존재를 하나의 요소의 '실상·본연의 모습'으로 귀착시키지 않는 것이며, 이는 상대적 관점을 배경으로 사물의 '본연의 모습'에 대해 '판단 유보'를 하는 퓌론의 주장과 비슷해 보이기도 한다.

그러나 불교의 출발점은 '세계는 괴로움苦으로 가득 차 있다', 다시 말하면 '세계(라는 대상)는 괴로움이다'라는 인식이다(일체개고一切皆苦). 나아가 '괴로움에는 원인이 있다'라고 하는 등, 불교는 세계 그 자체의 '본연의 모습'에 대해 인간 측에 의한 참다운

'앎'의 존재를 인정한다. 따라서 '무지'로부터 해방된 사람인 '깨달은 자·붓다'가 성립하는 것이며, 불교의 근원에는 '존귀한 진리'가 필요하다. 그에 반해 퓌론은 '대상 X 그 자체는 A라고도 A가 아니라고도 판단하지 않지'만, '지각을 통해 대상 X는 나에게 A로서 나타난다'라는 것은 부정하지 않는다. '대상 X 그 자체의 본연의 모습'에 대해 판단을 삼가고 있을 뿐이다.

양자의 사유를 비교해보면, 개별 사물의 '모습'에 대해서는 유사한 태도를 보이지만, 어디까지나 대상에 대한 일의적인 파악의 불가능성을 주장하는 퓌론과 '세계의 본연의 모습'에 대해서는 '진리' 파악을 전제로 하는 불교는 다르다.

자이나교와 퓌론주의

'판단 유보'와 관련해서는 '불살생不殺生·아힌사'를 표방한 자이나교도 언급해야만 한다. 사실상의 시조인 니간타 나타풋타(기원전 5세기에서 기원전 4세기경)는 논의에서 'X는 A이다'라거나 'A가 아니다'라는 일의적인 단정을 피함으로써, 또한 그럼에도 불구하고 주장을 할 때는 '어떤 관점에서 보면'이라는 한정을 붙임으로써 대상에 대한 상대적인 관점을 주장했다고 한다. 그래서 이 학파는 다른 학파들로부터 '관점이 상대적인 이론'이나 '하나의 관점에서가 아닌(다양한) 이론'이라고 불렸다고 한다. 이렇게 보면 니간타의 이 입장은 퓌론과 매우 유사하다. 알렉산드로스의 동방 원정 당시 자이나교의 출가자는 각지에 존재하고 있었기 때문에, '벌거벗은 현자'가 그들이었다면 접촉은 불가능하지 않다.

그렇지만 자이나교가 중심적인 교의로 하고 있던 '불살생'은 위와 같은 회의적인 입장과는 상반된다. 왜냐하면 '불살생'의 대상이 '생물'인 이상, 그것을 무생물과 구별하기 위한 체계적 이론이 필요하기 때문이다. 실제로 자이나교는 원자론을 중심으로 한 자연관을 가지고 있으며, 생물과 무생물의 구별은 그 안에서 규정되어 있다. 이 점이 시조나 초기 자이나교로 거슬러 올라간다면, 퓌론주의와는 다른 입장이 될 것이다. 더욱이 수행의 목적은 불교와 마찬가지로 해탈인데, 이 또한 윤회가 존재한다는 판단을 전제로 하지 않으면 성립하지 않는다. 이렇게 보면 퓌론주의가 자이나교로부터 강한 영향을 받았다고 하기는 망설여진다.

그렇긴 하지만 만약 그들이 퓌론 등과 '어떤 관점'을 사용한 논의를 했다고 한다면, 그 스타일이 훗날 퓌론이 취한 입장의 힌트가 되었을 가능성은 부정할 수 없다. 그러나 다른 한편으로 프로타고라스 이래의 '상대주의' 전통을 시야에 넣는 한에서, 동방 사상이 퓌론주의를 형성하기 위해 적극적인 역할을 했다고 생각하지 않더라도 그 이전의 그리스 사상에 의해 설명할 수 있다고 하는 그리스 철학사도 있다. 어쨌든 자이나교와 퓌론주의의 관계는 엄밀한 사상적 인과 관계를 보여주는 것으로는 해석될 수 없을 것이다.

출가주의의 영향

퓌론에게서 인도의 영향을 인정할 수 있는 점이 한 가지 존재한다. 그것은 그의 생활 태도이다. 그것이 엿보이는 한 구절을 역시 디오게네스 라에르티오스로부터 살펴보자.

> 퓌론은 (안티고노스에 따르면) 세속에서 물러나 고독하게 지내고 있었다. 그 때문에 집안사람에게도 모습을 보이는 일이 드물었다. 이것은 어떤 인도인이 [스승인] 아낙사르코스에게 '자기 자신이 왕궁을 섬기고 있는 것으로는 남을 훌륭하게 가르치는 것 따위는 있을 수 없다'라고 비난한 것을 퓌론이 들었기 때문이다. (『유명한 철학자들의 생애와 사상』, 제9권 제11장 63~64절)

알렉산드로스 일행의 기록에 따르면 인도의 현자들은 정치에 관계하는 자들과 행각 생활을 하는 자들로 나누어져 있었던 듯하다. 나아가 나중의 메가스테네스에게서는 행각 생활하는 자들 가운데는 '숲에서 사는 자'가 있다고 보고되고 있다. 퓌론 등에게 어떠한 유형의 현자가 조언했는지는 알 수 없지만, 아마도 그것을 받아들여 이러한 생활을 하게 된 것이 아닐까 추측된다. 왜냐하면 고독 속에서 철학적 삶을 영위하는 것은 대화를 중시했던 소크라테스는 물론이고 그 학풍을 이은 플라톤과 아리스토텔레스, 나아가서는 공동체 생활을 한 에피쿠로스에게서도 생각하기 어려운 일이기 때문이다.

3. 아소카왕 비문에서 두 사상의 융합

불교를 기록한 그리스어

다음으로 살펴보는 것은 퓌론과는 달리 인도 사상 쪽에서 이루어진 그리스 사상에 대한 접근이다. 그것은 단순한 접촉이 아니다. 인도 사상의 하나인 불교를 그리스어를 사용하여, 아니 그리스 철학의 용어로 번역한 것이다.

한역 불전에서는 음역으로는 '아육왕阿育王', 의역으로는 '무우왕無憂王'으로 알려진 아소카(재위, 기원전 268년경~기원전 232년경)는 찬드라굽타로부터 이어지는 마우리아 왕조의 3대 왕이다. 그는 군사 활동에 적극적이어서 이웃 나라 칼링가와 전쟁을 치렀지만, 결과적으로 수십만 명의 사망자를 내게 되고 그에 대해 크게 후회했다. 이에 따라 그때까지 형식적으로만 귀속해 있던 불교에 대한 신앙을 이후에는 강화하게 된다. 그 결과 군사적 통치를 포기하고 '불법佛法'에 기초한 통치로 정책을 전환했다. 그리고 칼링가 전쟁에서의 자기의 살생에 대한 반성의 뜻과 스스로가 밀고 나가는 불교적인 통치 이념을 돌기둥과 돌, 바위벽 등에 새겼다. 오늘날 '아소카왕 비문'이라고 불리는 것들이다. 이것들은 현재의 인도에서는 물론, 동쪽은 네팔, 서쪽은 아프가니스탄과 파키스탄에서도 발견된다. 그 가운데 가장 유명한 것은 「마애법칙 磨崖法勅」인데, 한 비문 당 14장으로 구분된 왕의 말을 기록하고 있다. 그것들은 인도 문화권에서의 초기 단계 문자 기록들 가운데 하나로, 표기에는 카로슈티와 브라흐미의 두 문자 체계가 사용된다. 언어는 프라크리트어나 팔리어 또는 마가다어로 여겨지며(이 장에서는 편의상 '팔리어'), 각 지역의 방언체가 반영되어 있다.

이들 팔리어 비문에 더하여 아프가니스탄의 칸다하르에서는 1958년에 그리스어와 아람어로 기록된 비문이 발견되었다(이하 '제1비문'). 나아가 1963년에는 그리스어로 기록된 비문이 역시 칸다하르의 시장에서 독일인에 의해 구매되었다(이하 '제2비문'). 여기서는 '제1비문'을 살펴보자. 왜냐하면 팔리어 아소카왕 비문의 내용을 비교적 충실하게 재현하고 있는 '제2비문'에 비해 '제1비문'은 번역자의 독창적이라고도 생각되는 번역이 이루어져 있어, 거기서 '세계철학'의 탄생 순간을 볼 수 있기 때문이다. 그리고 거기서는 한편으로 아소카왕의 불교 이념에 다가가면서 다른 한편으로 그리스 철학에 대해서도 훤히 알고 있는 번역자의 지적 배경이 읽힌다. 이 번역이 보여주는 것은 그리스 사상과 인도 사상의 모종의 융합이다. 아래의 표는 이 비문의 그리스어 역을 제시한 것이다.

아소카왕의 덧붙이는 이름은 팔리어로 '기쁜 겉모습'을 뜻하는 '피야다시' 또는 '프리야다르시'인데, 이것을 그리스어로는 '피오

다세스'라고 음역하고 있다.

한역에서는 또 다른 덧붙이는 이름 '천애天愛'와 함께 '천애희견
天愛喜見'이라고도 불린다. 비문은 불교적 윤리 규범의 일부와 그
준수에 대해 그가 이야기하는 형식을 취하고 있다.

1	[관정灌頂으로부터] 10년이 차서 왕
2	피오다세스는 사람들에게 불법[에로의 귀의]을 보였다.
3	그때부터 왕은 사람들을
4	좀 더 법을 존중하도록 하며, 그리고 만물은
5	모든 땅에서 번영하고 있다.
6	그리고 왕은 살아 있는 것의 [살생을] 삼가고, [왕 이외의] 나머지 사람들은 물론이고,
7	왕의 사냥꾼도 왕의 낚시꾼도, [왕에게 속하는] 그 사람들 모두가
8	사냥[도 낚시되] 그만두고 [현재에 이르러] 있다.
9	나아가 [예전에는] 그것들을 억제하지 못하는 사람들이 [있었다] 하더라도, 그들은 [현재는 사냥·낚시 등 살생의]
10	억제하지 못함을 가능한 한 멈추기에 이르렀다. 그리고 사람들은 이전[의 모습]과는 반대로, 아버지와
11	어머니께도, 나아가 어른에게도 잘 따르게 되고,
12	그리고 모든 일에서 그렇게 된다면,
13	앞으로도 좀 더 좋게, 그리고 좀 더 착하게
14	사람들은 지내게 될 것이다.

번역문에서 [ ] 안은 보충한 것임.

그리스어 번역자의 불교 이해와 지적 배경

이 비문의 번역자는 어떤 사람일까? 그의 지적 배경을 추측할 수 있도록 요점이 되는 부분을 세 개 들고자 한다. 우선 둘째 줄에서는 '불법'(산스크리트어로 다르마, 팔리어로 단마)에 그리스어로 '경건'을 의미하는 '에우세베이아'가 주어지며, 나아가 그것을 목적어로 하는 동사 '보이다'가 합쳐져 '왕은 불법에로의 귀의를 보였다'라고 번역되어 있다. 중요한 것은 이 '에우세베이아 *eusebeia*'가 숭고한 것을 숭고로 인정하는 그리스 사상에서의 중요한 덕목 가운데 하나라는 점이다. 요컨대 이 말을 사용함으로써 아소카왕은 그리스어의 맥락에서 유덕자로서 자리매김함과 동시에 통치 이념인 '불법'이 경건의 염을 지녀야 할 규범이라는 것도 이 비문의 독자에게 보여주게 되었다.

두 번째 것은 여섯째 줄 '왕은 살아 있는 것의 [살생을] 삼가고'라는 한 문장에서 사용되고 있는 '삼가다·아페케타이'이다. 왜냐하면 이 그리스어의 명사형 '삼가기·금기·아포케'는 '살아 있는 것[을 먹는 것]의 금기'로서 퓌타고라스학파에서 사용되는 어휘이기 때문이다. 퓌타고라스학파도 윤회 사상을 갖고 있고 그런 까닭에 육식을 삼간다는 것을 고려하면, '제1비문'의 역자는 불교에서의 살생 금지가 윤회와 깊은 관계를 지닌다는 것을 이해한 다음, 마찬가지 것을 주장하는 퓌타고라스학파의 어휘를 선택했다고 생각해도 좋을 것이다. 이렇게 보면 '제1비문'을 그리스어로 옮긴 인물은 육식의 금기 등의 불교 윤리나 윤회 사상의 존재 등의 여러 가지 점을 인식하여 번역한 것으로 보인다.

'무억제'와 그리스 철학

세 번째로 주목해야 하는 것은 아홉째 줄의 '억제하지 못하는[무억제의] 사람들·아크라테이스', 열째 줄의 '억제하지 못함[무억제]·아크라시아'라는 두 말이다. 아크라테이스는 '그것이 나쁜 줄 알면서도 눈앞의 쾌락에 이끌려 행하는, 악에 대해 억제가 안 되는 사람', 아크라시아는 '그 상태'를 의미하는데, 이 그리스어는 주지주의적인 태도를 보이는 소크라테스 이래로 그리스 철학에서 반복해서 논의된 문제를 나타낸다. 그렇다면 번역자는 당시 인도의 실정에 대해 이 문제를 포개 놓은 것이 될 것이다. 그러면 당시 사람들은 어떠한 악에 대헤 억제하시 못하고 있는 것일까? 이것은 팔리어 판의 「마애법칙」을 참조하면 명료하다.

> 여기서 어떠한 생물도 살생하여 희생 제물로 바치는 일이 없도록, (…) 왜냐하면 아소카왕은 그러한 제례 집회에 대해 많은 악을 인정하기 때문이다. (…) 이전에는 아소카왕의 왕궁의 조리장에서 날마다 많은 살아 있는 것들이 수프를 위해 죽임을 당하고 있었다. (기르나르 출토, 「아소카왕 마애법칙」, 제1장)

이 비문에서는 희생 제물을 바치거나 식사를 위해서 살생을 하는 악덕이 이전에는 만연했지만, 덕목을 구현한 왕에 의해 이제는 억제되었다는 것을 알 수 있다. 게다가 이전에 악덕을 지니고 있던 것은 피통치자뿐만 아니라 통치자인 아소카왕 자신도 포함한다고 말하고 있다. 이렇게 보면 당시의 사람들이 '그것이 나쁜 줄 알면서도 행하는 악'이란 살생이며, 이 규범의 준수를 둘러싸고 '억제하지 못하는 사람·아크라테이스', '무억제·아크라시아'라는 어휘가 사용되었다고 생각된다.

그런데 열째 줄의 '무억제·아크라시아'는 '아크라테이아'라는 같은 의미의 새로운 형태로 아리스토텔레스는 사용하고 있어도 플라톤은 사용하지 않는 말이다. 그렇다면 이 번역자는 아리스토텔레스 및 페리파토스학파와 관계가 있었을 가능성이 있다.

또한 덧붙이지 않으면 안 되는 것은 이 '무억제'라는 표현에 대응하는 팔리어는 아소카왕 비문에서는 찾아볼 수 없다는 점이다. 팔리어에는 '무억제'라는 의미를 지닌 '억제·굿타'에 부정의 접두사 '아'가 붙은 '아굿타', 마찬가지로 '산야마'에 부정의 접두사가 붙은 '아산야마'가 있지만, 그것들은 아소카왕 비문에서는 사용되지 않는다. 요컨대 '제1비문'의 '아크라시아'는 팔리어 아소카왕 비문의 직역이 아니라 그리스어 번역자의 독자적인 인도 이해가 반영된 것으로 생각할 수 있는 것이다.

그리스어 비문의 독자는 존재했던가?

철학 용어들을 배치한 이 비문을 그곳에 사는 사람들은 이해할 수 있었을까? 명확한 답은 없지만, 시사점은 존재한다. '제1비문' 의 주변 지역, 현재의 아프가니스탄 국경 부근, 아무다리야(옥수스)강과 콕차강의 합류 지점에 존재했던 고대 도시, 아이 하눔 — 알렉산드로스가 원정 도중에 세운 '알렉산드레이아'의 하나로 추정된다 — 에서는 아리스토텔레스적인 술어로 플라톤의 이데아론을 다룬 파피루스 단편이 발견되었고, 또한 델포이 신전에 새겨져 있던 잠언을 적은 비석이 그것을 모사하여 이 땅까지 가져온 페리파토스학파로 생각되는 '크레아르코스'라는 인명과 함께 출토되었다. 그로부터 적어도 그리스 철학이 이 지역에까지 이르러 있었다는 것, 그리고 그것을 접한 독자들이 있었다는 것이 밝혀졌다.

그리스 사상과 인도 사상의 접촉, 교류, 영향에 대한 고찰이라는 이 장의 주제에 따라 말하자면, 비록 역사상의 우연이 겹쳐 쌓인 것이라 하더라도, '제1비문'은 그것의 하나로서 자리매김할 수 있을 것이다. 번역자(들)가 관여한 '제1비문'은 인도 문화권에까지 도달하고, 거기에 그치지 않고 불교 사상의 대변자가 된 그리스 철학의 새로운 모습이라고 말해도 좋을 것이다.

4. 대화편으로서의 『밀린다왕의 물음』

작품 성립의 배경

　그리스와 인도 사이에는 시간이 지남에 따라 적극적인 대화도 이루어지기에 이르렀다. 박트리아 주변의 그리스 왕 가운데 한 사람인 밀린다는 '알라산다'로부터 자신의 의문을 해결하기 위해 찾아와 불교 승려 나가세나와 대화를 나누었다고 한다. 이것을 팔리어로 기록한 것이 『밀린다왕의 물음·밀린다팡하』라고 전해지는 작품이다. '밀린다Milinda'란 기원전 2세기 중반(기원전 150경~기원전 130경)에 재위한 박트리아 왕 '메난드로스Menandros'의 음운 변화이고, '알라산다Alasanda'란 알렉산드로스에 의해 박트리아 주변에 여러 개 세워진 도시 '알렉산드레이아Alexandreia'의 하나일 것이다. 왕에 따르면 그 도시는 '섬'(또는 모래톱)에 있다고 되어 있지만, 상세한 것은 명확하지 않다.

　이 작품은 후대에 다양하게 증보되었지만, 두 개의 한역 버전으로 전해지고 있는 『나선비구경』과의 일치 부분이 오랜 층을 보여준다고 일반적으로 추정되고 있다. 그 성립 과정으로서는 잃어버린 산스크리트어 원본을 추정하는 연구자도 있고, 프라크리트어 판본을 추정하는 연구자도 있다. 하지만 특히 흥미로운 것은 원형이 그리스어였다는 설이다. 기원전 2세기 중반 이후에 성립한 그리스어로 된 글인 『아리스테아스 서간』과의 인물 이름이나 형식상의 유사성이 많다는 것이 그 근거이며, 밀린다왕의 사후에 과거의 기록을 토대로 하여 그리스어의 원본이 쓰였다는 것이다. 어쨌든 이 작품 원형의 성립은 기원전 1세기 전반부터 중반 무렵으로 생각되고 있다.

인격적 주체의 부정 ― '나'란 무엇인가?

원본의 언어 문제는 어찌 되었든 이 대화편에서 토론되는 것은 무아無我설과 윤회 사상의 조화라고 할 수 있다. 무아설은 우파니샤드 사상이 '진실한 자기'로서 '아我·아트만'을 추구하고(유아설有我說), 그것을 우주의 궁극 원리 '범梵·브라흐만'과 일치시키려고 한 것(범아일여梵我一如)에 대한 비판으로 자리매김할 것이다. 이하에서는 그 논의를 추적해보고자 한다. 밀린다왕은 대화 상대인 존자가 무엇이라 이름하는지 묻는다. 어떤 '이름' 아래 불리는 대상은 어떠한 존재인가? 이에 대해 존자 나가세나는 이렇게 대답한다(이하 인용에서는 팔리어 원전의 트렌크너 판 쪽수를 덧붙인다).

왕이여, 나는 나가세나로 알려져 있습니다. 수행자 동료들은 나를 나가세나라고 부르곤 하며, 부모는 나가세나라거나 스라세나라거나 신하세나라거나 (…). 그러나 왕이여, 그 '나가세나'라는 것은 호칭이고 통칭이고 가명이고 관용명이며 단순한 이름일 뿐입니다. 거기에 '인격적 주체·풋갈라'가 존재한다는 것은 인정될 수 없습니다. (트렌크너 판, 25쪽 7~13행)

'인격적 주체'를 뜻하는 팔리어의 '풋갈라'는 산스크리트어로 '푸드갈라'이며, '이 나를 이 나로 만드는 것', '자기 자신, 혼'이라고도 할 수 있는 단어이고, '아'(산스크리트어로 아트만, 팔리어로 아탄)와 거의 같은 뜻이다. 이에 대해 왕은 이렇게 대답한다.

존자 나가세나여, 그렇다면 만약 '풋갈라'가 존재하지 않는다면, (…) 누가 계율을 지키는 것입니까? 누가 수행에 힘쓰는 것입니까? 누가 수행의 결과인 열반을 깨닫는 것입니까? (…) 그렇다면 그런 까닭에 선한 행위는 존재하지 않고 선하지 않은 행위도 존재하지 않으며, 여러 가지 선이나 선하지 않은 행위의 행위 주체도 존재하지 않고, 혹은 그러한 행위들을 하게 하는 주체도 존재하지 않으며, 여러 가지 선하게 행해지거나 선하지 않게 행해진 행위의 결과로서의 응보도 존재하지 않을 것입니다. (트렌크너 판, 25쪽 17~27행)

'인격적 주체·풋갈라'가 존재하는 것을 부정하는 나가세나에 대해 밀린다왕은 죄악을 범한 인간에게 행위 주체가 없다면 책임은 어디에 있는 것인가, 증여를 하는 것은 무엇인가, 계율을 준수하는 것은 무엇인가 등의 질문을 던진다.

이에 대해 나가세나는 '수레의 비유'를 통해 자기의 입장을 설명한다. '수레'란 무엇인가, 그것을 구성하는 수레바퀴나 굴대나 차체가 '수레'인가? 아니, 그렇지 않다. '수레'란 그것을 구성하는 여러 부분에 '의해' 성립한 명칭인 것에 지나지 않으며, 그 명칭을 짊어지는 '수레'라는 구성 요소는 '수레'에서는 인정되지 않는다고 말이다. 이 설명을 왕이 받아들이자 나가세나는 이렇게 말한다.

왕이여, 당신은 수레라는 것을 적절하게 이해했습니다. 왕이여, 바로 마찬가지 것이 제게도 (해당하며), 머리카락에 의해, 몸의 솜털에 의해 (…) 몸의 모습에 의해, 즐거움과 괴로움의 감수 작용으로, 표상 작용으로, 행위를 행하는 의지의 형성 작용으로, 식별 인식 작용으로 '나가세나'라는 호칭, 통칭, 가명, 관용명, 단순한 이름이 일어나는 것입니다. 그렇지만 본래의 의미에서는 '인격적 주체·풋갈라'는 존재하지 않습니다. 왕이여, 비구니 바지라가 다음의 말을 스승 앞에서 읊었습니다.

'여러 부분이 집합함으로써 '수레'라는 말이 있듯이, 구성 요소가 존재함으로써 '살아 있는 것'이라는 표현이 있다.' (트렌크너 판, 27쪽 30행~28쪽 8행)

구성 요소는 전통적으로 '오온五蘊'으로 번역되어왔다. 명칭을 가지고 존재하는 모든 것은 요소들이 서로 인연이 됨으로써 생기는 것이지 무언가 하나의 본질에 의해 성립하는 것이 아니다(오온개 공五蘊皆空). 인간의 이름이란 그것을 구성하는 요소들의 집합체에

붙여지는 데 지나지 않으며, 요소들 가운데는 개인을 개인으로 만드는 유일한 실체가 존재하지 않는다는 나가세나의 설명은 20세기의 분석 철학자 길버트 라일Gilbert Ryle에 의한 혼을 둘러싼 고찰을 방불케 하여 흥미롭다.

과연 철학적 대화는 성립했던가?

무아설을 바로 그 자리에서 받아들인 밀린다왕이지만, 대화 전체를 보면 그렇지 않은 듯하다. 원래 밀린다왕은 '인격적 주체'를 계율을 준수하는지 아닌지 등의 행위를 선택하는 행위자로서 이해한 다음, 그것이 어디에 존재하는지 이를테면 '유아설'의 입장에서 물음을 던지고 있었다. 확실히 주체를 상정하면 책임의 소재가 분명하지만, '무아설'에서는 그렇지 않다. 실제로 윤회설과 결합하면, 행위자와 책임의 문제는 복잡한 양상을 드러낸다.

> '존자여, 무엇이 윤회하는 것입니까?' '왕이여, 이름과 몸形이 윤회하는 것입니다.' '그러면 (현재의) 이 이름과 몸이 윤회하는 것입니까?' '왕이여, 이 이름과 몸이 윤회하는 것이 아닙니다. 이 이름과 몸에 의해 선한 행위(선업) 혹은 악한 행위(악업)를 행하고, 그 행위로써 다른 (내세의) 이름과 몸이 윤회하는 것입니다.' '존자여, 현재의 이름과 몸이 윤회하지 않는다면, 윤회하는 사람은 여러 악업에서 벗어나게 되는 것이 아닐까요?' (트렌크너 판, 46쪽 5~11행)

선업과 악업의 '업', 산스크리트어 '카르만'은 일반적으로 카르마로서 알려진다. 단순한 행위를 의미하는 때도 있지만, 윤회 사상에서는 전생의 선한 행위는 내생에서 좋은 결과를, 악한 행위는 나쁜 결과를, 이라고 말하듯이, 환생에 즈음하여 활동하는 작용력이다. 악인이 현재와는 다른 이름과 몸을 지니고서 환생한다면, 업의 작용을 받아들이는 대상은 전생과는 다른 사람이고 악업에서 벗어나는 것은 아닌지 왕은 의심하여 그 짜임새에 대한 설명을 요구한다. 이에 대해 나가세나는 인과 관계로서 작용하는 업의 이론을 전제로 행위자가 현재와는 다른 이름과 몸으로 윤회하더라도 악업도 거기에 계승된다고 말하는 데 그침으로써 왕의 요구에 대해서 충분하게 응답하지 못하고 있었다.

본래 밀린다왕은 '무엇이 행위를 선택하며, 무엇에 그 책임을 돌리는 것인가'라고 무아설에 대해 행위자와 책임의 설명을 요구하고 있었다. 이에 대해 나가세나는 그 무아설로부터 인간 존재에 대한 분석 및 명칭과 실체의 관계에 대해 대답하고 있었다. 그 결과에서 보는 한, 두 사람의 응답에는 무언가 어긋남이 존재하는 듯하다. 비유하자면 다음과 같다. 수레에는 수레바퀴와 조타 장치가 있고, 마부의 채찍질을 받으면 수레는 오른쪽으로도 왼쪽으로도 돌아가게 된다. 이것이 수레라고 불리지만, 구성 요소 가운데 그 어느 것도 수레가 아니다. 나가세나의 설명이다. 하지만 실제로 말이 채찍질을 받아 수레가 왼쪽이 아니라 오른쪽으로 꺾을 때,

그 마부는 무엇인가? 왕은 이것을 묻고 있었다.

대화가 가져온 것

『밀린다왕의 물음』에 존재하는 어긋남은 최종적으로는 윤회 사상에서의 업의 형성 작용과 무아설과의 조화 문제로 수렴한다. 그리스 사람인 밀린다왕은 연기설 등 불교의 근원적 사유를 이해할 수 있었다 하더라도, 그것과는 별도로 윤회 사상을 받아들였다 하더라도, 행위자와 책임이라는 관점에서 두 가지를 통일적으로 이해할 수 있었는가 하는 점에서는 의문이 남는다. 이것은 나아가 나중에도 '몸 내부에 존재하는 생명'을 행동 원리로서 상정하고 있는 것에서도 엿볼 수 있다.

그런 까닭에 『밀린다왕의 물음』은 아귀가 맞지 않는 대화편이라고 할 수도 있지만, 오히려 평가해야 할 점이 존재한다. 왜냐하면 그리스와 인도 어느 곳에서도 항상 문제가 되고 있던 몸과 혼, 혼과 행위 주체 등의 문제, 나아가 인도의 중심 사상인 윤회의 구조에 대해 그리스의 입장에서 질의가 이루어짐으로써 서로의 사상의 일치점과 불일치점이 밝혀졌기 때문이다. 그런 한에서 『밀린다왕의 물음』은 그리스 사상사와 인도 사상사 둘 다에 속한다고 할 수 있을 것이다.

그런데 이 작품에는 밀린다왕이 불교에 귀의했다고 하는 후일담이 있다. 이것은 극 안의 보고인 까닭에 진위는 분명하지 않다.

그렇지만 기원후 1세기의 그리스 철학자 플루타르코스에 따르면(『모랄리아』, 821D~E), 메난드로스의 사후에 화장하고 남은 재의 소유권을 둘러싸고 다툼이 일어나고 그를 기념하는 건물이 여러 곳에 세워졌다고 한다. 이 전설은 붓다의 사리 공양과 사리탑 건립을 상기시키지만, 만약 그렇다고 한다면 양자의 대화는 단순한 대화에 끝나지 않고 왕의 삶의 방향을 바꾼 '마부의 채찍질'이 되었다고 할 수 있을 것이다.

마치며 ─ 고전 고대의 오리엔탈리즘

그리스 사상과 인도 사상의 만남과 그 결과는 위에서 말한 대로이다. 역사적 배경을 다시 한번 언급한다면, 박트리아 부근의 그리스인 왕조는 상호 간의 전란으로 인해 조금씩 쇠퇴해갔다. 그리고 최종적으로는 유목민족 쿠샨의 침입으로 존속하기를 그치지만, 그 종언은 각각의 도시에 따라 달랐던 듯하다. 앞서 언급한 아이 하눔은 기원전 150년 전후에 버려졌지만, 대규모 전란의 흔적은 없는 것으로 알려져 있다.

그러면 그리스 사상은 인도 사상과의 접촉을 그만둔 것일까? 물론 직접적인 접촉의 기회는 위에서 언급한 이유에 의해 예전만큼은 아니게 되었을 것이다. 그러나 오히려 그런 까닭에 인도와 그 사상은 헬레니즘 시대부터 로마 시대에 걸쳐 모종의 동경을 불러일으키는 것이었던 듯하다.

기원후 3세기의 신플라톤주의 철학자 플로티노스의 제자인 포르퓌리오스는 스승이 이집트의 알렉산드리아에서 공부하고 있을 무렵, '페르시아인들 사이에서 실천되고 있는 철학에도, 인도인들 사이에서 번성하고 있는 철학에도 접해보고 싶다는 희망을 갖게 되었다'라고 보고하고 있다. 플로티노스는 황제 고르디아누스의 원정에 동반했지만, 반란 때문에 포르퓌리오스의 소망은 이루어지지 못했다. 그러면 어떠한 이유가 그를 움직였던 것일까? 아무런 정보도 없었다면 움직이지 않았을 것이며, 정보가 완전했다면 향할 필요가 없었을 것이다. 상세한 것은 분명하지 않지만, 힌트는 있다. 아소카왕 마애법칙 제13장 후반부에는 왕이 '불법'을 전파하기 위해 지중해의 여러 왕에게 사절을 파견했다고 하는 기술이 있으며, '투라마예Turamaye'라는 이름이 발견된다. 이 인물은 알렉산드리아에서 도서관 건설에 관계한 프톨레마이오스 왕조의 '프톨레마이오스 2세Ptolemaios'로 추정된다. 기원전 288년~기원전 246년의 그의 치세 중에 사절이 도착했다면, 비록 단편적이라 하더라도 해당 지역에 대한 일정 정도의 정보가 존재했을 가능성도 생각될 수 있다.

☞ 좀 더 자세히 알기 위한 참고 문헌

— 모리 소도森祖道·나니와 센묘浪花宣明, 『밀린다왕 — 불교에 귀의한 그리
스인ミリンダ王 — 仏教に歸依したギリシャ人』, 신장판, 清水書院[Century Books 사
람과 사상], 2016년. 『밀린다왕의 물음』이 성립한 경위와 불교 역사
속에서의 자리매김이 알기 쉽게 기술되어 있다. 양자의 대화에 대해서도
불교의 기초적인 이론을 바탕으로 주의 깊게 해설한다.

— 『밀린다왕의 물음 1·2·3 — 인도와 그리스의 대결ミリンダ王の問い 1·2·3
— インドとギリシアの對決』, 나카무라 하지메中村元·하야시마 교쇼早島鏡正 옮
김, 平凡社[東洋文庫], 1963~64년. 현재까지의 유일한 완역. 특히 제1권은
주해와 해설의 양에서 압도적이다. 불교 사상뿐만 아니라 당시 인도의
그리스인 사회에 대해서도 해설하고 있다.

— 쓰카모토 게이쇼塚本啓祥, 『아소카왕 비문アショーカ王碑文』, 第三文明社[レグ
ルス文庫], 1976년. 인도 각지에서 발견된 아소카왕 마애법칙과 석주법칙
등, 관련 비문의 번역뿐만 아니라 당시 마우리아 왕조의 사회제도 등을
상세하면서도 간결하게 정리하고 있다.

— 와타나베 겐지渡辺研二, 『자이나교 입문ジャイナ敎入門』, 現代図書, 2006년.
자이나교에 대해 쓰인 입문서는 적지만, 이 책은 그 가운데서도 정성을
들여 마무리된 책이다. 성립 당시에는 형제처럼 유사했던 불교 교리와의
비교도 덧붙여져 있어 불교에 관심을 지니는 사람에게도 일독을 권한다.

후기

　'세계철학'은 2018년 8월에 베이징에서 개최된 세계철학회대회 World Congress of Philosophy를 향해 일본의 철학계가 내세운 이념이다. 1900년의 파리 대회 이래로 세계의 철학자가 모여 논의하는 마당이 되어온 세계철학회는 120년 가까운 역사에서 아직 일본에서는 개최되지 않았다. 장래에 그 국제 학회를 유치하는 것을 염두에 두는 가운데 일본의 철학이 갖추어야 할 모습으로서 제안한 것이 바로 이 세계철학이었다. 그렇지만 이것은 이미 완성된 이념이나 분야가 아니라 우리 일본의 철학자가 지금부터 논의해 가다듬어 가는 마당(플랫폼)이자 그것을 구축하는 운동이다. 세계철학이라는 시야에서 일본의 철학을 바라보았을 때 어떠한 가능성이 보이는 것인지 그 시도가 시작되고 있다. 일본철학회의 연구 위원회에서는 데구치 야스오(교토대학), 고노 데쓰야(릿쿄대학), 나오에 기요타카(도호쿠대학) 등이 함께 기본 아이디어를 다듬어왔다.

'세계철학'은 이미 2019년도에 비교사상학회, 중국사회문화학회, 일본학술회의의 각 심포지엄에서 주제로 다루어졌다. 이 기획들은 이 시리즈의 공편자인 나카지마 다카히로(도쿄대학), 우에하라 마유코(교토대학) 등이 함께 추진했다. 이후에도 다양한 형태의 프로젝트를 전개하고, 해외 연구자들과도 공동 연구를 진행할 예정이다. 우리는 문자 그대로의 세계철학이 이루어질 날이 머지않다고 믿고 있다.

'세계철학'을 추진하는 데서 일본이 선도해야 할 구체적인 프로젝트로서 초점을 맞춘 것이 '세계철학사'이다. 일본에서는 각 지역·문화의 철학사 연구가 충실하게 전개되었던바, 그러한 전문가들을 규합하여 전체상을 만들어내는 것이 세계철학의 기반이 되는 것이 아닐까? 치쿠마신서로 본격적인 시리즈 기획이 시작되어 고대 철학 담당인 나, 서양 중세 철학의 야마우치 시로(게이오기주쿠대학), 근대·현대 철학의 이토 구니타케(류코쿠대학), 동양 철학의 나카지마 다카히로 씨 네 명이 편집 방침을 검토해왔다. 이 시리즈가 일본의 철학 연구 모습을 바꾸는 동시에 철학에 대한 한층 더한 관심을 불러일으키기를 기대한다.

2019년 11월
제1권 편자 노토미 노부루

■ 편자

이토 구니타케^{伊藤邦武}

1949년생. 류코쿠대학 문학부 교수, 교토대학 명예교수. 교토대학 대학원 문학연구과 박사과정 학점 취득 졸업. 스탠퍼드대학 대학원 철학과 석사과정 수료. 전공은 분석 철학·미국 철학. 저서 『프래그머티즘 입문』(ちくま新書), 『우주는 왜 철학의 문제가 되는가』(ちくまプリマ―新書), 『퍼스의 프래그머티즘』(勁草書房), 『제임스의 다원적 우주론』(岩波書店), 『철학의 역사 이야기』(中公新書) 등 다수.

야마우치 시로^{山內志朗}

1957년생. 게이오기주쿠대학 문학부 교수. 도쿄대학 대학원 인문과학연구과 박사과정 학점 취득 졸업. 전공은 서양 중세 철학·윤리학. 저서 『보편 논쟁』(平凡社ライブラリー), 『천사의 기호학』(岩波書店), 『'오독'의 철학』(青土社), 『작은 윤리학 입문』, 『느끼는 스콜라 철학』(이상, 慶應義塾大学出版會), 『유도노산의 철학』(ぷねうま舍) 등.

나카지마 다카히로^{中島隆博} __ 제4장

1964년생. 도쿄대학 동양문화연구소 교수. 도쿄대학 대학원 인문과학연구과 박사과정 중도 퇴학. 전공은 중국 철학·비교사상사. 저서 『악의 철학 ― 중국 철학의 상상력』(筑摩選書), 『장자 ― 닭이 되어 때를 알려라』(岩波書店), 『사상으로서의 언어』(岩波現代全書), 『잔향의 중국 철학 ― 언어와 정치』, 『공생의 프락시스 ― 국가와 종교』(이상, 東京大学出版會) 등.

노토미 노부루^{納富信留} __ 서장 · 제1장 · 후기 · 칼럼 2

1965년생. 도쿄대학 대학원 인문사회계 연구과 교수. 도쿄대학 대학원 인문과학연구과 석사과정 수료. 케임브리지대학 대학원 고전학부 박사학위 취득. 전공은 서양 고대 철학. 저서 『소피스트란 누구인가?』, 『철학의 탄생 ― 소크라테스는 누구인가?』(이상, ちくま学芸文庫), 『플라톤과의 철학 ― 대화편을 읽다』(岩波新書) 등.

■ 집필자

시바타 다이스케柴田大輔 __ 제2장
1973년생. 쓰쿠바대학 준교수. 도쿄대학 대학원 인문사회계 연구과 석사과정 졸업. 하이델베르크대학 대학원 철학부 전방아시아 언어·문화학과 박사학위 취득. 전공은 설형문자학·고대 서아시아사학. 저서 *Cultures and Societies in the Middle Euphrates and Habur Areas in the Second Millennium BC I*(편저, Harrassowitz Verlag), 『이슬람은 특수한가? ─ 고대 서아시아의 종교와 정치의 계보』(편저, 勁草書房) 등.

다카이 게이스케高井啓介 __ 제3장
1986년생. 간토가쿠인대학 국제문화학부 준교수. 대학 종교 주임. 도쿄대학 대학원 인문사회계 연구과 박사과정 학점 취득 졸업. 예일대학교 대학원 중근동 언어문명학부 Ph. D. 전공은 구약성서학·종교사학. 저서 『영과 교류하는 사람들 ─ 매개자의 종교사(상·하)』(공편저, リトン) 등.

아카마쓰 아키히코赤松明彦 __ 제5장
1953년생. 교토대학 명예교수. 교토대학 대학원 문학연구과 석사과정 졸업. 파리 제3대학 박사과정 졸업(인도학 박사). 전공은 인도 철학. 현재 교토대학 백미센터장. 저서 『인도 철학 10강』(岩波新書), 『책의 탄생. 새로운 고전 입문. 바가바드기타』(岩波書店), 『누란 왕국』(中公新書) 등.

마쓰우라 가즈야松浦和也 __ 제6장
1978년생. 도요대학 문학부 준교수. 도쿄대학 대학원 인문사회계 연구과 박사과정 졸업. 박사(문학). 전공은 서양 고대 철학. 저서 『아리스토텔레스의 시공론』(知泉書館), 『iHuman—AI 시대의 유기체─인간─기계』(공저, 学芸みらい社) 등.

구리하라 유지栗原裕次 __ 제7장
1964년생. 슈토대학 도쿄인문사회학부 교수. 도쿄도립대학 인문과학연구과 석사과정 졸업. 어바인 캘리포니아대학 철학박사 학위 취득. 전공은 서양 고대 철학·윤리학. 저서 『이데아와 행복 ─ 플라톤을 배우다』, 『플라톤의 공과 사』(이상, 知泉書館), 『내재와 초월의 문턱』(공편, 知泉書館) 등.

이나무라 가즈타카稲村一隆 __ 제8장

1979년생. 와세다대학 정치경제학술원 준교수. 도쿄대학 대학원 종합문화연구과 석사과정 졸업. 케임브리지대학 대학원 고전학부 박사학위 취득. 전공은 정치 철학·서양 정치사상사. 저서 *Justice and Reciprocity in Aristotle's Political Philosophy* (Cambridge University Press), 논문 「텍스트 분석과 영향 관계」(『思想』, 1143호) 등.

오기하라 사토시荻原 理 __ 제9장

1977년생. 도호쿠대학 준교수. 도쿄대학 대학원 인문과학연구과 석사과정 졸업. 펜실베이니아대학교 대학원 철학과 박사학위 취득. 전공은 서양 고대 철학·현대 윤리학. 저서 『맥다우얼의 윤리학』(勁草書房), *Plato's Philebus*(공저, Oxford University Press), *Plato's Phaedo, Plato's Philebus*(이상 공저, Academia Verlag), *Presocratics and Plato*(공저, Parmenides Publishing) 등.

가나자와 오사무金澤 修 __ 제10장

1986년생. 도쿄학예대학 연구원. 도쿄도립대학 인문과학연구과 철학 전공 박사학위(문학) 취득. 전공은 서양 고대 철학·비교사상. 저서 『내재와 초월의 문턱』(공편, 知泉書館), 『원자론의 가능성』(공저, 法政大学出版局), 번역 『아리스토텔레스 동물지』(공역), 『아리스토텔레스 우주에 대하여』(이상, 岩波書店) 등.

시노하라 마사타케篠原雅武 __ 칼럼 1

1975년생. 교토대학 대학원 종합생존학관 특정 준교수. 교토대학 종합인간학부 졸업. 교토대학 대학원 인간·환경학연구과 박사과정 졸업. 전공은 철학·환경인문학. 저서 『공공 공간의 정치 이론』, 『인류세의 철학』(이상, 人文書院), 『공간을 위하여』, 『전-생활론』, 『복수성의 에콜로지』(이상, 以文社), 『살아온 뉴타운』(青土社).

사이토 겐齋藤 憲 __ 칼럼 3

1958년생. 오사카부립대학 명예교수. 도쿄대학 대학원 이학계 연구과 박사과정 학점 취득 졸업. 도쿄대학 이학박사 학위 취득. 전공은 그리스 수학사. 저서 『유클리드 『원론』이란 무엇인가?』(岩波書店), 『천칭의 마술사 아르키메데스의 수학』(하야시 에이지와 공저, 共立出版), 역서 『퓌타고라스학파 ── 그 삶과 철학』(岩波書店) 등.

■ 옮긴이

이신철李信哲

가톨릭관동대학교 VERUM교양대학 교수. 연세대학교 철학과를 졸업, 건국대학교 대학원에서 철학 박사학위 취득. 전공은 서양 근대 철학. 저서로『진리를 찾아서』,『논리학』,『철학의 시대』(이상 공저) 등이 있으며, 역서로는 피히테의『학문론 또는 이른바 철학의 개념에 관하여』, 회슬레의『객관적 관념론과 근거 짓기』,『현대의 위기와 철학의 책임』,『독일철학사』, 셸링의『신화철학』(공역), 로이 케니스 해크의『그리스 철학과 신』, 프레더릭 바이저의『헤겔』,『헤겔 이후』,『이성의 운명』, 헤겔의『헤겔의 서문들』, 하세가와 히로시의『헤겔 정신현상학 입문』, 곤자 다케시의『헤겔과 그의 시대』,『헤겔의 이성, 국가, 역사』, 한스 라데마커의『헤겔『논리의 학』입문』, 테오도르 헤르츨의『유대 국가』, 가라타니 고진의『트랜스크리틱』, 울리히 브란트 외『제국적 생활양식을 넘어서』, 프랑코 '비코' 베라르디의『미래 가능성』, 사토 요시유키 외『탈원전의 철학』 등을 비롯해, 방대한 분량의 '현대철학사전 시리즈'(전 5권)인『칸트사전』,『헤겔사전』,『맑스사전』(공역),『니체사전』,『현상학사전』이 있다.

* 고딕은 철학 관련 사항

	이집트·메소포타미아	그리스·로마	인도	중국
BC 6000	BC 6500~6000년경 하-메소포타미아의 거주가 시작되고, 우바이드 문화가 일어남			BC 6000년경 황하 유역의 황토 지대에서 신석기 문화가 시작
BC 5000				BC 5000년경 양사오 문화(채도 문화) 일어남
BC 4000	BC 4000년경 나일강 유역에 많은 취락·소국(노모스)이 분립. BC 4000년경 하-메소포타미아에서 도시 형성이 진행되고, 우루크 문화가 일어남			
BC 3000	BC 3200년경 우루크에서 설형문자의 원형이 발명. BC 3000년경 하-메소포타미아에 많은 도시국가 건설 (우르, 키슈 등)	BC 3000년경 크레타 섬에서 금석 문화가 일어남(에게 문명 탄생)		BC 3000년경 룽산 문화(흑도 문화) 일어남
BC 2000	BC 2700년경 이집트 고왕국 성립	BC 2000년경 그리스인의 남하가 시작	BC 2600년경 인더스 강 유역에서 도시 문명이 번영	

BC 1800	BC 19세기경 메소포타미아에서 바빌론 제1왕조 성립 [~BC 1595년경]			
BC 1700	BC 1700년경 소아시아에서 히타이트 왕국 성립[~BC 12세기경]	BC 1700년경 크레타 문명(미노스 문명), 최전성기로		
BC 1500	BC 1500년경 하~메소포타미아에서 카시트 왕조 성립[~BC 1155]		BC 1500년경 아리아인, 서북 인도로 이주 개시	BC 16세기경, 은 왕조가 성립
BC 1400		BC 1400년경 미케네 문명, 최전성기로		
BC 1300	BC 1350 상~메소포타미아에서 앗쉬리아 왕국, 미타니로부터 자립			
BC 1200	BC 12세기경 『에누마 엘리쉬』가 성립		BC 12세기경 『리그베다』가 성립. 베다 문헌이 만들어지기 시작	
BC 1100	BC 11세기경 『길가메쉬 서사시』의 '표준판'이 성립	BC 1100년경 그리스 본토, 철기 시대로		
BC 1000		BC 1000년경 그리스 본토로부터 소아시아로 식민 개시		BC 11세기 후반 주 왕조, 은을 멸망시킴
BC 900	BC 934 앗쉬리아 왕국에 의한 실지 재정복의 개시			
BC 800		BC 800년경 스파르타(도리아인)가 나라를 건설. BC 800년경 그리스인, 지중해·흑해 연	BC 800년경 브라흐마나 문헌이 성립	

		안에 대한 식민 개시 [~BC 600년경]		
BC 700	BC 722 앗쉬리아, 이 스라엘 북왕국을 멸 망시킴	BC 753 로마 건국(전 승) BC 700년경 호메로스 『일리아스』, 『오뒷세 이아』, 헤시오도스 『신들의 계보』, 『일과 나날』의 서사시가 만 들어짐		BC 770 주의 동천 춘 추 시대 시작
BC 600	BC 671 앗쉬리아 왕 국, 이집트를 정복 하고, 서아시아 통 일 BC 625 신바빌로니 아 왕국 독립[~BC 539] BC 612 앗쉬리아 왕 국 멸망	BC 625년경 탈레스 태 어남[~BC 548년경] BC 616년경 에트루 리아계 왕조, 로마 를 지배[~BC 509]	BC 7세기경 우파니샤 드 철학이 성립 BC 600년경 이 무렵부 터 베다의 보조 문헌 으로서 수트라 류가 만들어지기 시작. 베 다 보조학으로서의 제 사학, 음운학, 천문학, 문법학 등이 성립하기 시작	BC 651 제의 환공, 패 자가 됨(규구의 회맹) BC 632 진의 문공, 패 자가 됨(천토의 회맹)
BC 500	BC 586 유대 왕국 멸 망. 바빌론 포로 [~BC 538] BC 550 아케메네스 왕조 페르시아 성립 [~BC 330] BC 525 페르시아, 이 집트를 정복	BC 572년경 퓌타고라 스 태어남[~BC 494년 경] BC 546년경 아테나 이에서 페이시스트 라토스가 참주정을 확립 BC 509 로마에서 왕 정 폐지. 공화제 개 시	BC 6세기 가우타마 붓 다(석가반야) 태어남 BC 549년경 자이나교 시조. 바르다마나 태 어남[~BC 477년경]	BC 551년경 공자 태어 남[~BC 479]
BC 490	BC 490 다레이오스 1세, 그리스를 침공	BC 490 제1차 페르 시아 전쟁·마라톤 전투		
BC 480	BC 480 크세르크세 스, 그리스를 다시 침공	BC 480 제2차 페르시 아 전쟁·살라미스 해전	BC 486 제1차 불전 결 집	BC 480년경 묵자 태어 남[~BC 390년경]

BC 470		BC 477 델로스 동맹 성립. 아테나이의 패권 확립		
BC 460		BC 469년경 소크라테스 태어남[~BC 399]		BC 460년경 『논어』 성립
BC 430	BC 430년경 에즈라, 예루살렘에서 모세의 율법을 해설	BC 431 펠로폰네소스 전쟁 시작되다 [~BC 404]		
BC 420		BC 427 플라톤 태어남 [~BC 347]		
BC 400	BC 400 이 무렵까지 모세 오경(율법) 성립	BC 404 아테나이 항복하고, 펠로폰네소스 전쟁 종결	BC 400 이 무렵부터 서사시 '마하바라타'의 원형이 만들어지기 시작	BC 403 한·위·조가 독립하여 제후가 되고, 전국 시대 시작 [~BC 221]
BC 390		BC 399 소크라테스, 불경죄의 죄목으로 재판에 걸리고, 사형 BC 395 코린토스 전쟁 시작[~BC 386] BC 390 갈리아인(켈트인) 로마를 점령		BC 4세기경 장자 태어남
BC 380		BC 387 플라톤, 시켈리아(시칠리아)로 건너감. 아테나이로 돌아와 아카데메이아 창설 BC 384 아리스토텔레스 태어남[~BC 322]	BC 386 제2차 불전 결집	
BC 370				BC 370년경 맹자 태어남[~BC 289년경]
BC 360		BC 367 아리스토텔레스, 아카데메이아에 입문. 플라톤, 두 번째로 시켈리아로 건너감 BC 360년경 퓌론 태어		

		남[~BC 270년경]		
BC 350		BC 356 알렉산드로스 3세(대왕) 태어남[~BC 323]	BC 350년경 산스크리트어 문법의 완성자 파니니 태어남[~BC 300]	BC 359 진 효공, 상앙을 등용하여 변법을 행함
BC 340	BC 343 이집트, 다시 페르시아 왕국의 영토로	BC 347 플라톤이 사망하고, 학원 아카데메이아는 스페우시포스가 계승 BC 343 아리스토텔레스, 왕자 알렉산드로스의 교사가 됨 BC 340 로마와 라티움 동맹 사이에 라티움 전쟁 일어남[~BC 338]		
BC 330	BC 337 다레이오스 3세 즉위[~BC 330] BC 331 알렉산드로스, 이집트를 정복. 알렉산드레이아 건설 개시 BC 330 아케메네스 왕조 페르시아 왕국 멸망	BC 338 그리스 연합군이 카이로네이아 전투에서 패배하고, 마케도니아가 패권을 장악 BC 337 코린토스 동맹(헬라스 동맹) 성립[~BC 301] BC 336 알렉산드로스, 마케도니아 왕에 즉위 BC 335 아리스토텔레스, 뤼케이온 창설 BC 334 알렉산드로스의 동방 원정 시작	BC 330년경 찬드라굽타에 의해 최초의 통일 왕조 마우리아 왕조가 성립	
BC 320		BC 323 알렉산드로스 대왕 사망. 디아도코이(후계자) 전쟁이 일어나고, 헬	BC 326 알렉산드로스 대왕, 인도·펀자브 지방에 도달	

		레니즘 시대가 시작 [~BC 30년경] BC 322 아리스토텔레 스 사망		
BC 310		BC 312 아피아 가도 착공		
BC 300	BC 305 프톨레마이 오스 왕조 이집트 건 국 BC 305 셀레우코스 왕조 쉬리아 건국 BC 301 입소스 전투 (마케도니아 분열)	BC 307년경 사모스의 에피쿠로스, 아테나 이 교외에 '정원'을 개 설 BC 300년경 키티온의 제논, 아테나이의 채 색 주랑에서 가르침을 시작		BC 300년경 곽점 1호 초묘의 조성 시기
BC 290				BC 298년경 순자 태 어남[~BC 235년경 (여러 설이 있다)]
BC 280	BC 285 이후 아마도 프톨레마이오스 2세 의 치하에서 알렉산드 리아 도서관이 창설	BC 280 아카이아 동 맹 성립[~BC 146]		
BC 270		BC 272 로마에 의한 이탈리아반도 통일		BC 278 진(秦)의 장군 백기, 초의 영도를 공 략. 초는 진(陳)으로 천도
BC 260		BC 265 아카데메이아 에서 아르케실라오스 가 학원장이 되고, 회 의주의로 전향 BC 264 제1차 포에 니 전쟁[~BC 241]	BC 268년경 아소카 왕 즉위. 아소카왕은 불교 이념 을 비문에 새기게 하 고, 아프가니스탄에 서는 그리스어도 병기	
BC 250	BC 3세기 중반경 『70 인역 성서』의 번역 이 시작. 구약성서 성립			BC 256 진이 주를 멸 망시킴

BC 240	BC 247 아르케사스 1세, 파르티아 왕국 건국 BC 241 페르가몬 왕국 건국	BC 241 로마, 시칠리아를 영유	BC 244 제3차 불전 결집	
BC 230				BC 233 한비자 사망
BC 220				BC 221 진왕 영정, 천하를 통일하고, 시황제를 칭함. 화폐·도량형·문자 등을 통일
BC 210		BC 218 제2차 포에니 전쟁(한니발 전쟁)[~BC 201] BC 215 제1차 마케도니아 전쟁[~BC 205] BC 214 시칠리아 전쟁[~BC 210]		BC 213 의료·농업·복점 이외의 책이 불살라짐(분서). 협서율의 제정 BC 212 함양에서 수백 명의 학자가 구덩이에 묻힘(갱유)
BC 200		BC 200 제2차 마케도니아 전쟁[~BC 197]	BC 200년경 성전 「바가바드기타」의 원형 성립	BC 209 진승·오광의 난[~BC 208] BC 209 항우·유방의 거병[~BC 208] BC 206 진왕 자영, 유방에게 항복. 진 멸망 BC 202 해하의 전투에서 유방이 항우를 깨뜨리고, 전한이 성립
BC 190				BC 191 협서율의 폐지
BC 180			BC 180년경 마우리아 왕조가 멸망하고, 순가 왕조가 성립	
BC 160		BC 168 마케도니아 왕국 멸망		
BC 150		BC 155 아카데메이아 학원장 카르네아데스	BC 150년경 문법학자 파탄잘리 『대주해서』	BC 154 오초칠국의 난

		등이 로마에서 변론과 강의를 하고, 사람들을 매료	를 저술 BC 150년경 이 무렵부터 철학파들이 성립	
BC 140		BC 149 제3차 포에니 전쟁[~BC 146] BC 146 로마에 의한 카르타고, 마케도니아, 그리스 영유	BC 150년경~BC 130년경 박트리아에서 메난드로스 왕이 통치. 『밀린다왕의 물음』의 모델	
BC 130		BC 133 로마에 의한 히스파니아, 페르가몬 영유		BC 136 동중서의 헌책으로 오경박사가 설치
BC 100		BC 106 키케로 태어남 [~BC 43]	BC 1세기경 사타바하나 왕조, 남인도에서 성립	
BC 90				BC 97 사마천 『사기』 성립

세계철학사 3 ― 중세 I

세계철학사 6 — 근대 I

세계철학사 8 – 현대

한국어판 ⓒ 도서출판 b, 2023

세계철학사 1

초판 1쇄 발행일 2023년 05월 15일

엮은이 이토 구니타케+야마우치 시로+나카지마 다카히로+노토미 노부루
옮긴이 이신철
기 획 문형준, 복도훈, 신상환, 심철민, 이성민, 이신철, 이충훈, 최진석
편 집 신동완
관 리 김장미
펴낸이 조기조
발행처 도서출판 b
인쇄소 주)상지사P&B
등 록 2003년 2월 24일 제2006-000054호
주 소 08772 서울특별시 관악구 난곡로 288 남진빌딩 302호
전 화 02-6293-7070(대)
팩 스 02-6293-8080
이메일 bbooks@naver.com
누리집 b-book.co.kr

책 값 30,000원
ISBN 979-11-89898-90-8 (세트)
ISBN 979-11-89898-91-5 94140

* 이 책은 저작권법에 따라 보호받는 저작물이므로 저작권자와 출판사의 허락 없이
  복제하거나 다른 용도로 사용할 수 없습니다.
* 잘못된 책은 구입한 곳에서 교환해드립니다.